영성훈련의 실제

김광률 지음

한국장로교출판사

영성훈련의 실제

차 례

머리말 / 5

총 론 / 기독교 영성과 성숙한 인간상 ················· 7
제1부 성숙한 자아계발 ································· 25
제 1 장 자아의식 ··· 27
제 2 장 삶의 목적과 생애계발 ························· 34
제 3 장 삶의 목표와 시간관리 ························· 43
제 4 장 일과 휴식의 균형 ······························ 52
제 5 장 바람직한 인간관계 ···························· 62
제 6 장 감정의 건실직 표현 ··························· 71
제 7 장 효과적인 대화의 기술 ························ 77
제 8 장 사랑의 실천 ···································· 85
제 9 장 크리스천 리더쉽 ······························· 95
제 10 장 정의와 평화의 창조 ························ 103
제 11 장 자연의 관리 ································· 113

제2부 영성훈련의 실제 ················· 121

제1장 말씀 묵상훈련 ················· 123
제2장 제자들을 위한 예수님의 기도훈련 ········· 131
제3장 시편에서 배우는 기도 ·············· 139
제4장 위대한 신앙인에게서 배우는 기도 ········· 146
제5장 단순화훈련 ·················· 153
제6장 섬김훈련 ··················· 160
제7장 고백과 용서훈련 ················ 167
제8장 경축훈련 ··················· 174

제3부 훈련 프로그램 ················· 181

제1장 약혼한 이들을 위한 프로그램 ··········· 183
제2장 부부의 만남을 위한 캠프 ············· 189
제3장 가정 영성훈련 ················· 198
제4장 정의·평화를 위한 가정교육 프로그램 ······· 206
제5장 크리스천 가족 캠프 ··············· 215
제6장 십대 자녀들을 둔 부모를 위한 목회지침 ····· 226
제7장 바른 삶을 위한 청소년 프로그램 ········· 236
제8장 영·심성 계발 프로그램 ············· 246
제9장 제자화 훈련 ·················· 258

각장에 대한 주 ···················· 267

머 리 말

　기독교교육의 과업이 성숙한 인간상을 형성하는데(엡 4:13,15) 있다면 물어야 할 두 가지 질문이 있다. 그것은 크리스천이 추구해야 할 성숙한 인간의 모습은 어떠한가와 하나님의 형상(Imago Dei)의 존재로서 그가 관계하는 모든 영역에서 어떻게 성숙해지도록 도울 수 있을까이다.
　위의 두 질문은 기독교교육을 연구하고 가르쳐 온 저자의 평소 중요한 관심주제였다. 로욜라(Loyola)신학대학원에서 영성신학과 실제 프로그램을 수학하면서, 기독교 영성이 예수 그리스도의 삶의 모습을 크리스천의 삶에 구체화하는 것이라 볼 때 초대교회부터 강조되어 왔던, '영성훈련'에 대한 새로운 이해와 적용이 그것의 해답이 된다는 것을 발견하였다.
　그후 저자가 가르치는 기독교학과에서 '영성훈련' 교과목을 담당하면서 연구해 온 것들을 「교육교회」에 24회 연재하면서 크리스천의 성숙한 모습, 영성훈련의 구체적인 방법, 가정을 중심으로 이루어질 영성훈련 프로그램들을 모색하였다. 그동안 연재되었던 글들과 다른 곳에 발표했던 글들을 모아 조그마한 책을 내놓는다.
　제1부에서는 하나님 형상의 전인적 존재로서 성숙한 인간의 모습을 네 가지 영역, 즉 1) 하나님과 자아 2) 하나님 안에서 너와 나 3) 하나님 안

에서 공동체와 나 4) 하나님 안에서 자연과 나에게 구체적인 성숙한 인간상을 찾아본다.

제2부에서는 영성훈련의 내용들인 내면, 외면, 공동체훈련으로 말씀묵상, 기도, 단순화, 섬김, 고백과 용서, 경축훈련들을 다루었다.

제3부에서는 영성훈련의 기본 장(場)인 가정에서 이루어질 수 있느 체적인 프로그램들로 약혼한 이, 부부, 부모와 자녀를 위한 것을 다루었다.

위의 글들이 부족하지만 한국교회와 기독교학교들이 영성훈련에 대한 이해를 하고, 적용하는데 조그마한 도움이 되었으면 하는 바람이 있다. 그동안 이 글들을 실을 수 있도록 지면을 제공해 주신 '교육교회'와 출판해 주신 대한예수교장로회총회출판국에 깊은 감사를 드린다.

1992년 3월 일
오정골 연구실에서
저 자

총 론
기독교 영성과 성숙한 인간상

1. 들어가는 말

어떠한 인간도 자기 자신의 인간존재에 대한 물음을 제기하지 않고는 진실로 인간다운 삶을 영위할 수가 없다. 인류역사 이래 철학, 심리학, 사회학, 생물학, 그리고 각 종교에서는 이 문제의 해답을 위해 인간존재를 규명하려고 노력해 왔다[1]. 성경에서도 인간존재에 대한 물음을 여러 곳에서 제기하고 있으며(시 8:4, 144:3, 욥 7:17 등), 성경의 첫 책인 창세기에서는 인간존재의 의미를 첫 장에서부터 규명하고 있다(창 1-2장). 성경이 제시하는 기독교적 인간이해는 무엇인가? 그리고 창조의도에 따른 성숙한 인간상은 무엇이며, 무엇이 그것을 가능케 하는가? 이는 기독교적 성숙과 전인치유에 관심을 갖는 이들이 항상 제기하는 질문이다.

초대교회 교부 이레니우스(St. Irenaeus)는 "하나님의 영광은 인간이 풍성하게 살아가는 것이다."(The glory of God is man fully alive.)[2]라고 했다. 무엇이 하나님의 영광을 위한 길인가? 이는 성경이 제시하는 기독교적 인간이해를 기초로 하여 그가 말한 '풍성하게 살아감'의 의미인 인간존재의 인식과 전인(全人)으로서의 성숙, 즉 한 인간으로서 그와 관련되는 모든 대상과의 바른 관계에서 가능하다.

"내가 온 것은 양으로 생명을 얻게 하고 더 풍성히 얻게 하려는 것이라."(I have come in order that you might have life-life in all its fullness. 요 10 : 10)고 예수께서는 말씀하셨다. 영혼, 육체적 존재인 인간에게 있어 가장 중요한 생명을 갖는다는 의미는 기독교 인간이해에서 어떤 뜻을 갖는가? 그 생명의 존재가 삶에서 관여하는 모든 면에서의 풍성함의 의미는 무엇일까? 이레니우스가 전제한 글의 해답은 예수 그리스도의 말씀이해에서 가능하다. 본고에서는 두 말씀에 기초하여 기독교적 인간이해와 성숙한 인간상을 설정하고 그것을 가능케 하는 방법으로써의 기독교 영성훈련에 대해 고찰하려 한다.

2. 기독교적 인간이해

기독교신앙은 인간이 하나님으로부터 창조되었기에 하나님 자신의 자기계시에 의해서만 인간이해가 가능하다고 믿는다. 계시의 중요한 두 차원 첫째, 말씀이 육신을 입은 예수 그리스도의 성육신(incarnation) 사건과 그의 구속의 역사에서, 그리고 둘째, 기록되어진 말씀인 성경[3]을 통해 기독교 인간이해는 가능한 것이다.

1. 하나님의 형상으로서의 인간

성경 창세기 1 : 26~27에서 인간은 '하나님의 형상'대로 창조되었음을 선포한다.

"우리의 형상을 따라……우리가 사람을 만들고……, 하나님이 자기 형상 곧 하나님의 형상대로 사람을 창조하시되, 남자와 여자를 창조하시고"

여기서 말하는 '하나님의 형상'에 대한 해석은 초대교회 교부들로부터 현대 신학자에 이르기까지 다양하다.[4] 크게 두 가지 견해로 나눌 수 있다. 첫째는 인간만이 갖고 있는 이성, 도덕성, 종교성, 인격성, 또는 창조적

재능 같은 것으로 본다.[5] 이는 존재유비(存在類比)로서의 인간이 갖는 하나님 형상의 이해이다. 둘째는 관계유비(關係類比 analogia relations)로 보는 견해이다. 대표적으로 두 신학자의 견해가 있다.

칼 바르트(K. Barth)는 "하나님은 한 분이시지만 성부, 성자, 성령의 세 인격으로 계시며, 세 인격은 상호간의 관계 속에 있다. 이와 같이 인간도……관계 속에 있도록 창조되었다."[6]라고 말하여 하나님과 인간, 인간과 인간과의 관계로 논한다.

본회퍼(Dietrich Bonhoeffer)도 창세기 1~3장을 주석[7]하면서, 하나님의 형상대로 지음받았다는 것을 관계유비로 설명하면서, 인간은 다른 인간과의 관계를 맺을 뿐 아니라 하나님과의 올바른 관계를 형성할 때에만 진정한 인간이 된다고 말한다.

문제는 하나님은 영이시며 초월적인 분이신 데 비해 인간은 그의 피조물에 불과하다는 것을 전제한다면 관계적인 면과 존재적인 면의 조화에서 하나님의 형상을 정의할 수 있다. 즉 인간만이 영적인 존재로 하나님과 인격적 관계를 가질 수 있으며, 하나님의 뜻에 따라 다른 인간과 사회와 역사, 자연 속에서 바르게 살아갈 수가 있다는 것이다.

성경은 하나님의 형상으로서의 종교성을 지닌 인간에게 관계의 존재로서 책임과 보람을 삶에서 아래 3차원으로 부여해 주셨다.

1) 하나님과의 관계 : "네 마음을 다하고 성품을 다하고 힘을 다하여 네 하나님 여호와를 사랑하라"(신 6 : 5).

2) 인간과의 관계 : "이웃 사랑하기를 네 몸과 같이 하라"(레 19 : 18).

3) 자연과의 관계 : "땅을 정복하라……모든 생물을 다스리라"(창 1 : 28).

하나님의 형상으로 지음받은 인간은 하나님과의 관계에서 하나님의 '계약의 파트너'이며, 인간과의 관계에서 '동료와 친구'이며, 자연과의 관계에서 '자연의 통치자인 동시에 보호자'이다. 이것이 성경이 제시한 하나님의 형상으로서의 인간 본래의 모습이다.

2. 죄인으로서의 인간

성경은 창세기 3장에서 인간의 죄문제를 제기한다. 죄는 하나님의 형상을 지닌 존귀한 피조물로서의 인간이 부여받은 존재규정을 어기는 것이라고 말한다. 죄의 결과는 죽음이다. 이는 육적인 죽음을 말하나, 또 다른 의미의 죽음은 '하나님 없는 인간의 삶'을 뜻한다(눅 9:59-60). 결국 하나님과의 관계에서 책임의 포기는 하나님과의 관계가 깨뜨려지는 결과를 낳았다. 하나님의 계약의 파트너로서의 스스로의 모습을 잃은 채 동료, 친구로서 '더불어'의 삶의 포기, 땅마저 저주를 받는 결과를 낳고 말았다.

이에 대해 칼빈은 인간이 타락을 통해서 하나님의 형상이 전적으로 파괴되기 전에는 사람의 존재 전체가 하나님의 영광을 드러내었으나, 불순종 불신앙으로 하나님과의 관계가 파괴되어 버리자 인간은 하나님의 형상과 형태는 가졌어도 아무 기능도 발휘하지 못하게 되었다고 말한다.[8]

3. 하나님 형상의 회복자로서 예수 그리스도를 필요로 하는 인간

하나님의 형상이 파괴되어도 인간은 말씀과 성령을 받아들이는 존재로 남아 있게 되었다. 하나님께서는 인간구원을 위해 '보이지 않는 하나님의 형상'(골 1:15)이신 예수 그리스도를 통해 역사하셨다.

본회퍼는 예수 그리스도의 오심이 바로 깨어져 버린 신·인(神·人)관계의 회복을 위해서 하나님이 주권을 쥐고 찾아오신 사건으로 해석한다.[9]

예수 그리스도, 특히 그의 십자가 사건을 통해 우리는 하나님과 우리 자신의 현재 모습과 본래의 모습을 발견할 수 있다. 칼빈은 "십자가에서 죽임을 당한 예수 그리스도는 우리가 하나님과 우리 자신을 그 안에서 알아보는 거울이다."[10]라고 했다. 십자가에서 우리는 하나님의 존재와 사랑하심을, 그리고 우리 인간이 죄인임을 의식하며, 예수 그리스도를 구주로 영접함으로 우리는 새 생명의 존재-회복된 하나님의 형상-로서 풍성한 관계의 삶을 누릴 수 있게 되었다.

예수의 관계회복의 사건과 새 생명을 소지한 크리스천의 사명에 대해 성경은 다음과 같이 말한다.

"아버지께서는 모든 충만으로 예수 안에 거하게 하시고, 그의 십자가의 피로 화평을 이루사 만물, 곧 땅에 있는 것들이나 하늘에 있는 것들을 그로 말미암아 자기와 화목케 되기를 기뻐하심이라"(골 1:19-20). 여기서의 '화목'은 인간 자신이 관계하는 모든 대상과의 바른 관계성을 말한다.

4. 전인적 구원이 필요한 인간

예수를 구주로 영접할 때 인간은 새 생명을 갖게 되고 그 생명은 풍성하게 역사한다. 먼저 우리는 하나님에게 상응(相應)하는 존재가 되어 예배와 순종으로 그를 사랑하며, 그의 뜻에 따라 이웃을 사랑하며, 공동체에서 창조적인 주체자로서 정의와 평화를 이루며 자연을 올바로 관리할 수 있게 된다.

요한은 "나는 사랑하는 그대가 하는 일이 모두 잘되어 나가기를 빕니다. 또 그대 영혼과 마찬가지로 육신도 건강하기를 빕니다."(요삼 1:2 공동번역)라고 인사한다. 독일어에서 건강(Heil)은 성숙을 의미한다. 성숙의 표상으로서 예수의 성장에 대해 "예수는 그 지혜와 그 키가 자라가며 하나님과 사람에게 더 사랑스러워가시더라."(눅 2:52)고 했다. 위 두 성구는 하나님과 인간과의 관계에서 보다 성숙해짐을 의미한다.

이 성숙한 관계는 곧 전인적인 차원에서의 구원을 뜻한다. 누가복음 19장에 나타난 삭개오의 사건은 먼저 그가 예수 그리스도를 만남으로 하나님과의 관계가 새롭게 되어, 그 자신을 가치있는 존재로 받아들이며 이웃과의 관계도 개선되었다. 영혼과 육체를 지닌 인간이 관계하는 모든 면에서의 성숙은 하나님의 형상으로 지음받은 인간에 대한 전인적인 차원에서의 건강이며, 성숙이며, 구원이다. 그런 면에서 전인적 구원이라는 용어를 쓰게 되었다.

성경이 제시하는 관계 속의 인간상은 다음 네 가지 차원에서의 성숙된 관계를 의미한다.[11]

1) 내면적인 수준의 삶(intra-personal level)

인간 그 자신이 하나님과의 관계에서 자신을 인식하며, 자신의 내면 세계를 계발하는 삶이다(How do I relate to myself and God with in?).

2) 대인관계 수준의 삶(inter-personal level)

나와 너와의 관계에서 인격적인 관계를 맺고 사랑, 용서, 그리고 협조를 이루어 나가는 이웃사랑의 삶이다(How do I relate to others and the God in them?).

3) 대(對) 사회적 수준의 삶(supra-personal level)

개인을 초월한 관계로 개인이 속한 가정, 교회, 직장, 국가와 세계의 공동체에서 사랑과 정의에 기초한 사회를 위해 창조적인 지도력을 발휘하는 삶이다(How do I relate to societal structure and institutions and the God through them?).

4) 대(對) 자연과의 관계의 삶(meta-personal level)

하나님의 창조의도에 따른 자연의 관리자로서 개발과 보존을 통해 모든 인류가 자연의 혜택을 공유하도록 노력하는 삶이다(How do I relate to nature and the God in it?).

기독교적 인간은 예수 그리스도 안에서 위 네 가지 차원의 올바른 관계 속에 책임을 감당함으로 전인적으로 성숙해 나가야 한다. 이것을 도표화 하면 다음과 같다.

기독교 영성과 성숙한 인간상 13

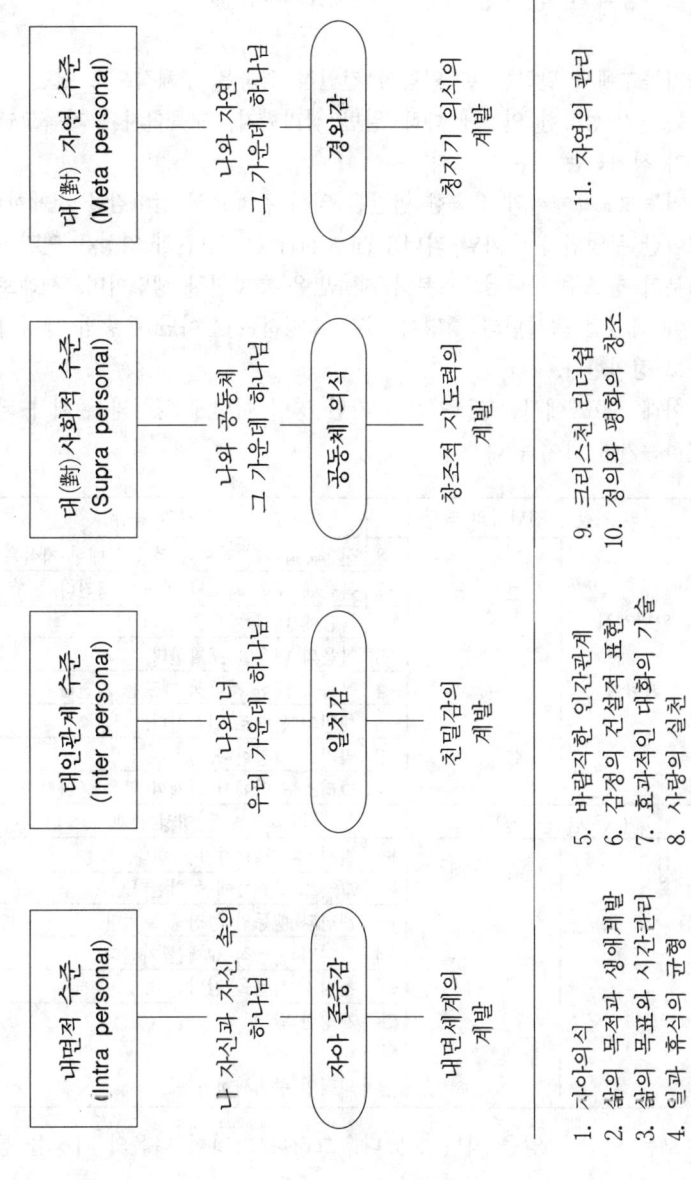

3. 성숙한 인간상 : 영성 존재로서의 삶

 기독교에서 말하는 한 인간의 전인적 성숙은 구체적으로 어떤 것을 말하는가? 성숙한 인간에 대해 일반 심리학자, 교육학자와 기독교교육 학자가 정의하는 것은 다르다.[12]
 기독교교육에서의 성숙한 인간은 영성 존재로서 살아감을 전제한다. 영성이란 무엇인가? 카알 라너(Kahl Rahner)는 "인간의 영성은 인간이 창조 때부터 창조주 하나님으로부터 지음받은 초자연적 생명이며, 세례로 말미암아 죽었던 속사람의 생명이 다시 소생하여 살아난 은총의 생명이다."[13]라고 정의한다.
 아래 도표[14]에서 모든 인간이 지닌 영이 어떻게 영성의 존재가 되어 발전하는가를 보여 준다.

하나님의 역할	전달자의 역할		인간의 응답
↑ 일반계시 ↓ 죄의식	선 포	−8	신(神)지식은 있으나 복음에 대한 지식은 없다.
		−7	복음에 대한 최초의 인식이 생긴다.
		−6	복음에 대한 기초를 알게 된다.
		−5	복음의 내용을 포착한다.
		−4	복음에 대한 적극적 태도를 가진다.
	설 득	−3	개인의 문제로 인식한다.
		−2	믿기로 결정한다.
		−1	그리스도 안에서 회개와 믿음을 가진다.
거 듭 남(중 생)			새 피 조 물(영성 존재)
성 화	육 성	+1	결정 후 자기 평가를 한다.
		+2	그리스도의 몸에 동참한다.
	재 배	+3	개념과 행동의 성장을 보인다.
		+4	하나님과 영적 교제를 가진다.
		+5	청지기 직분을 감당한다.
		영 원 ↓	재생산 단계
			내적인 은사
			외적인 증거사회활동

 모든 인간은 영을 지니고 있다. 그러나 그것이 다음의 과정을 통해 살

아 있는 영이 된다.

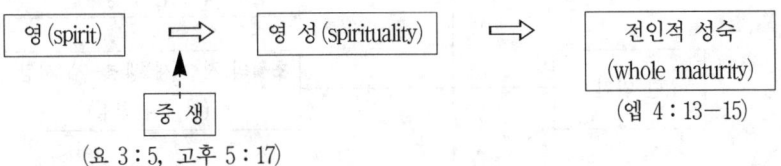

(요 3:5, 고후 5:17)

영(spirit)을 지닌 존재가 영성(spirituality)의 존재가 됨은 성령의 역사로 예수 그리스도를 영접함에서이다. 그리하여 예수 그리스도 안에서 모든 관계가 새롭게 형성되는 것이다.

홈즈(Urban T. Holmes)는 기독교 영성[15]에 대해
"1) 인간의 관계형성 능력이며, 2) 그 관계의 대상은 감각현상을 초월하는 존재이며, 3) 이 관계는 우리의 노력과 별개의 것으로 감각세계를 초월하는 확장된 의식을 우리에게 부여하며, 4) 그 관계의 경험은 역사적인 상황 속에서 구체적인 삶의 본질을 찾으며, 5) 세계 속에서 창조적인 행위를 결단하여 초월과의 관계경험이 구체적인 행동으로 표현된다는 것이다."
라고 말한다.

홈즈의 영성을 세 요소로 분류하면 1) 기독교 영성은 본질이 아니라 관계성이라는 것 2) 그 관계는 초월자와의 인격적인 관계의 삶을 통하여 초월의 체험을 하는 것 3) 초월자의 관계에서 체험되고 확장된 우리의 인식은 구체적인 역사의 현장에서 행동을 통하여 구체화된다는 것이다.

그것을 도표화하면 다음과 같다. (다음 페이지)

1. 내면적인 수준의 성숙

성숙한 인간은 '자기에 대한 일관성 있는 의식으로 그의 노력과 생활의 의미를 갖는 깨달음'인 정체의식(identity)을 가진 자이다. 그는 그 자신의 실재에 대해 자신이 누구인지, 누구가 아닌지를 분명하게 구분할 수 있다.

따라서 그는 그가 가신 능력을 알고 그것을 계발한다. 그러기에 그는 생에 있어서 분명한 목적의식을 지니고 그것의 성취를 위해 노력하되, 일

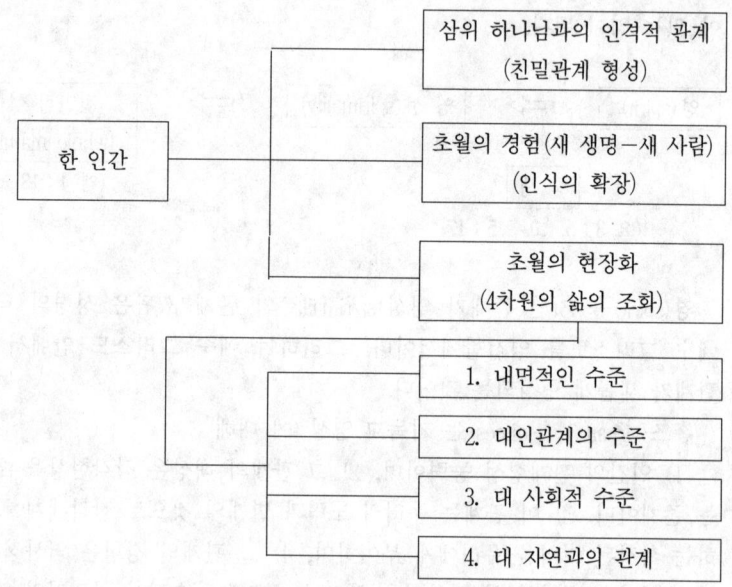

과 휴식의 균형을 유지할 수 있는 능력도 갖고 있다.

그는 그 자신을 사랑하며, 신뢰하며, 최선을 다하며, 삶에 의욕을 갖는 높은 자아존중감(sense of self-esteem)을 소지하고 있다. 이러한 자아존중감은 한 인간의 성장과정에서 그를 사랑한 사람과 그를 사랑하기를 거부한 사람들에 의해 많은 영향을 받게 된다. 자아존중감이 낮은 사람은 인간관계에서 부정적인 영향을 받아온 데서 형성된 자아개념으로 대인관계가 원만하지 못하며, 성격이 불안하고 생각, 감정의 표현이 자연스럽지 못하다. 그러나 자아존중감이 강한 사람은 남들로부터 인정을 받아 왔고, 자신의 성공적인 경험에 의해서 인간관계가 원만하고, 진취적이고, 적극적이며, 생각 감정의 표현이 자유스럽다.

청소년기 이전에 높은 자아존중감이 확립되어야 하나 성경의 몇 인물들을 통해 볼 때 하나님과의 만남의 경험을 통해 정체의식, 자기의 능력을 다시 발견하는 것이 청소년기 이후에도 일평생에 거쳐 가능하다고 본다. 모세, 이사야, 삭개오 같은 인물들은 하나님과 예수 그리스도를 대면한 후 자신의 모습을 찾아 보다더 보람된 일에 헌신하는 삶을 살았다.

기독교적인 높은 자아존중감은 자신이 개인적으로 하나님의 사랑을 받고 있음에 대한 깊은 체험을 하는 데서 우러나오는 것이다. 슈바이처의 경험은 그 예가 될 수 있다. 좋은 가문, 높은 학문의 성취를 통한 행복한 삶에서도 그는 참된 자신의 존재의미를 찾기 위해 고민하게 된다. 그는 21세 때 자신이 누리는 이러한 행복을 당연한 것으로 생각지 않고 하나님으로부터 부여받은 은혜임을 인식한다. 그리고 은혜받은 자가 어떻게 살아야 하는가를 "자기 목숨을 얻는 자는 잃을 것이요, 나를 위하여 자기 목숨을 잃는 자는 얻으리라."(마 10:39)라는 말씀을 통하여 예수 그리스도 안에서 자신을 봄으로 자기를 발견하고 삶의 의미를 찾게 된다. 곧 높은 자아존중감은 자신의 내면의 세계에서 하나님을 만남으로 자신을 새롭게 인식하며 보다 차원 높은 목표를 향해 자신을 계발한다.

폴 틸리히(P. Tillich)는 "고대인은 운명과 죽음에 대한 불안을 알았다. 중세인에게는 그 불안이 죄악과 심판이었다. 현대인은 무의미에 대한 불안을 경험한다."[16]고 했다. 하나님 앞에서 자신의 삶의 의미를 발견하는 자가 곧 성숙한 자이다.

2. 대인관계 수준의 성숙

창조시부터 인간은 '더불어'의 존재로 지음을 받았다. 이 '더불어'의 삶은 타인과의 만남만이 아닌 공동관계 속으로 들어감을 의미하는데, 이는 자신이 타인의 내적인 실재에 들어가는 구체적인 활동을 요구한다.[17] 그 구체적인 활동은 아래 몇 가지로 나누어 생각할 수 있다.

1) 타인과 올바른 관계를 맺는 자

성숙한 인간은 자기 자신의 주체성에 상처를 입히지 않고서 타인과 좋은 관계를 형성하고자 노력하는 자이다. 반대로 성숙하지 못한 인간은 타인을 무시하거나 사람들로부터 위축되어서 외톨이가 되는 경우가 있고, 다른 사람들과 좋지 않은 관계에 있거나 너무 의존적이어서 자기 자신의 개인적 주체성을 잃어버리게 된다.

해리스(T. A. Harris)는 인간관계의 네 가지 유형[18]을 설명하면서 그 중에서 이상적인 관계를 소개해 주고 있다.
  (1) 자기 부정-타인 긍정형의 관계(I'm not O.K. You're O.K.) : 공포, 피해망상, 무력감, 열등감의 인간이다.
  (2) 자기 긍정-타인 부정형의 관계(I'm O.K. You're not O.K.) : 우월감, 자만심, 타인 비난형의 인간이다.
  (3) 자기 부정-타인 부정형의 관계(I'm not O.K. You're not O.K.) : 반복적인 실패, 체념, 무의미, 파괴적인 관계의 인간이다.
  (4) 자기 긍정-타인 긍정형의 관계(I'm O.K. You're O.K.) : 바람직한 대인관계를 갖는 신념형의 인간이다.
  성숙한 인간은 네 번째 형태의 인간관계를 갖는 자이다.
  2) 타인을 있는 그대로 용납하는 자
  대인관계에서 성숙하지 못한 자는 자기가 지나치게 세운 기준에 상대가 맞지 않을 때 비난하고 무시함으로 좋은 대인관계를 맺지 못한다. 부모가 자식의 잘 잘못을 그대로 수용하듯 상대에 대해 아량을 가지고, 상대를 있는 그대로 받아들일 수 있는 것은 성숙한 태도이다.
  인간의 본성에 보다 익숙하여 인간의 기본요구를 그대로 인정하고 증오나 수치를 느끼지 않는 태도가 곧 용납이다. 이는 자신과 상대에게 똑같이 적용이 된다. 인간은 누구나 실수나 과오를 범할 수 있다. 그런데 지나치게 높은 기준을 설정하여 그 기준에 도달하지 못할 때 갖는 자신을 증오하거나 상대를 멸시하는 태도는 성숙한 인간의 태도가 아니다. 있는 그대로를 수용하는 태도의 함양이 필요하다.
  3) 감정이입(感情移入)을 할 수 있는 자
  인간관계는 서로의 감정에 참여할 때 보다 친밀한 관계로 발전한다. 성경은 "기뻐하는 사람이 있으면 함께 기뻐해 주고, 우는 사람이 있으면 함께 울어 주십시오."(롬 12 : 15 참조)라고 하여 감정이입을 통해 서로 하나가 될 것을 교훈한다.
  4) 감정을 건설적으로 표현할 수 있는 자
  살아가면서 우리는 대인관계에서 수많은 감정을 느끼게 된다. 기쁨, 실망, 분노 등…… 그러한 감정을 건설적으로 표현하는 일이 성숙한 인간에

게는 필요하다. 다음 도표는 감정이 어떻게 일어나는가를 설명해 준다.[19]

```
┌─────────────────┐
│   사건이나 개념   │
└─────────────────┘
         ⇩
┌──────────────────────────────────┐
│ 해석 : 사건이나 개념에서 의를 찾는다 │
└──────────────────────────────────┘
         ⇩
┌──────────────────────┐
│ 감정 : 해석에 대한 반응 │
└──────────────────────┘
```

여러 감정 중 분노의 감정은 어떻게 일어나는가? 하나의 예로서 당신이 아는 어떤 사람이 당신 등뒤에서 당신을 비난하고 거짓된 사실을 늘어놓는 이야기를 들었다고 하자. 이 일에 대하여 알게 된 것은 '사건'이라고 볼 수 있다. 당신은 이것을 당신의 명예에 대한 부당한 처사라고 '해석'한다. 그때 분노의 '감정'이 생기게 된다.

그러한 경우 세 가지의 감정표현 방법이 있을 수 있다. 첫째, 직접표현으로 좋지 않는 말(욕설)을 한다든지, 그를 구타한다든지 하는 것과 같은 행위이다. 둘째, 간접표현으로 상대의 말에 대해 비난하고 정죄하는 행위이다. 셋째, 자신의 감정을 말로 표현하는 행위이다. 이 경우 "나는 당신의……의 말, 또는 행동에 대해……를 느낀다."는 식의 표현이다. 이 셋 중 가장 건설적인 표현은 솔직히 말하는 것이다.

5) 사랑받고, 사랑하는 일에 균형을 유지하는 자

사랑은 우리가 사랑하는 대상의 성장과 생명에 대한 적극적 관심이다. 그 관심은 행위로 나타나게 되고, 사랑하는 가운데 우리는 자기 만족과 자기 본위의 상태에 의해 만들어진 고립, 고독의 감옥으로부터 벗어난다. 성숙한 인간은 사랑을 받고 타인을 사랑하는 일에 균형을 유지하는 것이다.

6) 남과 여의 성의 역할을 바로 인식하고 올바른 관계를 갖는 자

남과 여는 신체적, 심리적인 구조와 발달의 차이를 보이나, 성숙한 인간은 서로의 차이를 바로 인식하고 바른 관계를 맺어 나가는 자이다. 특히 에릭슨(E. H. Erikson)은 청년기에서 이성에 대한 이해와 관계를 통해 친밀감(intimacy)이나 고독감(isolation)이 생긴다고 주장한다.[20] 상대에 대해

올바른 이해를 가질 때 이성 사이에서 친밀감을 가지고 사랑하고 신임하나, 그렇지 못할 때 이성에 대한 분리감을 느끼며 자기 일에만 몰두하게 되어 건전한 관계를 이룰 수 없게 된다.

7) 타인과 원만한 의사소통을 할 수 있는 자

인간은 언어를 통해 보다 관계를 원만하게 하는 존재이다. 때로 누구나 타인과 잠재적인 대립감정을 가질 수 있다. 이때 대화만이 이 불편한 관계를 해소할 수 있다. 그래서 하우(R. C. Howe)는 "대화와 사랑의 관계는 마치 피와 몸과의 관계에 비길 수 있다. 혈액순환이 정지되면 몸은 죽게 마련이다. 대화가 끊길 때에 사랑은 죽고, 반감과 증오가 생기게 된다. 하지만 대화는 죽음의 관계에서 소생케 할 수 있다. 사실 이것이 대화의 기적인 것이다."[21]라고 하여 대화의 중요성을 말하고 있다.

성숙한 인간은 의사소통의 효과적인 기술을 갖고 상대와 좋은 관계를 유지하는 자이다. 이를 위해 듣는 훈련, 올바르게 말하는 훈련이 필요하다.

성숙한 인간은 위와 같은 구체적인 활동을 통해 대인관계에서 사랑을 실천하는 자이다. 이러한 관계를 종합해 볼 때 오성춘 목사의 '친밀한 관계를 맺는 특성'[22]은 매우 중요하다.

(1) 이 관계는 직접적인 대면이나 혹은 전화, 편지 등을 통한 비교적 높은 수준의 상호작용이다. 다시 말해서 자기가 현재 관계를 맺고 있는 사람들에게 무언가 기꺼이 투자할 수 있는 관계이다.

(2) 이 관계는 강력한 감정의 강조로 특정지을 수 있는 관계이다. 즉 다른 사람에게 어느 정도 투자할 수 있느냐 하는 것은 그 사람을 향하여 가지는 감정의 강도에 따라 결정될 것이다.

(3) 이 감정은 긍정적인 것이다.

(4) 이 관계는 협조의 근거를 제공한다. 상대에 대해서 긍정적인 감정적 배려를 해주고 있을 뿐 아니라 구체적인 도움을 제공한다.

(5) 이 관계는 상호 보완적이다. 상대방도 역시 매우 긍정적인 감정을 가지고 있으며 구체적인 도움을 주려고 한다.

정상적인 사람은 20~30명의 사람들과, 신경증 환자들은 10~12명 정도의 사람들과, 정신병자의 경우 4~5명의 사람들과 이러한 친밀관계를 갖

는다.[23]

  인간은 관계의 존재이므로 '더불어'의 삶에서 성숙한 삶을 영위할 수가 있는 것이다.

3. 대(對) 사회적 수준의 성숙

  인간은 사회적 존재이다. 그래서 가정, 교회, 직장, 국가, 그리고 세계 속에서 영향을 주고받고 살게 된다. 공동체에서 자신의 책임을 인식하면서 '자기보다 남을 낮게 여기는'(빌 2:3) 자세와 '섬김을 받기보다 섬기는 자'(christian servanthood)로서의 자세를 갖고 살아가야 한다.

  그리고 삶의 현실과 역사의 방향을 객관적으로 볼 수 있는 비판적 사고를 하며, 그 현실에서 역사의 정의로운 실천을 위해 자신이 해야 할 적절한 선택을 결정하고, 책임 있는 행동으로 역사의 현장에서 정의와 평화를 이루며 살아가야 한다.

  공동체에서 존재한다는 것은 창조적인 자가 되느냐, 또는 방관자가 되느냐의 택일이다. 그러기 때문에 성숙한 인간은 그가 속한 사회의 불의에 대해 항거할 수 있는 용기 있는 자이며, 책임과 의무를 통해 보다 다수가 평화 속에서 살아가도록 하는 일에 참여하는 자이다. 우리 민족성을 살펴볼 때 장점도 많지만, 단점 중의 하나로 지적되는 것은 "개인주의적이며, 협동과 단결이 미약하다."는 점이다. 많은 사람의 행복, 즉 공동체의 정의와 평화가 곧 우리의 행복임을 인식하고 힘쓰는 자가 성숙한 자이다.

4. 대(對) 자연과의 관계의 성숙

  "인간이 병들면 자연도 병들고, 자연이 병들면 인간도 병든다."는 말이 있다. 창조시 하나님께서 인간에게 맡기신 자연은 관리와 보호로 온 인류가 혜택을 누리게 함이 목적이지, 착취로 인해 공해, 환경오염, 그리고 생태계의 파괴로 인간이 고통받게 함이 아니었다.

  자연은 대대로 인간들이 삶의 터전으로 가꾸며 살아가기 위해 하나님이 맡겨 주신 것이기에 자연을 올바로 관리하는 자가 성숙된 인간이다.

  그런 면에서 현대의 기술산업, 기계화 공업, 기술문명의 와중에서 자연이 파괴되는 일에 대해 올바른 책임의식을 느끼고, 바로 관리하는 일이

성숙한 인간의 사명인 것이다. 특히 오늘 우리 한국의 상황은 심각하다. 공장폐수 방출로 인한 하천, 저수지의 수질오염, 핵과 관련된 피해로 뇌 없는 아기의 출산 등, 파괴되어지는 자연 그것을 통해 우리가 당하는 고통은 말로 표현할 수가 없다. 성경은 "피조물이 다 이제까지 함께 탄식하며 함께 고통하는 것을 우리가 아나니"(롬 8:22)라고 하면서 죄든 인간이 저지른 자연의 파괴에 대하여 말씀해 주고 있다. 이는 성숙한 인간들이 해결해야 할 과제이다.

성숙한 인간은 어떤 존재인가?
力中正雄은 '間의 論理'에서 다음과 같이 말한다.[24]
"사람이 자연을 맞이할 때 사람은 공간을 바르게 인식하며,
사람이 이웃들 사이에 살 때 사람은 인간이 되며,
사람이 세상에 참여할 때 사람은 공동체를 형성하며,
사람이 시간들 사이에 살 때 사람은 역사를 창조하는데,
만약 우리가 '사이'(間)를 갖지 않는다면,
우리는 더이상 인간이 아니며, 사이를 갖지 않는 바보가 된다."

연구자는 위의 모든 관계에 관여하시는 하나님을 넣고, 모든 인간이 하나님과의 관계에서 내적, 대인관계, 대 사회적 수준, 대 자연관계의 올바름에서 성숙한 인간상 형성은 가능하다고 믿는다.

4. 영성훈련

인간이 지닌 영성은 계발되어질 수 있는가? 즉 예수의 말씀대로 '풍성한 생명'(life in all its fullness)을 우리는 소유할 수 있는가? 그것에 대해 기독교신앙에서는 성령의 인도하심과 개인의 훈련에 의해 가능하다고 본다.

아이리스 컬리(Iris V. Cully) 교수는 "인간의 본성은 교육과 양육에 의한 의도적인 계발의 상호작용이 영적 성장을 가능케 한다."[25]라고 주장한다. 인간은 창조주 하나님의 형상을 따라 지음을 받았기 때문에 본성적으로 영성, 즉 창조주 하나님과 깊이 있는 관계를 갈망하며 추구한다. 그러나

깊이 있는 영성의 계발이 인간의 본성적인 갈망이라고 할지라도 영성은 모든 사람에게 자연적으로 임하지는 않는다. "인간관계들이 다년간의 조심스러운 양육을 통해 성숙하듯이 우리가 영성(영적인 삶)이라고 부르는 하나님과의 관계도 다만 점진적으로 발전할 수 있다. 그것은 교육의 과정이다.……그리고 교육은 평생에 걸쳐서 계속된다."[26]고 아이리스 컬리 교수는 말한다.

성경은 신앙인들이 가져야 할 영성(경건)훈련에 대해 많은 교훈을 하고 있다. 바울은 목회자 디모데에게 "경건한 생활에 힘을 기울이는 훈련을 쌓으시오. 육체적인 훈련이 가져다 주는 이익은 대단한 것이 못 됩니다. 그러나 경건한 생활은 모든 면에서 유익합니다."(딤전 4:7-8 참조)라고 권면하고 있다.

영성훈련을 통해 교육과 선교에 크게 기여했던 예수회의 성 이그나티우스(St. Ignatius)는 영성훈련의 의의에 대해 그의 「영성훈련」[27]에서 "산책하고 걷고 뛰는 것이 육체적 수련이 되는 것과 마찬가지로 산만해진 모든 감정을 멀리 쫓아 내기 위해 자기의 영혼을 준비하고 정리하는 것, 그리고 이 산만해진 감정을 일단 떨쳐버린 다음 영혼의 구원을 위해 나의 생활 속에서 하나님의 뜻을 찾고 발견하는 것, 이런 것을 곧 '영성훈련'이라 한다."고 정의를 내린다.

영성훈련에 대해 리차드 포스터(Richard J. Foster)는 구체적인 12가지 훈련방법들을 제시한다.[28]

그는 내면의 훈련들로 묵상, 기도, 금식, 공부훈련을 ; 외면의 훈련들로 단순화, 고독, 순종, 섬김훈련을 ; 공동훈련들로 고백, 예배, 인도, 경축훈련들을 제시한다.

5. 맺는 말

기독교에서 말하는 성숙한 인간은 예수 그리스도 안에서 하나님과 자신, 나와 이웃, 공동체와 역사, 그리고 자연 속에서 올바른 하나님의 뜻을 이루어 나가는 자이다.

　그것을 위해서는 기독교 영성훈련이 필요하다. 훈련은 개인의 능력(특히 영성)을 계발하여 보다 활동적인 삶을 살 수 있도록 하기 때문이다.

　사실 기독교는 역사적으로 풍부한 영성적 유산을 가지고 있다. 그러나 개신교 전통에서 볼 때 제대로 계승되거나 활성화되지 못했다. 1980년 후반기부터 우리 나라에서 일어나는 영성훈련의 관심은 고무적인 운동이다. 특히 지성 일변도의 교육상황에서 전인교육을 지표로 하는 기독교학교 학생과 교직원, 또 교회청년들, 교사들을 위해 특별히 연구되어져야 할 분야이다.

제1부
성숙한 자아계발

1. 자아의식
2. 삶의 목적과 생애계발
3. 삶의 목표와 시간관리
4. 일과 휴식의 균형
5. 바람직한 인간관계
6. 감정의 건설적 표현
7. 효과적인 대화의 기술
8. 사랑의 실천
9. 크리스천 리더쉽
10. 정의와 평화의 창조
11. 자연의 관리

제1장

자아의식*

1. 들어가는 말

영적인 삶은 자아의 실존을 그대로 받아들인 한 인간이 기꺼이 성숙해지려는 심성에 바탕을 두고 세워질 수 있다. 그러기에 조화 있는 영적 성숙의 첫 수준은 내면적인 것으로 자아에 대한 올바른 의식을 갖는 일이다.

"나는 어떤 존재인가?"에 대한 물음의 해답을 탐구하는 우리에게 칼빈은 다음과 같은 지혜를 제시한다.

"사실상 우리의 모든 지혜는 두 부분으로 되어 있다. 즉 하나님의 인식과 우리들 자신에 관한 인식이다. 이 둘은 여러 면으로 서로 연결되어 있으므로 둘 중에 어느 것이 앞서고, 어느 것이 상대방을 가능케 하는지 구

---

* 심리학에서는 '정체의식'(identity)이라는 용어를 쓴다. 이는 '자신에 대한 그 어떤 중심적인 시각과 방향성' 또는 '자신에 대한 일관성 있는 의식으로 그의 노력과 생활의 의미를 갖는 깨달음'으로 규정한다. 본글에서는 '하나님의 존재와 사랑을 개인적으로 체험하므로 형성되는 '자신에 대한 의식'으로 본다.

별하기가 어렵다."[1]

우리 자신의 자아의식은 하나님과의 관계 안에서만 파악될 수 있다. 그것은 우리가 그로 말미암아 존재하게 되었으며, 그 안에서 살아가고 있기 때문이다(행 17:28). 성경의 인물 아브라함, 모세, 이사야, 바울 같은 분들이나 교회사의 인물 어거스틴,[2] 칼빈, 루터 등도 모두 '하나님과의 만남'의 체험에서 자아의식을 가진 사람들이다. 이 글에서는 소년 예수의 자아의식을 개관한 후, 자아의식을 위한 영성훈련의 방법들을 모색해 보려 한다.

2. 소년 예수의 자아의식

성경 누가복음 2:41~52의 예수께서는 열두 살 때 부모님의 인도[3]에 따라 예루살렘 성전 유월절 의식에 참여하셨다. 모든 의식이 끝난 후 부모는 돌아오는 중 예수가 보이지 않아 되돌아온 지 사흘 만에 성전에서, 랍비들과 함께 있어 듣기도 하며 묻기도 하는 어린 예수님을 발견하게 된다.

어머니 마리아는 "아이야! 어찌하여 우리에게 이렇게 하였느냐? 보라, 네 아버지와 내가 근심하여 너를 찾았노라."라고 하셨을 때, 예수님은 "어찌하여 나를 찾으셨나이까?" 내가 내 아버지의 집에 있어야 될 줄을 알지 못하셨나이까?"라고 말씀하셨다. 그후 고향 나사렛에 내려가 부모님을 순종하여 받드셨고, 하나님과의 관계도 더욱 깊어지게 되셨다. 이에 대해 성경은 "예수는 그 지혜와 그 키가 자라 가며 하나님과 사람에게 더 사랑스러워 가시더라."(눅:52)고 말씀한다.

어머니 마리아에 대한 예수님의 대답 "내가 내 아버지의 집에 있어야 될 줄을 알지 못하셨나이까?"(Knew you not that I must be about my Father's house, ASV)라는 말씀에는 깊은 의미가 내포되어 있다.

첫째, 육신의 부모 외에 하나님을 아버지로 인식하셨다. "하나님이 우리에게 아버지가 되신다는 사실을 아는 것은 경건에 이르는 첫걸음"[4]이라고 칼빈은 말한다. 이제까지 육신적인 부모의 양육을 받아 성장했으나 열두 살 때 성전 유월절 의식에서 하나님이 아버지되심을 깨닫고 자신을 발견하시게 된 것이다. 하나님 앞에서의 자신의 발견은 하나님과의 관계가 성숙되어 감의 시작이기에 이 체험은 아주 중요한 의미가 있다.

둘째, '내 아버지의 집'에 대한 다른 이해가 주는 의미이다. 일반적인 해석은 집(house, temple)으로 통한다. 이는 마리아가 예수님께서 어디 계신가를 찾는 말씀을 했기 때문이며, 또한 성전은 '하나님의 집'(요 2:16)이며, 예수는 거기에 계셔야 한다고 느꼈기 때문이다(히 3:6). 그러나 여기서의 집은 헬라어에서 '일'로 번역이 된다.[5] 일로 해석할 때 위의 말씀은 "내가 내 아버지의 일을 생각하고 관여해야 될 줄 알지 못하셨나이까?"로 의역할 수 있다. 하나님을 아버지로 발견할 때 아들로서 아버지의 원하시는 일을 찾아 그 일을 해야 하는 것은 마땅한 것이다.

이때 예수님은 자신이 하나님의 특별한 일을 위해 보내신 자임을 깨달았고 십자가 위에서 "다 이루었다."고 말씀하실 때까지 하나님과의 성숙한 관계를 유지하셨다.

3. 자아의식과 영성훈련

칼빈은 한 인간이 하나님 앞에서 하나님과 자신을 발견할 때 갖게 되는 과정을 다음의 도표[6]로 설명해 준다.

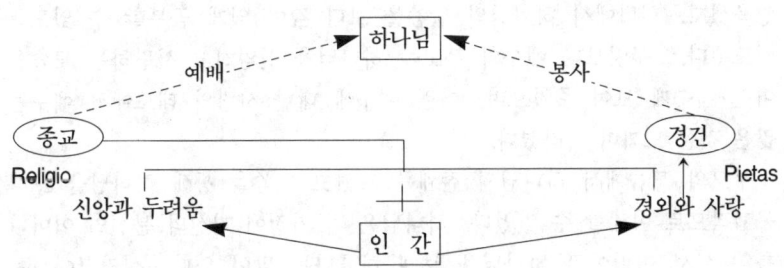

1) 하나님이 우리에게 아버지가 되신다는 사실을 아는 것(Cognitio Dei) : 이는 진정한 가르침이 없으면 경건도 존재하지 않는다고 하며, "진정한 종교와 하나님 경배는 믿음으로부터 우러나오는 것으로 그분의 학교

에서 교육을 받은 사람이 아니고는 그 누구도 하나님을 바로 섬길 수 없다."[7]고 했다.

2) **하나님을 신앙함으로 예배를 드림** : 이것은 신앙과 두려움이 기초가 되는 종교이다. 이는 하나님에 대한 열렬한 두려움과 관련된 신앙으로서, 여기에 나타난 두려움 안에는 자발적인 경외감이 포함되며, 더불어 율법에 규정된 바와 같은 합당한 경배가 수반되는 것이다(관련성구 느 5 : 15, 욥 1 : 8, 행 2 : 43, 5 : 11, 9 : 31, 10 : 2).

3) **하나님을 주님으로 섬기며 내게 주신 하나님의 뜻을 찾아 봉사함** : 이 단계에서 칼빈은 이교도들이 사용한 아버지, 어머니, 기타 그들을 돌보는 권위 있는 자들에게 향한 태도인 '경건'을 쓴다. 그는 이 의미를 '하나님이 주시는 은총들을 알 때 나타나는 경외감으로 하나님에 대한 사랑과 연관된 것'으로 사용한다. 즉 하나님을 아버지로 발견할 때, 기쁨으로 그의 뜻에 순종하는 삶이다.

예수의 자아의식 경험과 칼빈의 이론을 통해 아래의 자아의식을 위한 영성훈련 모델을 찾아본다.

1. 가정, 교회에서의 훈련

예수의 부모는 탄생 전 천사의 예고, 결례시(할례시) 시므온의 예언, 소년 예수의 성전에서의 말씀들을 마음에 간직하고 기도와 말씀으로 예수를 양육했고, 회당에서 하나님의 말씀을 보다 깊이 있게 공부할 수 있도록 지도했다.[8] 무엇보다 예수의 부모는 하나님을 신앙하고 사랑하는 모습을 어린 예수께 보여 주었으며, 어린 예수에 대한 사랑의 태도에서 예수는 많은 것을 느끼며 자라셨다.

부모의 모습에서 하나님의 존재를 느꼈고 말씀을 통해 하나님을 보다 구체적으로 이해할 수 있었다. 하나님은 각 가정에 자신의 분신인 어머니를 두셔서 어린이로 하나님을 보게 하셨다는 말이 있다. 심리학에서는 "의미 있는 타자(他者)-부모, 교사 등이 자아개념을 형성하는 데 큰 역할을 한다."고 했다. 이는 우리의 자아개념은 우리를 사랑한 사람들과 우리를 사랑하기를 거부한 사람들에 의해 결정된다는 말이다. 부모 및 교사의

1. 자아의식 31

신앙과 사랑은 자녀와 학생들에게 하나님의 존재에 대한 인식과 사랑을 깨닫게 하는 기초가 된다.[9]

아래의 글은 기독교교육 과목을 수강한 한 학생이 쉐릴의「만남의 종교심리」(영혼의 고투)[10]를 읽고서 낸 리포트 중 한 부분을 인용한 것이다

"나의 어린시절은 가난한 시골 동네 부모님과의 만남으로 시작되었다. 우리 집은 가난했기에 나는 주일이면 호미와 삽을 들고 아버지를 따라 들로, 산으로 일하러 가야만 했다. 나는 언제나 이 굴레에서 벗어날 수 있을가 하며 자신의 운명에 대해 원망하곤 했었다.…… 중학교 때의 나의 별명은 '돌부처'였다. 그것은 공부시간이나 쉬는 시간이면 언제든 조용히 무슨 생각에 잠긴 듯 멍하니 앉아 있는 내 모습을 보고 친구들이 붙여 준 별명이다. 생각해 보면 약주만 드시게 되면 마음과 행동이 거칠어져 부부싸움을 자주하시던 아버지에 대한 무서움과 두려움 때문에 밤마다 몰래 들어가 잠자던 그 경험들이 나를 극도로 소심하게 했고, 그것으로 인해 친구들과도 잘 어울리지 못했기에 붙여진 별명이리라……. 그후 고3을 그럭저럭 보낸 후 나는 대학에 입학했다. 입학 후 갖는 신입생 환영회, 개강·종강파티, 그리고 M.T. 등 이 모든 것에서는 자유와 해방감을 맛보았으나 공부에는 별로 흥미를 느끼지 못했다. 더구나 계속되는 시위 속에 날아드는 화염병과 최루탄의 매콤한 연기들…… 이 모든 일들이 나로 하여금 대학생활에서 마음을 잡지 못하게 했고, 결국 나 자신은 삶의 목표와 방향도 없이 무의미한 날들이 반복되는 생활을 했었다.

그러던 어느 날 성경공부반 친구를 만나게 되었고, 그의 초청에 의해 성경공부를 하게 되었으며, 수련회 때 창세기 연구를 통해 하나님 앞에서 자신을 발견하게 되었다. 예수 그리스도의 사랑 안에서 구원받게 된 자신을 생각할 때 이제까지 운명주의 열등감을 갖고 살던 자신이 후회스러웠고, 지금은 하나님이 주신 비전 속에서 열심히 신앙생활하며 학업에도 진력하고 다른 친구들을 섬기는 기쁨 속에 살고 있다."

위의 글을 통해 가정에서 부모의 신앙과 사랑 없이 자라 자아존중감이 낮은 자라도, 교회(성경공부반)에서 주위사람의 사랑과 진리를 발견함으로

써 자아의식이 변화될 수 있음을 생각할 수 있다.

2. 자연에서의 명상훈련

영화 '벤허' 중 다음의 일화가 나온다. 요셉의 친구가 목공일을 하고 있는 그에게 와서 "자네 아들 예수는 자네 일을 돕지 않고 어디 갔나?"라는 질문에 요셉은 일하던 손을 멈추고 들을 가리키며 "일하러 갔다네."(사색과 기도하러 갔다는 표현이다-필자주)라고 대답하는 장면이 있다.

성전에서 돌아온 후 예수님은 육신의 부모님을 순종하여 받드셨을 뿐 아니라 자주 자연으로 나가서 명상의 시간을 보내셨다. 아름다운 자연을 보며 하나님의 창조를 느끼셨고, 공중의 새 들의 백합화를 보며 로마의 지배하에서 고통당하는 굶주린 백성을 생각하셨다. 부패한 종교 지도자들에게서 참 진리를 발견치 못하는 길잃은 양들을 생각하시며 자신이 참목자가 되어야겠다는 마음도 가지셨을 것이다. 예수의 가르치심 가운데 많은 소재가 자연의 것임을 우리는 발견할 수 있다(씨 뿌리는 비유, 그물 속의 고기 비유 등).

혹자는 "사람들이 보다 영적이기 위해서는 자연 속에서 시간을 보내는 일이 필요하다."고 했듯이 자연(우주)이 하나님의 속성을 나타내는 책이며 거울이라는 사실을 의식할 때, 자연에서의 명상은 하나님 발견의 중요한 기회가 된다. 예수님은 자연 속에서 하나님과 인간, 그리고 세계를 보다 의미 깊게 의식하였다.

4. 적용을 위한 자료

1) 성경의 인물들이 하나님을 만남으로 그들의 '자아의식'에 어떤 영향을 주었는지 연구하라(창 12:1-9 아브라함, 출 3:1-12 모세, 사 6:1-13 이사야, 행 19:1-22 바울 등).

2) 교회사에 나타난 인물들의 '회심사건'에 대해 연구하라(참고, 휴커·존·멀더, 「위대한 회심자들」, 생명의 말씀사, 1987.).

3) 12세 이전의 가정, 교회에서 자신이 하나님을 인식하는 데 도움을 주

었던 인물을 쓰고 어떻게 영향을 주었는지 기록해 보라.
  4) "나는 어떤 존재인가?"에 대한 글을 써 보라.
  5) 창세기 1장, 시편 8장, 시편 19 : 1~6을 읽고 하이든(F. J. Haydn)의 '천지창조'를 감상하라(참고, 찬송가 75장).
  6) 자연으로 나가 찬송가 33, 40, 76, 78, 80장을 부르며, 하나님의 창조에 대해 생각하라〔특히 33장은 자연의 중요성을 강조한 영성의 대가 성 프란체스코(St. Francis of Assisi)의 찬송임을 기억하라.〕.

5. 맺는 말

성숙한 삶을 위해서는 청소년기에 '자아의식'을 확립해야 한다.[11] 이 체험은 자기 자신에 대해 더욱 현실적인 견해를 갖게 되고, 현재에 충실하면서 장기적인 목표를 삶에 대한 애착과 자신의 흥미와 능력을 계발시키고자 하는 결단력을 갖게 된다. 곧 자아의식은 그의 일생을 살아가는 방향의 설정과 더불어 존재양식을 결정한다.

교사로서 우리는 어떤 '자아의식'을 갖고 있는가? 하나님의 사랑받는 존재로 하나님을 예배하며 그 뜻을 행함에서 기쁨을 느끼고 있는가? 또한 우리가 가르치는 학생의 '자아의식'은 어떠한가? 예수의 '자아의식 체험'이 우리 모두의 모델이 되어야겠다. 그리고 바울의 '자아의식'과 제자훈련이 우리의 고백이 되었으면 한다(고전 11 : 1).

제2장

삶의 목적과 생애계발

1. 들어가는 말

성숙한 인간은 기독교적 세계관을 바탕으로 자신의 삶의 목적을 설정한 후, 그것의 성취를 향해 생애를 계발해 나아 가는 자이다. 이러한 사람은 목적을 향해 자신의 능력을 계발하는 데 온 마음을 기울이기에 순간적인 충동에 따라 행동하지 않을 뿐더러, 자신의 삶에 대한 강한 애착과 의미를 갖고 살게 된다.

잠언기자는 "묵시가 없으면 백성이 방자히 행하거니와……"(Where there is no vision, the people perish, 잠 29 : 18)[1]라는 말씀을 통해 내일에 대한 뚜렷한 목적의식 없는 사람은 무질서, 무절제의 생활을 할 수밖에 없다는 교훈을 우리에게 준다. 그래서 성 어거스틴(St. Augustine)은 "인간의 마음은 삶의 의미와 목적을 발견하고, 그것을 성취할 때까지는 쉼이 없다."고 했다 한다.

우리가 가르치는 학생들이 그들 자신의 삶의 목적을 올바로 설정하고 그것의 성취를 위한 생애계발을 할 수 있도록 영성훈련을 통하여 어떻게 도움을 줄 수 있을까를 본글에서 모색하려 한다.

2. 삶의 목적과 생애계발 모델

성경과 교회사에 나타난 수많은 인물들이 모델이 될 수 있으나 아래 두 인물을 선택하여 그들의 삶을 통해 교훈을 얻고자 한다.

1. 예수 그리스도

예수 그리스도의 생애는 다음의 도표[2]를 통해 개관해 볼 수 있다.

시 기	준비기	공적 사역기			죽으심과 부활
	탄생→30세	첫 해	둘째 해	셋째 해	(십자가 : 승천)
활동장소	베들레헴, 나사렛	←유대(초기) 갈릴리(초기)	갈릴리(중기)	갈릴리(후기) 유 대(후기) 베뢰아	예루살렘

(삼각형 도표: 인자의 온 것은……섬기려 하고 / 봉사의 예수 그리스도 / 목숨을……대속물로 주려 함이니라 (막 10 : 45). / 죽으심 (클라이막스))

예수께서는 열두 살 때 성전에서 이미 자신의 생의 목적을 의식하셨으나 계속하여 기도와 묵상을 하시다가 공적으로 대중 앞에서 자신의 소명을 선포하신 것은 40일 금식기도 후 나사렛 회당에서였다(마 4 : 17, 눅 4 : 16-21). 예수님은 인류의 구원사역을 위해 하나님으로부터 보냄을 받은 자이셨다.

그러나 공적으로 활동하시기 전 40일간의 금식기도 후에 나타난 마귀의 시험은 그가 가진 목적을 흐리게 하고, 그 목적을 이루려는 계획에 대해 인간적인 방법을 쓰도록 하려는 유혹이었다. 이것에 대해 레스리의 글 「예수가 받은 시험」[4]은 다음의 사실들을 우리에게 교훈해 주고 있다(눅 4 : 1-13 참고).

1) "이 돌들에게 명하여 떡덩이가 되게 하라"(3절) : 이는 생의 목적에 대한 긴 안목 없이, 순간적이고 감각적인 욕망을 만족시키기 위한 육적인 문제로 예수님을 유혹한 것이었으나 예수님은 영적 가치의 우월성을 들어 그 유혹을 이기셨다.

2) "이 모든 권세와 영광을 내가 네게 주리라……만일 내게 절하면……"(6,7) : 지위와 특권에 대한 야망, 즉 권력의 힘을 강조하여 유혹한 마귀에 대해 예수님은 하나님의 뜻을 행하여 그를 기쁘시게 함이 우선이며, 지위는 그것에 의해 따르는 것을 말씀하심으로 그 유혹을 이기셨다(8절, 요 13 : 3-6).

3) "네가 만일 하나님의 아들이어든 여기서 뛰어내리라……."(9절) : 개인적인 명예를 위해 하나님을 이용하라는 유혹도 이기셨다. 오직 하나님만이 영광을 받으셔야 하고, 모든 인간은 이를 위해 살아야 한다는 교훈이 내포되어 있다.

계속하여 4복음서에 나타난 예수님의 삶의 목적과 생애계발의 기록을 찾아보자.
1) 그의 삶의 목적
"인자의 온 것은 섬김을 받으려 함이 아니라 도리어 섬기려 하고, 자기 목숨을 많은 사람의 대속물로 주려 함이니라"(막 10 : 45).
2) 그의 생애계발
(1) 열두 살 때 예루살렘 성전에서 '자아의식'을 가지심(눅 2 : 49).
(2) 전인(全人), 즉 지혜와 키가 자라심(눅 2 : 52).
(3) 40일 금식기도와 마귀의 시험을 통해 그의 사명과 방법에 대해 구체적인 인식을 가지심(눅 4 : 1-13).
(4) "나의 양식은 나를 보내신 이의 뜻을 행하며 그의 일을 온전히 이루는 이것이니라"(요 4 : 34).
(5) "아버지께서 내게 하라고 주신 일을 내가 이루어 아버지를 이 세상에서 영화롭게 하였사오니"(요 17 : 4).
(6) "예수께서 신 포도주를 받으신 후 가라사대 '다 이루었다.' 하시고,

머리를 숙이시고 영혼이 돌아가시니라"(요 19 : 30).
  그외 복음서에 나타난 예수님 자신의 말씀과 복음서 기자들의 증언을 보면, 예수님은 분명히 자신의 삶의 목적의식 속에서 사셨고, 그것을 위해 일생 동안 자신의 생애계발을 위해 노력하셨다. 그리고 끝내 그것을 다 이루시고 그의 생애를 끝내셨다.

2. 알버트 슈바이처(Albert Schweitzer)

비전을 현실화한 대표적 인물은 밀림의 성자 슈바이처로 영성의 귀한 모델이 된다. 그의 삶을 도표화⁴⁾하면 다음과 같다.

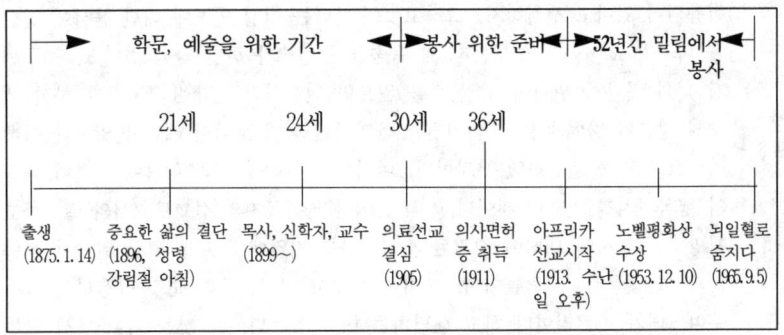

  그는 신교 목사의 아들로 태어나 신앙적 분위기 가운데서 자랐다. 스트라스벌에서 신학을 공부했고, 24세 때 니코라이교회의 목사로서 6년 동안 목회와 교수로서 활동하는 한편 파이프 오르간 연주자로도 뛰어난 명성을 얻었다.
  그러나 자신이 누리는 행복에 대한 자각과 세계와 인류의 고통에 대한 예민한 감수성은 그로 하여금 자신만을 위해 살게 하지 않았다. 그의 자서전⁵⁾에 나타난 그의 결심과 취한 행동을 인용함으로 그의 삶의 목적과 생애계발에 대해 알아보고자 한다.

    1905년 10월 13일 금요일, 몇 통의 편지를 보냈다. 장차 의사가 되어 아프리카 적도지방에 가려는 계획을 알리는 것이었다. 이 계획을 내가 품게 된 것은 이미 오래 전이었다……. 이 동기의 실마리는 학생시절로 되돌아가게 된다. 내 주위의 많은 사람이 고뇌와 고난 때문에 싸우고 있는 것을 보면서 나만이 행복한 생활을 보낸다는 것은 도저히 참을 수 없는 일인 것을 느꼈다. 벌써 국민학교 시절에 동창생의 비참한 가정의 형편을 보고, 이것은 군스바흐의 목사집 아들의 이상적이며 안락한 가정생활과 견주어 볼 때 나의 마음은 깊이 느낀 바가 있었던 것이다.……1896년 성령강림절 아침, 군스바흐에서 눈을 떴을 때 문득 나는 나의 이 행복을 기정사실로 받아들일 수 없으며, 여기에 대해 나 자신도 무엇인가 남에게 주는 것이 있어야 된다는 생각에 사로잡히고 말았다.……나는 고요하고 깊은 사색을 한 후 기상할 때에는 다음의 결론에 도달하였다. '설흔 살이 될 때까지 학문과 예술을 위하여 살 수 있도록 허용되어 있다고 생각하자. 그리고 그후부터는 직접 인간에 대한 봉사에 일신을 바치자'고……. "누구든지 제 목숨을 구원코자 하면 잃을 것이요, 누구든지 나와 복음을 위하여 제 목숨을 잃으면 얻으리라."(막 8 : 35)라고 하신 예수의 말씀이 나에게 어떤 의미가 있을까를 곰곰이 생각한 때는 많았으나 이제 비로소 그것을 발견하였던 것이다. 여기에서 나는 외계의 행복에 대하여 내심의 행복까지를 얻었던 것이다.…… 1904년 녹색표지의 선교보고서의 글 '콩고지방의 선교사에 대하여 결핍된 것'은 가봉 지역에 선교를 위한 일꾼이 부족함과 그 맺음글 "사람들이여, 교회는 부르고 있다. 주의 눈짓에 응하여 즉시 주여, 내가 따르리이다 하고 대답하는 이를 찾는다."는 것을 읽고 나서 나는 이제까지 하려던 일을 조용히 계속할 수 있었다.……앞으로 할 일은 사랑의 종교에 관하여 설교의 형식으로 행할 생각은 더이상 하지 못했다(1905~1911년까지 의학을 공부한 후 국가로부터 의사자격증 획득-필자주). 1913년 수난일 오후, 나와 아내는 군스바흐를 떠났다……. 첫날 아침, 약품이며 의료기구의 포장도 풀기 전에 나는 환자들에게 둘러싸였다.

더이상 그의 삶의 목적과 생애계발에 대한 설명을 언급할 필요가 없다. 그의 자서전에서 너무나 구체적으로 나타났기 때문이다.

3. 영성훈련의 실제

우리가 지도하는 학생들이 어떻게 하면 그들의 삶의 목적과 생애계발을 의미 있게 하도록 도와 줄 수 있을까에 대해 두 가지로 나누어 생각해 보자.

1. 삶의 목적 설정하기

"나는 누구이며, 나의 삶의 목적은?" 이 질문에 대한 글을 깊은 사색 끝에 16절지 2매 이내로 쓰게 하라.

그후 다음의 글들을 통해 자신의 삶의 목적에 대해 나름대로 평가해 보자.

"인간은 어떤 대의(大意), 어떤 헌신의 대상, 어떤 가치의 중심, 어떤 의미를 줄 수 있는 것이 없이는 살 수 없다는 것을 언젠가 알게 된다는 것은 피할 수 없는 사실이다."[6]

유대성자 힐렐(Hillel)은 나의 어떤 결정에 대한 평가로 세 가지 물음을 제시한다.

1) 만일 내가 이 일을 하지 않는다면, 누가 할 것인가? (자신의 독자성)

2) 만일 내가 바로 지금 이 일을 하지 않는다면 언제 할 것인가? (성취시킬 기회를 나에게 주는 독자성)

3) 만일 내가 나 자신만을 위해서만 이 일을 한다면, 나는 무엇인가? (인간실존의 자기초월성)

미국정신건강연구소(National Institute of Mental Health)가 북미 48개 대학에서 모집한 7,948명의 학생 가운데 "삶의 가장 중요한 관심사는?"이라는 질문에 78%가 '인생의 의미를 찾는 것'이라 대답했다. 우연의 일치로 공산주의 국가 청소년들의 78%는 인생의 목적으로 '생활수준을 향상시키는 것'으로 대답하고 있다.[7] 우리는 이것을 오늘날 동구권 공산주의 국가에서 일어나는 변혁에서 분명히 보고 있다.

매슬로우(A. H. Maslow)는 인간의 5단계의 욕구[8] 중에서 자기 자신의 능력을 최대한 발휘하여 보다 성숙한 인격을 갖추는 자기 계발 즉 존재욕구(being)를 최상의 인간욕구로 보고 있다.

위의 여러 글들을 통해 내가 설정한 삶의 목적이 참으로 의미 있는가를 생각한 후, 공동체에서 서로 나누어 보는 것은 큰 도움이 될 것이다.

2. 생애계발 계획

1) 아래 세 가지 질문에 대한 답을 작성해 보자.
   (1) 나 자신에 대해 내가 진실로 좋아하는 세 가지 자질은? (Three Qualities I really like about myself?)
   (2) 그것들이 나의 삶(행위)에서 어떻게 증명되나? (How is each one manifested in my behavior?)
   (3) 각기의 자질이 타인에게 어떤 영향을 미치는가? (What is each one's impact on others?)
2) 나의 삶의 목적성취를 위한 삶의 연대표를 장기목표들[9]로 구성해 보자.

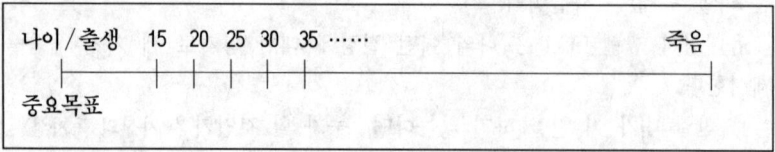

3) 다음의 도표에 따른 '삶의 설계'[10]를 작성해 보자.

삶의 영역	기간(_세부터_까지)	가능성 있는 목표	있을 수 있는 장애물	가능성 있는 해결책
지 적 인 면				
정서적 인 면				
신체적 인 면				
영 적 인 면				
가정적 인 면				

경제적 인 면					
사회적 인 면					

4) 10년 또는 20년 후의 자화상을 쓰게 하라.
5) 보람 있게 살다 간 다음에 가족이나 친구, 이웃들이 써 줄 나의 비문을 쓰게 하라.

4. 더 깊은 연구를 위한 제안

다음 두 인물의 기록을 통해 그들의 삶의 목적과 생애계발에 대해 깊이 연구하자.
1) 바울(행 22:1-21, 롬 15:23, 고전 9:26, 딤후 4:7 등 참조)
2) 마틴 루터 킹(그의 전기들을 참조)
　예) 마틴 루터 킹, 홍동근 역, 「마틴 루터 킹 선집」(대한기독교서회, 1970, 3권)

5. 맺는 말

삶의 목적을 설정하고 생애계발을 위한 계획은 적어도 청년기, 또는 성년 초기에 이루어져야 할 발달과업이다. 레빈슨(D. Levinson)은 「인생의 계절」(The Seasons of a Man's Life)에서 한 개인의 일생을 약 20년씩의 시기들로 구분하면서 각 시기의 과도기(transitions)를 중요시하는데, 가장 중요한 과도기를 아래 도표에서 보는 바와 같이 17~22세로 본다.
　이 기간에 설정된 삶의 목적은 남은 일생을 이끌어 가는 삶의 좌표가 되며, 이 기간에 하나님 중심의 삶에 집착하지 않으면 세속적 가치관에 따라 살아가기가 쉽기 때문이다. 특히 신앙 발달단계에 따르면 이 기간은 '비분석적-관습적 신앙의 단계'에서 '주체적-반성적 신앙(individuative-

reflective faith)의 '단계'로 넘어가는 기간으로 부모, 주위사람의 신앙을 답습하는 것이 아니라 주체적 신앙관을 갖고 자신의 삶을 형성해 나가는 시기이기도 하다.

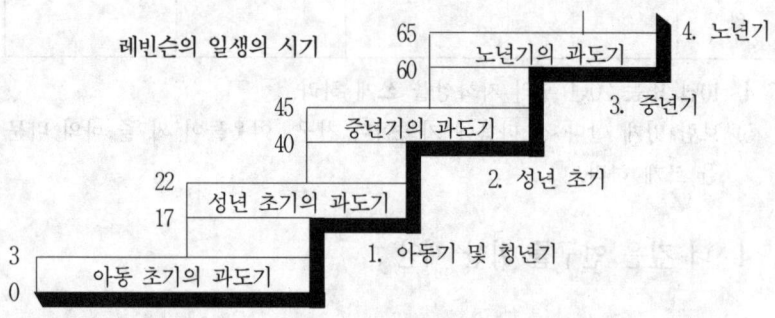

짧은 과거와 긴 미래를 가진 청년기에 의미 있는 삶을 갖기 위해서는 그들의 삶의 목적이 올바로 설정되고, 그것에 따른 생애계발이 이루어지도록 도울 책임이 교사들에게 있다.

제3장

삶의 목표와 시간관리

1. 들어가는 말

바울 사도는 시간에 대해 중요한 교훈을 우리에게 준다. "그런즉, 너희가 어떻게 행할 것을 자세히 주의하여…… 오직 지혜 있는 자같이 하여 세월을 아끼라. 때가 악하니라"(엡 5 : 15-16). 여기서 '세월을 아끼라'는 말은 '기회를 사라'(buying up for yourselves the opportunity 또는 making the most of every opportunity)는 의미로, 주어진 시간들을 목표를 향해 올바로 사용하라는 뜻이다. 만약 주어진 시간들을 기회로 만들어 사용하지 않으면 잘못 사용할 수 있는 위험이 있기 때문이다(갈 6 : 10, 사 4 : 14, 벧전 4 : 3 참조).

희랍어에는 시간을 표현하는 두 단어가 있다. 하나는 '크로노스'($\kappa\rho o\nu o\delta$)인데 달력으로 측정되는 시간이며, 다른 하나는 '카이로스'($\kappa\alpha\iota\rho o\delta$)로 이는 실제적 시간으로 번역되며 개인의 활동, 즉 그가 목표를 향해 그 시간을 활용한 시간을 말한다. 즉 시간을 기회로 만들어 올바르고 효율적으로 사용한 시간이다. 한 개인의 삶의 평가는 얼마나 오래 살

왔나라는 연대기적 시간보다도 더 중요한 것은 그의 존재양식, 즉 자아와 타인, 그리고 세계에 대하여 어떤 시간, 곧 실제적 시간을 어떻게 보냈는가에 따라 평가되어질 수 있는 것이다. 성숙한 인간은 장기적인 목표를 향해 시간을 잘 관리하는 것이다. 여기서의 시간관리란 '자기에게 주어진 시간을 효율적으로 관리하여 최대의 효과를 거두는 것으로 자기 관리(self-management)의 한 분야'[1]로 본다. 우리가 지도하는 학생들이 자신들이 설정한 목표에 따라 어떻게 효율적인 시간관리를 할 수 있을까에 대해 생각해 보고자 한다.

2. 삶의 목표와 시간관리의 모델

1. 예수 그리스도

예수님은 어느 때에 무엇을 해야 할지, 안해야 할지에 대해 보다 분명히 하셨다. 즉 연대기적 시간을 실제적 시간으로 활용하시는 분이셨다. 다음 요한의 몇 가지 예수님의 목표와 시간관리에 대한 증언을 들어 보자.

"내 때가 아직 이르지 못하였나이다"(요 2 : 4).
"예수께서 대답하여 가라사대, 인자의 영광을 얻을 때가 왔도다"(요 12 : 23).
"유월절 전에 예수께서 자기가 세상을 떠나 아버지께로 돌아가실 때가 이른 줄 아시고……"(요 13 : 1).
"예수께서…… 아버지여, 때가 이르렀사오니 아들을 영화롭게 하사 아들로 아버지를 영화롭게 하사……"(요 17 : 1).

예수님은 자신의 목적, 목표를 항상 생각하시며, 어느 때에 무엇을 하셔야 할지를 분명히 하셨고 기회를 놓치지 않으셨다. 곧 목표성취를 위해 나태[2]하지 않으셨다는 말이다.

예수께서는 시간을 어떻게 관리하셨던가? 복음서의 여러 증언들에서 찾을 수 있으나 마가가 기록한 '가버나움에서의 예수의 하루'(막 1 : 21-39)를 통해 살펴보자. 하루 중 시간의 흐름과 바뀌는 장소에 따라 예수님이 하신 일은 각기 다르다. 그러나 한 가지 목적 '인류구원의 사역'에 따른 목표들을 이루기 위해 기회를 만드셨음을 보게 된다. 기록에 따른 하루일과는 다음과 같이 정리해 볼 수 있다.

본 문	시 간	장 소	예수께서 하신 일
21-23 23-28	안식일 오전	가버나움 회당	1. 관습에 따라 회당에 가서 성경을 읽고 설교하심. 2. 귀신들린 사람을 고치심.
29-31 32-34	안식일 예배 끝난 후 저물어 해질 때 (29)	시몬과 안드레의 집	1. 시몬의 장모 열병을 고치심. 2. 각색 병든 자 고치심.
35-39	이튿날 새벽 미명에 (35)	한적한 곳	1. 기도하심(새벽기도) 2. 이 동네에 더 머물러 달라는 사람들의 요구를 제자들이 예수께 전했을 때, 예수는 '다른 가까운 마을에서의 전도계획'을 말씀하신다.

우리는 예수님의 하루를 보면서 그의 일생을 보게 된다. 짧은 33년간의 시간들을 예수님께서는 이 세상에 오신 그의 목적을 위해 장기목표를 설정하셨고, 그것에 따라 시간을 활용하셨다.

2. 마더 테레사(Mother Teresa)[3]

'인도 빈민가의 어머니', '살아 있는 성녀'로 불리는 그녀는 1910년 8월 27일 유고슬라비아에서 태어나, 18세 때 아일랜드로 가서 수녀가 된다. 1928년 인도에 파견되어 1948년까지 캘거타의 성 아그네스 고등학교에서 교편을 잡았다. 그후 그녀는 뜻한 바 있어 간호학을 공부한 후 캘거타 빈민굴에 학교를 세우고 '사랑의 선교수녀회'(The order of the missionaries of charity)를 창단하여 맹인, 노약자, 문둥병자, 그리고 숙어 가는 자를 돌보기 시작했다. 굶주림과 병에 시달리는 이들을 위한 헌신적인 봉사의 결과, 수많은 나라에 이 단체가 결성되어 봉사하기 시작했고, 그녀는 1979년 노벨평화상을 수상했으며, 아직도 연로하고 나약한 몸을 이끌고 봉사에 전념하고 있다.

그녀가 타임지 기자와 인터뷰한 기사의 다음부분[4]은 그의 삶의 목표와 시간관리의 큰 교훈을 우리에게 주고 있다.

기 자 : 당신은 스스로 특별한 자질을 갖고 있다고 생각지는 않으십니까?
테레사 : 그렇게 생각지는 않아요. 나는 어떤 일에 자신이 앞장서지는 않아요. 왜냐하면 나의 일은 하나님의 일이기 때문이죠. 나는 단지 하나님의 손에 있는 작은 연필과 같다고나 할까요?(I am like a little pencil in His hand.) 그게 전부예요. 하나님께서 생각하시며, 하나님께서 쓰실 때 연필은 단지 하나님과 함께 하는 것뿐이지요. 그가 사용하시도록 자신을 드리는 것입니다. 인간적인 의미에서 우리의 성공은 나타나지 않아요. 그렇지 않아요?
기 자 : 하나님께서 당신에게 주신 가장 큰 선물은 무엇이라고 생각하십니까?
테레사 : 가난한 사람들입니다.
기 자 : 그들이 어떻게 당신에게 가장 큰 선물이 되나요?
테레사 : 하루 24시간을 예수님과 함께 있을 수 있는 기회를 가지기 때문이지요.
기 자 : 미래를 위한 당신의 계획들에 대해 말씀해 주시겠습니까?
테레사 : 저는 단지 오늘 하루만 갖고 있어요. 어제는 지나갔고 내일은 오지 않았어요. 단지 예수님을 사랑하기 위한 오늘만을 갖고 있지요.

이 대담에서 테레사가 갖고 있는 삶의 목적, 즉 이 세상에서 가난한 자들을 위해 그리스도의 사랑으로 봉사하는 일이 '오늘'이라는 시간들 속에서 계속되어짐을 우리는 보게 된다.

3. 영성훈련의 실제

1. 목표를 구체화하는 방법

시간관리 전문가인 알란 레케인은 말하기를 "시간을 보다 잘 관리하기 위해서 첫 번째 취해야 할 단계는 자기 스스로에게 '내 목표는 정확하게 무엇인가?' 라고 묻는 것"이라고 했다.[5]

'좋은 목표'[6]는 구체적이고, 측정할 수 있으며, 성취할 수 있는 것이어야 하고, 결과지향적이어야 하며, 달성할 날짜 즉 마감일이 표시되어야 한다.

다음의 순서에 따라 자신의 목표를 구체화하는 작업을 해보자.
1) 자신의 삶의 목적을 쓰라.
2) 그 목적을 위한 목표들을 설정하라.
 (지난 호의 슈바이처의 생애 연대표가 참고자료가 될 것이다.)
3) 앞으로 1년, 또는 6개월 동안의 목표를 작성하라.

다음의 일화는 목표를 구체화하여 시간을 잘 활용한 하나의 사례[7]이다.

사례 I

입학시험 때 아랍어과에 꼴지로 입학한 ○○○ 군은 "한번의 실패가 인생의 전부를 좌우하는 것이 아니며, 최후에 웃는 자가 승리하는 자임을 보여 주고 싶다."는 결심을 하여 입학 때 굴욕감을 졸업 때 좋은 성적을 얻음으로 졸업의 영광을 목표로 삼고 그것을 위해 아래에 계획들을 통해 목표를 구체화시켰다.
1) 강의시간에는 빠지지 않는다.
2) 쉬는 시간에도 도서관에 간다.
3) 강의실에서는 맨 앞자리에 앉는다.

그리고 그는 남들이 다하는 미팅에 한 번도 참석하지 않은 채 열심히 노력하여 졸업 때 전교수석의 영광을 차지했다. 4년간 노력으로 달성한 그 목표는 다음 목표인 '아랍문학을 전공하여 학자가 되는 것'에 한걸음 다가간 것이다.

사례 II - 세네카의 시간이해

인생은 충분히 길다. 보람차게 보낼 수만 있다면 우리의 인생은 위대한 일을 완성하는 데 부족하지 않을 만큼 실다. 그러나 방낭과 나태 속에 낭비해 버리고 착한 일을 위해서 살지 않으면 어느 순간에 인생이 덧없이

지나가 버렸다는 것을 깨닫게 된다. 우리의 인생이 짧은 것이 아니라 우리가 그것을 짧게 만들어 버리고 있는 것이다.

우리의 인생이 짧은 것이 아니라 우리가 그것을 낭비하고 있는 것이다. 막대한 재산도 엉터리 관리자가 가지고 있으면 순식간에 탕진해 버리지만 얼마 안 되는 재산이라도 제대로 된 관리자가 관리하면 오래 지탱할 수 있고 그의 수단 여하에 따라 불어나기도 한다. 우리의 인생도 그와 같은 것이다.

2. 시간계획의 실제

목표의 성취를 위한 시간관리에 가장 긴요한 것은 해야 할 일들의 우선순위를 정하는 일이다. 시간관리는 사실 일생의 계획, 장·단기목표와 연관되나 여기서는 단기목표(1년 혹은 6개월)를 향한 주간계획과 일일계획에 대해 언급하고자 한다.

1) 주간계획

주간계획은 일상사(日常事)-매일의 경건시간, 주일예배, 학교수업 등-보다 자신이 세운 단기목표에 초점을 맞춘 일과들에 대해 계획을 세우며, 시간을 활용하는 것을 주로 말한다.

다음의 주간계획표[8]를 참고하여 주간계획을 하도록 하라.

(주간계획표)

___주, ___월 ___일 ~ ___월 ___일

주간목표는(주말까지 성취해야 할 일들)
1.
2.
3.

목표를 달성하기 위해 요구되는 활동들	우선순위	소요시간	예정요일	확 인
1. 4.				
2. ⋮				
3.				
메 모				
일				
월				
화				
수				
목				
금				
토				

2) 일일계획

주간계획이 적어도 토요일 이전에 완성되어야 하고, 일일계획은 잠들기 전이나 이튿날 새벽에 계획이 끝나는 것이 효과적이다. 그것은 하루의 뚜렷한 일과를 의식하고 시작하기에, 시간을 낭비하지 않을 뿐더러 보다 우선적인 일에 능률이 오르는 시간을 배정할 수 있다. 다음의 일일계획표를 작성하게 하라.

(일일계획표)

오늘의 묵상 성구			
오늘의 할 일			
시 간	세부사항	우선순위	실시여부

메 모			

위의 주간계획, 일일계획을 한 달 정도 실시한 후 그 경험을 공동체에서 나누는 일은 회원 각자에게 큰 도움을 줄 수 있을 것이다.

4. 더 깊은 연구를 위한 제안

1) 성경에서 말하는 시간의 교훈에 대해 더 깊이 연구하자.
 (예) 모세의 표현(시 90편), 야곱의 표현(창 47:1-12) 등
2) 교회사에 나타난 위대한 인물들의 시간관리에 대해 조사 발표하자.
 (예) 존 웨슬리 등

5. 맺는 말

시간은 한 인간의 삶의 질을 결정할 뿐더러, 그가 속한 시대의 작은 공동체와 세계에 어떤 영향을 주는가를 결정하는 개인과 공동체의 생명이다. 우리의 시간들이 보다 가치 있는 시간이 되기 위해 다음 시를 음미하자.

웃는 시간을 가져라.
  그것은 영혼의 음악이로다.
생각할 시간을 가져라.
  그것은 힘의 근원이로다.
놀 시간을 가져라.
  그것은 영원한 젊음의 원천이로다.
읽을 시간을 가져라.
  그것은 세상에서 가장 큰 힘이다.
사랑하고 사랑받을 시간을 가져라.
  그것은 하나님이 주신 특권이니라.
친절을 베풀 시간을 가져라.
  그것은 행복으로 향하는 길이다.
줄 시간을 가져라.
  이기적이 되기 위해서는 하루가 너무 짧은 시간이다.
일할 시간을 가져라.
  그것은 성공의 값어치이다.

—작자 미상—

제4장
일과 휴식의 균형

1. 들어가는 말

성숙한 인간은 영혼과 육체의 강건함을 유지하기 위해 힘쓰는 자이다. 요한은 가이오에게 보낸 편지에서 "사랑하는 자여, 네 영혼이 잘됨같이 네가 범사에 잘되고 강건하기를 내가 간구하노라."(요삼 2)고 말하며 영혼의 강건과 더불어 병중에 있는 그의 육신의 건강을 위해서도 기도하고 있다. 우리의 몸은 하나님으로부터 주어졌고 영혼이 머무는 곳이므로 육체적인 건강을 유지하는 것은 참으로 귀한 하나님의 뜻을 이루는 일이다. 건강한 몸을 유지해야 우리에게 맡기신 일을 바로 감당할 수 있기에 성경 여러 곳에서 건강의 비결들을 제시한다 (딤전 4:8, 행 27:43, 렘 35:5-8, 잠 17:22 등).

건강을 해치는 여러 요인들이 있겠지만 그중 가장 중요한 것은 일과 휴식의 균형을 잃는 것이다. 옛 헬라 격언의 하나인 "항상 팽팽하게 줄을 긴장시켜 놓은 활은 정확하게 과녁을 맞출 수 없는 것"과 같이 휴식이 없는 계속적인 노동은 사람의 건강을 해칠 뿐 아니라 일의 능률도 저하시킨다.

예수님은 어떻게 사셨으며 오늘날 우리들은 일과 휴식의 균형을 어떻게 유지할 수 있을까? 주로 안식일(주일)과 피정(retreat)을 중심으로 생각해 보려 한다.

2. 일과 휴식의 균형의 모범이신 예수 그리스도

복음서에 나타난 예수님상은 '건강한 청년'의 모습이다. 오랜 시간 동안의 가르치심, 많은 병자들을 치료하심, 유대광야의 좋지 않은 기후를 이기시면서 장거리 전도여행을 하심, 그리고 새벽 미명에 일어나 일하시고 밤늦게까지 기도하심, 이 모든 일들은 예수님께서 건강치 않으셨다면, 또한 그 건강을 올바로 유지하지 않으셨다면 감당하기 힘든 벅찬 일과들이었다.

예수님의 건강은 아래 몇 곳의 기록을 통해 휴식을 올바로 취하심에 그 비결이 있음을 알게 된다. 먼저 예수님께서도 피로를 느끼셨음을 요한의 기록에서 찾게 된다. "유대를 떠나사 다시 갈릴리로 가실새 사마리아로 통행하여야 하겠는지라 사마리아에 있는 수가라 하는 동네에 이르시니 야곱이 그 아들 요셉에게 준 땅이 가깝고 거기 또 야곱의 우물이 있더라. 예수께서 행로(行路)에 곤하여 우물 곁에 그대로 앉으시니 때가 제 육시쯤 되었더라"(요한 4:3-6). 예수님은 제자들과 도보로 여행하셨다. 팔레스타인의 기후는 태양이 뜨거워서 여행자를 쉽게 지치게 했기에 그도 피곤하셨을 것이다. 주님은 피곤한 몸―허기와 목마르심―과 아픈 발을 쉬시려고 우물가에 앉으셨고 제자들은 먹을 것을 사러 동네로 나갔다.

한때 예수께서는 많은 사람을 비유로 가르치시고, 저물 때에 그들을 떠나 한적한 곳으로 가시기를 원하셨다. 그때의 상황을 마가는 "저희가 무리를 떠나 예수를 배에 계신 그대로 모시고 가매 다른 배들도 함께 하더니…… 예수께서는 고물에서 베개를 베시고 주무시더니……"(막 4:36-38) 라고 기록하고 있다. 예수님은 오랜 여행, 많은 무리를 가르치심에서 오는 피로를 그렇게 회복해 나가셨다. 그 자신이 휴식의 필요성을 아셨기에 열두 제자를 파송하신 후, 그들이 돌아와 활동보고를 할 때 그들의 피곤을 아시고 쉬는 기회를 마련하셨다. "이르시되 너희는 따로 한적한 곳에 와서 잠깐 쉬어라 하시니 이는 오고가는 사람이 많아 음식 먹을 겨를도 없음이라. 이에 배를 타고 따로 한적한 곳에 갈새"(막 6:31-32)라는 기록을 통해서도 예수님은 일과 휴식의 균형의 필요성을 인식하셨을 뿐 아니라 그 균형을 위해 애쓰셨고, 제자들에게도 그렇게 하도록 하셨다.

복음서의 기록을 통해 볼 때 위의 예 외에 예수님은 다음 두 가지를 통해 일과 휴식의 균형을 유지하셨음을 알게 된다.

1. 안식일을 지키심

예수님은 철저히 안식일을 지키셨다. "예수께서 그 자라나신 곳 나사렛에 이르사 안식일에 자기 규례대로 회당에 들어가사……"(눅 4:16). 여기서 말하는 '자기 규례대로'는 어렸을 적부터 가지셨던 습관을 말한다. 예수님은 가정에서의 종교교육을 통해 안식일을 어려서부터 지키셨다.

안식일에 대한 교훈은 십계명의 제4계명이다. "안식일을 기억하여 거룩히 지키라. 엿새 동안은 힘써 네 모든 일을 행할 것이나 제 칠일은 너의 하나님 여호와의 안식일인즉 너나…… 객이라도 아무 일도 하지 말라"(출 20:8-10).

안식일에 아무 일도 하지 말라는 명령[1]은 '엿새 동안은 힘써 네 모든 일을 행할 것'이라는 명령의 후속부분이다. 하나님께서 6일 만에 창조사역을 마치시고 일곱째 날에 안식하셨다. 훗날 이스라엘 민족에게 이 날은 일상사에서 떠나 하나님의 휴식에 동참하는 날이 되었다.

2. 피정(retreat, 避靜)[2]을 가지심

예수님께서는 안전하게 계셨던 북쪽지방을 떠나셔서 십자가를 지시기 위하여 예루살렘을 향하여 마지막 여행을 떠나시기 전, 제자들과 조용한 시간을 가지실 필요를 느끼셨다. 가이사랴 빌립보에서의 시간들은 제자들이 예수님을 올바르게 인식케 하시려는 예수님이 마련하신 피정의 시간이었다.[3]

그외 예수님이 자주 한적한 곳에서 하나님의 뜻을 찾는 시간들을 가지

신 것은 복음서 여러 곳에 기록되어져 있다(마 14 : 23, 마 17 : 1, 막 1 : 35, 눅 22 : 1 등).

3. 영성훈련의 실제

일과 휴식의 균형을 위한 다음 세 가지 문제에 대해 생각해 보고, 자신의 생각들을 표현한 후, 실천을 통해 자신을 훈련할 수 있을 것이다.

1. 보편적인 의미에서의 휴식
 우리의 일상생활은 업무활동(work activity)과 휴식활동(leisure activity)으로 나눈다. 이 둘을 어떻게 조화시키느냐가 삶을 정력적으로 이끌어 나가는 비결이 된다. 왜냐하면 계속되는 긴장은 에너지를 빼앗아 가기 때문에 각자에게 맞는 휴식의 방법을 계발해야만 한다. 일반적인 휴식은 다음 세 가지이다.
 1) 매일휴식 : 매 시간마다 2~3분 쉬는 것이다. 점심식사 후 10~15분 또는 아침, 저녁의 경건의 시간은 긴장을 완화시키는 휴식이 될 수 있다.
 2) 주간휴식 : 일주일에 하루는 자신의 업무에서 떠나 취미활동을 하는 것이 필요하다. 정신적인 직업의 사람은 육체운동이 필요하고, 육체적인 노동의 사람은 보다 정신적인 활동이 필요하다.
 3) 연간휴식 : 직장에서는 연간휴가나 방학을 이용하여 적어도 2~3일 이상의 여행의 휴식, 특히 연초 신년계획을 세우는 일, 여름수련회, 기도원에서의 시간을 통해 휴식을 취하는 일들은 삶을 윤택하게 하는 데 필수적인 요소들이다.

 ※ 웍 샵
 지난 몇 해 동안 가졌던 휴식에 대해 기록해 보고 보다 자신에게 맞는 휴식을 아래 도표에 따라 기록한 후 그룹 회원들과 나누어 보라.

I. 성숙한 자아계발

	과거 가졌던 휴식의 시간과 형태, 그리고 효과	앞으로 지속, 또는 개선할 점
매일휴식		
주간휴식		
연간휴식		

2. 안식일을 바로 지키기

다음 물음에 대해 참고되는 글들을 읽고 우리의 견해를 기록해 보자.

1) 안식일(주일)은 6일간의 일과에서 해방되어 휴식을 통해 새 힘을 얻기 위한 날인가?

나의 견해 : _____

_____

■ 읽고 생각할 자료[4]

- 우리는 이 날(안식일)에 모든 일을 중지하라는 분부를 받고 있다. 그러나 안식일이 율법의 태만성을 고취시키고 있는 것은 아니다. 이 날의 목적은 오히려 사람들로 하여금 계속되는, 그리고 끝날 줄 모르는 수고로부터 숨을 돌리게 해주고, 또 사람들을 규칙적으로 계획된 쉼

의 제도 아래에 둠으로써 사람들의 육체에 새로운 활력을 불어 넣고 그들로 하여금 다시 옛 일터로 돌아갈 수 있도록 해주려는 것이다.
—필론(philon)—

- 우리는 계속적으로 작업을 할 수 없기 때문에 휴식이 필요하다. 따라서 휴식은 목적이 아니다. 그것은 활동을 위한 것이며 새로운 노력을 위한 힘을 얻으려는 것이다. —아리스토텔레스—
- 성경의 교훈을 통해 볼 때 노동은 목적을 위한 수단이며 안식일은 수고로부터 벗어나는 날로써 사람의 기진한 힘을 회복시켜 앞으로 해야 할 노동에 적합하게 하려는 데에 목적을 둔 날이 아니라는 것이다. 안식일은 생명을 위한 날이다. 사람은 짐을 나르는 짐승이 아니다. 따라서 안식일은 사람의 작업효과를 증진시키는 목적을 가진 날이 아니다. '창조의 마지막'이며, '주일의 첫 번째'인 안식일은 '하늘과 땅을 창조한 날'이다. 안식일이 한 주일의 평일들을 위해 존재하지 않고, 오히려 주일의 평일들이 안식일을 위해 존재한다. 안식일은 삶의 막간이 아니라 삶의 절정이다. —아브라함 죠수아 헤셀—

2) 위의 글을 읽고 난 후의 당신의 견해는 처음과 어떤 차이가 있는가?
_____

3) 성경에 나타난 고귀한 낱말 중의 하나가 '거룩'[5]인데 최초로 거룩의 대상이 안식일이다. 그 이유가 무엇일까? _____
_____
_____
_____

■ 읽고 생각할 자료[6]

하나님께서는 하늘과 땅을 창조하신 후 거룩한 산 같은 공간을 통해 거룩함을 명하지 않으시고 시간, 즉 안식일을 거룩케 하셨다. 이는 "너희는 나에게 거룩한 백성이 되라."(출 9:16 참조)고 하여 사람 속에 거룩함에 대한 분부를 주신 것이다. ……한 주일의 6일간을 우리는 공간의 물체의 압제 아래서 살다가 안식일에는 시간 속에 있는 거룩함에 조화되기 위하여 노력한다.······이는 상업적 소음과 수고의 멍에라는 세속에서 떠나야 한다는 말이다.······우리는 땅에서부터 이익을 짜내느라고 이 세상과 씨름하면서 한 주일의 6일을 보낸다. 그러나 안식일은 우리가 영혼 속에 심겨진 영원의 씨앗에 대하여 특별한 관심을 돌리는 날이다. 이 세상은 우리의 손을 붙들고 있지만 우리의 영혼은 하나님께 속해 있다.······안식일에 하나님은 인간의 모든 관심, 즉 총체적인 사랑과 진심어린 헌신과 예배를 요구하신다.······ "그리하여 우리의 영혼, 정신이 하나님과 교제함으로 그의 뜻을 찾는 일을 통해 6일간의 노동의 의미를 되찾고, 그 하루하루를 하나님의 뜻을 이루어 나가는 일을 하게 된다"(필자의 견해).[7]

4) 우리가 어떤 사람이 되며, 어떤 삶을 보내는가는 안식일이 우리에게 어떤 날이냐에 달려 있다는 말의 의미는 무엇인가? _____
_____
_____
_____

5) 어떻게 안식일을 보내야 하는가?
나의 견해 : _____
_____
_____
_____

■ 읽고 생각할 자료[8]
자연의 법칙에 따라 일정한 길이의 시간을 하나님께 드리는 예배를 위하여 따로 구별해 놓아야 한다. 그러므로 그의 말씀 속에서 모든 시대의 모든 사람들에게 구속력이 있는 명확하고, 도덕적이고 영구한 계명으로 그는 일주간의 하루를 안식일로 거룩히 지키도록 정하셨다. 세상의 시작이후 그리스도의 부활 때부터 안식일은 한 주간의 첫날로 바뀌어졌다. 성경에서 이 날은 주의 날로 불려지고 있다. 그리고 이 날은 세상 끝날까지 크리스첸의 안식일로 계속되기로 되어 있다. 이 안식일은 주를 향하여 거룩하게 지켜져야 한다. 사람들은 그들의 마음을 준비하고, 그들의 속된 일들을 미리 다 해놓고, 이 날에는 하루 종일 일을 하지 않고 거룩하게 안식하고, 속된 일과 오락을 생각지 않고, 그리고 속된 것을 말하지 않을 뿐만 아니라 사적인 예배나 공적인 예배를 드리는 일과 자비를 베푸는 일과, 필요한 의무를 수행하는 데 하루 온종일을 보내야 한다. —웨스트민스터 신앙고백, 안식일 조항(21조 7, 8항)—

6) 오늘날 주일을 우리는 어떻게 보내는가? 잘못된 일들은 어떻게 개선해야 할 것인가? 구체적인 주일 지키기에 대한 항목들을 기록해 보자.

_____
_____
_____

3. 피정의 시간을 갖기

1) 내가 생각하는 피정의 정의와 그 의미를 적어 보자.
피정이란? _____
_____
그 의의는? _____
_____

■ 읽고 생각할 자료[9]

피정은 14세기 후반까지만 해도 수도자나 은수자들에게 해당되는 개념이었다. 차츰 평신도들에게도 그 필요성이 요구되던 중 성 이그나티우스의 '영신수련'이 교회에 소개되면서 이 방법을 통하여 평신도들이 자신을 돌아보고 수련하는 기회가 확장되었다. 이는 사람들이 삶의 현장에서 떠나 조용한 곳에서 자신을 되돌아보며 자신의 삶을 하나님의 뜻에 맞도록 노력하는 데 그 목적을 둔다.

피정하는 이가 가질 마음가짐, 자세는 다음의 몇 가지이다.
(1) 떠나라 : 모든 소란한 주위환경과 일상사에서 떠나, 침묵 속에서 하나님 말씀에 귀를 기울이려는 태도이다.
(2) 향하라 : 자신을 매어 놓는 여러 가지 크고 작은 것들에서 마음을 비우면서 하나님의 임재를 느끼며 기도하는 태도이다.
(3) 맡기라 : 내 안에서 역사하시는 성령을 의지하여 피정 중 일어나는 모든 일 안에서 하나님의 뜻을 찾는 자세이다.
(4) 응답하라 : 하나님께서 나의 진실한 응답—참회의 눈물, 형제와의 화해의 기쁨, 새로운 삶의 선택, 헌신 등—을 요구하신다.
이상은 꼭 가톨릭에서 하는 피정에서만 가능한 것이 아니다. 수련회 같은 모임에서도 가능하다.

2) 내가 경험했던 피정(또는 수련회)의 경험과 앞으로 1년내의 나의 참여계획은 ?
나의 경험(소감)_____
_____
_____
나의 참여계획_____
_____
_____

4. 더 깊은 연구를 위한 제안

1) 성경의 인물 또는 교회사에 나타난 위인들의 휴식의 방법에 대해 연구해 보자(예 이삭의 묵상, 창 24 : 63-67 ; 바울의 3년간의 아라비아 생활, 갈 1 : 11-24 ; 엘리야의 휴식, 왕상 19 : 1-8 등).

2) 현대인에게 있어서 참된 안식의 의미와 우리가 갖고 있는 문제들에 대해 연구해 보자. 아래 두 권의 책이 큰 도움이 될 것이다.

(1) 아브라함 조슈아 헤셸. 오만규 역. 「안식일 - 시간 속의 지성소」. 성광문화사, 1981.
(2) 윌리엄 바클레이. 이희숙 역. 「오늘을 위한 십계명」(pp. 27-52). 컨콜디아사, 1988.
3) 현대 기독교인들에게 피정(수련회, 기도원에서의 시간)이 왜 더욱 요청되는가? 보다 효과적인 방법은? _____

5. 맺는 말

일과 휴식의 균형에서 휴식은 단순한 일상사에서의 해방이나, 다음 주의 일을 위해 새로운 활력을 얻는 것만이 아님을 우리 기독교인들은 이해해야 한다. 시간을 거룩케 하신 하나님의 뜻을 안식일을 통해 이해함으로 영육이 생기를 되찾는 것, 그리고 한 주일 일상사에서 하나님의 뜻을 이루어 나가는 것, 이것은 곧 참된 휴식에서 가능한 것이다.

현대인의 이상심리, 이상행동의 원인이 직업적인 준비부족과 여가활동의 잘못에 있다고 지적한 미국 심리학자 네레모아(C. M. Narramore)의 말은 현대 특히 크리스천에게 귀한 깨우침의 말이다.

제 5 장

바람직한 인간관계

1. 들어가는 말

인간은 태어나서부터 죽을 때까지 수많은 사람들과의 만남을 통해 관계를 형성하며 살게 된다. 그러한 만남과 관계에서 영향을 받기도 하고 주기도 한다. 인격의 존재인 인간과의 관계를 형성할 때 자신과 자신이 관계하는 대상을 어떻게 생각하느냐에 따라 그 '관계의 형태와 질'은 달라질 것이다.[1]

성숙한 인간이 가져야 할 바람직한 인간관계는 어떤 모습이어야 할까? 기독교의 영성이 구체화되어야 할 두 번째 영역은 '너와 나의 관계의 성숙'인데 그 중 가장 중요한 것이 '인간관계'[2]이다. 어떤 인간관계를 하느냐에 따라 한 개인의 일생은 보다 건전한 삶인가, 아니면 불건전한 삶인가를 결정하게 된다. 이 글에서는 인간관계에 대한 한 이론을 소개하며, 예수님의 인간관계 모델을 누가복음 19장에서 찾은 후 우리가 가져야 할 바람직한 인간관계의 태도 형성을 위한 영성훈련을 소개하고자 한다.

2. 인간관계의 한 이론 — T.A. Harris의 교류분석 이론[3] —

사람들은 아주 어렸을때 그가 경험했던 자기 용납 또는 자기 포기, 그리고 타인으로부터의 용납과 거절에 따라 자신과 타인에 대해 갖는 태도가 달라진다. 자신과 타인에 대해 갖는 태도는 긍정적으로, 또는 부정적으로 보는 것으로 대별된다. 긍정적인 것은 O.K.로 표시되는데 '좋다, 좋은 상태이다, 시인할 수 있다'는 뜻이며, Not O.K.는 '좋지 않다, 나쁜 상태이다, 시인할 수 없다'는 뜻이다.

이 태도에 따른 4가지 대인관계 유형은 다음과 같다.
1) 나는 O.K.가 아니고, 당신은 O.K.이다(I'm not O.K. You're O.K.).
2) 나는 O.K.가 아니고, 당신도 O.K.가 아니다(I'm not O.K. You're not O.K.).
3) 나는 O.K.이고, 당신은 O.K.가 아니다(I'm O.K. You're not O.K.).
4) 나는 O.K.이고, 당신도 O.K.이다(I'm O.K. You're O.K.).

그것을 도표화 하면 다음과 같다.[4]

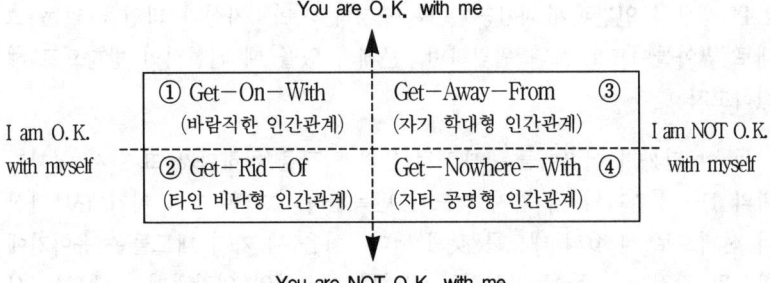

The O.K' Corral by Franklin Ernst

	I	You	특 성	
1	O.K.	O.K.	신념형, 바람직한 대인관계	constructive
2	O.K.	NOT O.K.	우월감, 자만심, 타인비난형	paranoid
3	NOT O.K.	O.K.	공포, 피해망상, 무력감	depressive
4	NOT O.K.	NOT O.K.	무의미, 파괴적, 반복적 실패, 체념	schizophrenic

각 유형의 특징은 다음과 같이 나타난다.[5]

1) 피해적 인간관계(자기부정, 타인긍정의 태도) : 어렸을 때 충분한 사랑을 받지 못했거나 벌을 많이 받았던 사람이 갖는 태도로, 자신을 사랑받을 가치가 없는 존재로 여기며, 남과 함께 있기를 두려워한다. 타인과 비교해서 무력감, 부족감을 느끼고, 퇴행, 의기소침, 자살충동을 느끼기도 한다.

2) 파괴적 인간관계(자기부정, 타인부정의 태도) : 인정을 받지 못하고, 부모에 대해 좋지 않은 인상을 가진 것에서 발전하는 태도로 자신과 타인에 대해 의미를 발견하지 못한다. 삶의 의미상실, 정신분열증, 그리고 자살 및 타살, 즉 파괴충동을 느낀다. 자폐증을 나타내기도 한다.

3) 공격적 인간관계(자기긍정, 타인부정의 태도) : 처음 부모로부터 학대를 받고 자라난 어린이는 타인을 부정적으로 대하게 된다. 이런 태도의 사람은 자기 실수를 남에게 전가하거나 희생당했다고 생각한다. 비행자, 범법자들의 일반적인 특성이며 타살충동에 연결된다. 우월감, 자만심 속에서 살아간다.

4) 생산적 인간관계(자기긍정, 타인긍정의 태도) : 자신과 타인을 있는 그대로 받아들이므로 보다 원만하며, 문제가 있을 때 건설적인 방향으로 해결하고자 한다.

두 살 전까지 어린이들은 대체로 1)의 입장을 취하다가 그후 세 살까지 위의 1)~3)까지의 세 가지 태도가 반복된다. 그 후 어떤 계기에서 자신의 선택으로 제 4)의 태도를 갖게 된다. 처음 세 가지 태도들은 유아기에 형성된 감정에 의한 무의식적인 것이나 생산적인 인간관계의 태도는 사상, 신앙, 모험적 활동 등에 기초되어 재형성된 의식적인 태도이다. 이러한 태도에의 전환은 중요한 '회심경험'과 같은 것이기에 이러한 경험이 제공되어진다는 것은 한 인간의 생에 가장 큰 의미부여의 기회가 되는 것이다.

3. 예수님의 인간관계

3년 여의 공생애 기간 동안 예수님은 여러 종류의 사람들을 만나셨고, 각기 다른 대상과 인간관계를 맺으셨다. 열두 제자와 함께 친밀관계를 유지하시면서, 때로 예수님은 제자들의 잘못된 태도를 지적하여 고쳐 주셨고, 장점은 격려를 통해 북돋워 주시기도 하셨다. 비판적인 태도를 가진 바리새인, 서기관들에게도 관심을 기울이셨고, 그들을 위해 무엇인가 하기를 원하셨다. 그리고 소외된 무리들(세리, 창기, 병든 자들)에게도 인격적인 관계를 통해 하나님의 사랑을 발견케 하셨다.

누가복음 19 : 1~10에 나타난 '예수님을 만난 삭개오'의 이야기를 통해 세 종류의 인간관계의 태도를 찾아볼 수 있다.

1. 삭개오의 태도

그는 베뢰아를 통해서 유다로 상품이 유통해 들어오는 여리고에서 통관세를 취급하는 세금 징수원의 책임자였다. 그는 부자였으나 그의 마음에는 참다운 평안이 없었다. 특히 로마의 한 관리로 고통당하는 동족의 아픔에 동참하지 못하고, 이기적인 삶에 안주하여 결국 동족으로부터 소외된 삶을 살아가고 있었다. 당시 사람들은 '세리와 창기를 가장 큰 죄인'으로 여겼다. 이는 세례요한의 설교 중 "정한 세외에는 늑징치 말라."(눅 3 : 12)는 말에서도 나타난다. 인간은 부를 아무리 소유하더라도 타인의 존경을 받지 못할 때 행복하지 못할 뿐 아니라, 인간관계가 원만치 못할 때 더욱더 인격적인 인간관계를 갈구하게 된다. 주위의 비난을 받는 소외된 그의 태도는 피해적, 파괴적 인간관계의 태도를 볼 수 있다.

2. 바리새인들의 태도

성경본문에는 바리새인들이라 명시되어 있지 않고 '뭇사람'으로 기록되어 있다. 그들의 비난은 "저가 죄인의 집에 유하려 들어갔도다."(눅 19 : 7)였다. 이 사실을 볼 때 필자는 그들 중 많은 이들이 바리새인들이었을 것이라고 생각한다(참고, 눅 15 : 1,2).

'바리새'라는 말은 '분리주의자'란 뜻의 히브리어에서 나온 말이다. 그들 중 대부분이 중산층으로, 이들은 율법을 철저히 지키면서 자신들을

'바베림', 즉 '참 이스라엘의 단원동지'(눅 10 : 29, 36)라 부르고 일반민중을 '암하렛' 곧 '평민'이라 하여 엄격히 구분하였다. 특히 세리, 창기들과는 상종치 않은 점에서 공격적 인간관계 태도의 사람들이라 부르고 싶다.

3. 예수님의 태도

예수님께서 삭개오가 자신을 만나려는 마음을 미리 아시고 "내가 오늘 네 집에 유하여야 하겠다."(눅 19 : 5)고 하시며 그의 집에서 많은 시간을 그와 함께 보내셨다. 예수님께서는 삭개오가 주위사람들의 비난의 대상임을 아셨을 뿐 아니라, 그런 사람의 집에 머문다는 것은 그의 죄를 나누는 것이라고 예수님을 비난할 무리들의 생각도 아셨다. 그러나 예수님은 자신과의 만남을 통해 변화될 수 있는 삭개오의 가능성을 보셨다. 시인 괴테(Goethe)가 말한바 "만일 우리가 사람들을 있는 그대로 대한다면 우리는 그들을 더 나쁘게 만든다. 만일 우리가 그들을 대할 때 마치 그들이 마땅히 되어야 할 어떤 존재인 것처럼 취급한다면 우리는 그들이 되어질 수 있는 가능성을 실천하도록 돕는 것이다."[6]와 같은 태도로 예수님께서는 행동하셨다.

삭개오는 예수님과의 만남에서 자신과 타인을 긍정적으로 볼 수 있는 눈을 뜨게 되었다. 어쩌면 이는 하리스의 이론에 따르면 '회심경험'으로 새로운 인간관계의 태도확립의 사건이다. 그후 변화된 인간관계의 태도에서 보여지는 삭개오의 모습에서 생산적, 창조적인 삶을 우리는 보게 된다.

4. 영성훈련의 실제

1. 나의 인간관계 유형은 하리스가 제시한 네 가지 중 어느 것에 가깝다고 생각하는가? 그렇게 생각하는 이유는 무엇인가? 기록해 보자.

인간관계 유형 : _____

그렇게 생각하는 이유 : _____

2. 아래 문항은 긍정적, 부정적 인간관계를 전인(total human being)의 차원에서 기술한 것이다.[7] 나의 태도가 어느 쪽에 가까운지 표시해 본 후, 자신의 인간관계의 형태를 확인해 보자.

* 해당되는 곳에 V표를 하시오.

	1	2
지적인 면 (Knowing)	1. 문제에 흥미를 갖고 해결에 관한 지식을 갖고 있다. ( ) 2. 확신을 갖고 스스로 결정한다. ( )	1. 단지 문제에 대해 생각만 한다. ( ) 2. 타인이 해주기를 바라고, 타인의 결정을 받아들이는 편이다. ( )
정서적인 면 (Feeling)	3. 자신, 타인을 신뢰한다. ( ) 4. 타인을 있는 그대로 받아들인다. ( )	3. 자신, 타인을 불신한다. ( ) 4. 타인의 행동에 대해 비난한다. ( )
행 동 (Doing)	5. 직접 문제에 부딪치고 참여한다. ( ) 6. 행동으로 자신의 의견을 표현한다. ( ) 7. 위기를 기꺼이 맞는다. ( )	5. 문제에 대해 부딪치는 것이 두렵다. ( ) 6. 주로 말로만 의견을 표현하고 행동화하지 않는다. ( ) 7. 위기를 두려워하고 안전을 추구한다. ( )
관 계 (Relational Area)	8. 타인에게 비교적 정직하다. ( ) 9. 타인과의 관계에 관심을 둔다. ( ) 10. 타인에 대해 인내하는 편이다. ( )	8. 나 자신의 개방을 두려워한다. ( ) 9. 관계맺는 것보다 홀로 있는 것이 좋다. ( ) 10. 자신의 의견에 동의하지 않는 이에게 공격하는 편이다. ( )
자신에게 해당되는 문항	( )개	( )개

위의 평가에서 다음과 같은 두 모습이 결정될 것이다.

첫째, 언제나 새로운 정보를 찾는다. 자신과 타인을 이해한다. 타인에게 정보를 나누고 타인의 말, 의견을 경청한다(긍정적인 인간관). 둘째, 변화를 두려워한다. 자신을 이해하려 하지 않을 뿐더러 타인도 이해하려 하지 않고 신뢰도 않는다. 어떤 결정에 있어 어려운 점만을 주장하고, 안전을 위해 자신이 변명할 핑계거리를 찾는다(부정적인 인간관).

나 자신의 유형 : _____

나의 부정적인 면의 항목에서 고쳐야 할 구체적인 사항들은?

1) _____

2) _____

3) _____
4) _____
5) _____

3. 아래 몇 글을 읽고, 나 자신에게 적용해 보자.

슈바이처(A. Schweicher)가 아프리카 병원에서 봉사할 때의 일화이다. 치료받는 주민 중에 어떤 이들은 너무 감사하여 집에 돌아가지 않고 그의 일을 돕는 자원 봉사자가 되었다. 그와 다른 부족이 입원하여 치료를 받을 때, 슈바이처가 그를 도와주도록 부탁하면 그들은 대체로 거절한다는 것이다. 그 이유를 물어 보면 그들은 한결같이 "그는 나의 형제가 아니니까요!"라고 대답한다는 것이다. 슈바이처가 볼 때 도저히 이해할 수 없는 편견이 아닌가?

"나는 한 원을 그리고 그 원 밖으로 그를 내쫓았다. 이단자, 반역자로 조롱할 것이라고……. 그러나 '그리스도의 사랑은'(필자삽입) 승리를 위한 지혜를 내게 주었다. 나는 그가 원 안에 들어오도록 더 큰 원을 그렸다."

―Edwin Markham―

"타인의 결점을 찾지 말라. 어느 정도 결점이 존재한다는 사실을 인정하고 타인의 나약을 받아들이는 것은 천박한 자기 만족과는 정반대되는 것이다."

적 용
1) 나의 인간관계에서 좋지 않는 관계에 있는 사람은? _____
2) 무슨 문제가 그러한 관계를 만들게 하고 있나? _____
3) 위의 교훈과 성경의 어떤 말씀들이 나의 인간관계 변화에 도움을 줄 수 있는가? 나 자신이 받아들여야 할 인간관계의 지침은 무엇인가?
_____

5. 더 깊은 연구를 위한 제안

1) 복음서를 읽으면서 예수님께서 가지셨던 인간관계를 분석해 보고, 우리의 삶에 적용할 점을 찾아보자. 특히 지지자와 반대자의 경우들을 생각해 보자.

본 문	관계한 인물	어떤 태도	적 용
요한 13 :	제 자 들		
누가 9 : 51-56	배척하는 사마리아인		

2) 바나바의 인간관계에 대해 아래 본문을 통해 연구하자.

(1) 사도행전 4 : 36~37(가난한 자와의 관계) _____

_____

(2) 사도행전 9 : 26~27, 11 : 25(바울과의 관계) _____

_____

(3) 사도행전 15 : 36~41(마가, 요한과의 관계) _____

_____

6. 맺는 말

너와 나의 만남의 성격이 어떠하냐가 공동체의 생명을 확장시키기도 하고, 파괴시키기도 한다. 성숙한 크리스천이 가질 인간관계의 모델은 무엇인가? 예수 그리스도에게서 찾아야 한다. 예수님은 자신을 하나님의 사랑받는 아들로서 이 땅 위에서 인류를 구원해야 할 존재로 보셨고, 이 땅에 있는 잘못된 관계 속에 인간들을 불쌍히 여기셔서 그들과의 인격적인 교제를 통해 변화를 가져오게 하신 분이다.

물질문명, 기계화에서 오는 인간소외 등 점점 인간관계가 힘든 현실에서 크리스천들이 바른 인간관계를 이루어 나갈 때 인간성 회복, 건전한 공동체가 형성될 것이다. 그것은 건강한 신앙은 서로를 용납케 하고, 서로를 엉키게 하는 기능이 있기 때문이다. 만약 신앙이 이웃과의 관계를 강화하지 않고 이웃으로부터 분리를 주장할 때 이 신앙은 인간으로 하여금 신경증적인 성격을 유발시킨다. 성숙한 크리스천의 대인관계에 대해 더 깊은 연구가 요구된다.

제6장

감정의 건설적 표현

1. 들어가는 말

성숙한 인간은 대인관계에서 자신이 느끼고 있는 감정을 건설적으로 표현하는 데 익숙하나, 미성숙한 인간일수록 감정표현에 솔직하지 않거나 좋지 않은 방법으로 표현하게 된다.

인간은 지·정·의의 존재로서 대인관계에서 갖는 감정을 어떻게 처리하느냐가 자신과 상대의 관계를 결정하게 된다. 그것은 사람의 즐거움과 고통이 감정과 밀접하게 연관되어 있을 뿐만 아니라 대인관계에서 생기는 대부분의 갈등이 감정적인 긴장(스트레스, 즉 노여움, 질투, 욕구불만)에서 초래되고, 대부분 사람들의 만남이 상호감정의 교류(감정이입, 친절, 애정)로써 이루어지기 때문이다.

성숙한 크리스천은 그들의 대인관계에서 가장 중요한 부분인 감정의 문제를 어떻게 처리해야 할 것인가? 예수님은 어떻게 처리하셨는가를 살펴본 후, 현대 심리학자들의 견해를 참조하여 건설적인 감정표현의 방법들을 모색하고자 한다.

2. 감정의 건설적 표현의 모범이신 예수 그리스도

복음서에 나타나신 예수님은 때로는 기뻐하셨고, 슬퍼하셨으며, 불의에 대해서 의분을 나타내시기도 하셨다. 아래 두 가지 사실을 통해 예수님의 감정표현을 살펴보자.

1. 감정이입

복음서에 나타나 3년간의 공생애 기간 동안 예수님의 삶은 "우는 자들로 함께 우는"(롬 12 : 15, 막 1 : 40-45) 삶이셨다. 질병, 가난, 무지 등으로 고통당하는 자들의 고통을 나누기를 원하셨을 뿐 아니라 그렇게 행동하셨다.

베다니에 살고 있는 마리아, 마르다의 오빠를 평소 주님은 사랑하셨다(요 11 : 3, 사랑하시는 자가 병들었나이다). 그가 병들어 죽게 되었을 때 누이들과 함께 한 사람들이 우는 것을 보시고 심령에 충격을 받으시고 안타깝게 여기셨고(요 11 : 34), 끝내 예수님께서도 눈물을 흘리셨던 것이다(요한 11 : 35).

또한 예수님께서는 예루살렘 성 가까이 이르러 그 성을 보시며 눈물을 흘리시며 한탄하셨다. 그것은 그 성 사람들이 하나님 말씀을 거역하며 예수를 메시야로 받아들이지 못하는 완악함과 그 성의 멸망을 예견하셨기 때문이다. "오늘 네가 평화의 길을 알았더라면 얼마나 좋았을까? 그러나 너는 그 길을 보지 못하는구나. 이제 네 원수들이 돌아가며 진을 쳐서 너를 에워싸고 사방에서 쳐들어와 너를 쳐부수고 너의 성 안에 사는 백성을 모조리 짓밟아 버릴 것이다. …… 너는 하나님께서 구원하려 오신 때를 알지 못하였기 때문이다"(눅 19 : 41-44 공동번역).

2. 불의에 대한 의분

예수님은 하나님의 형상으로 지음받은 인간이 잘못된 종교의 굴레에서 고난당하는 모습을 보실 때, 성전에서 불의가 행해질 때 그냥 지나치지 않으시고 의분을 발하셨다.

안식일에 예수님께서 회당에 들어가셨다. 그곳에서 예수님은 한쪽 손이 오그라든 사람을 놓고, 예수님께서 고치시면 그를 고발하려는 무리들을 보셨다.
 예수님께서는 그들의 마음이 완고한 것을 탄식하시며 노기 띤 얼굴로 그들을 둘러보시고 그의 손을 고쳐 주셨던 것이다(막 3:1-6).
 또한 성전뜰에서 소와 양과 비둘기를 파는 장사꾼들을 보시고 채찍으로 양과 소를 쫓아내시고 환전상들의 돈을 쏟고, 그 상을 둘러엎으셨다. 예수님의 이 같은 행동의 내면에는 성전을 더럽히는 인간들에 대한 의분이 가득하셨음을 우리는 짐작하게 된다.
 병든 자, 눌린 자에 대한 감정이입이나 불의한 대상에 대한 의분은 상대에 대한 깊은 관심과 사랑이 아니면 결코 일어날 수 없는 감정이다. 그러한 감정을 예수님께서 가장 건설적인 방법으로 표현하셨던 것이다.

3. 감정의 건설적 표현을 위한 이론과 훈련

1. 감정표현의 이론

 대인관계에서 우리가 느끼는 큰 어려움 중의 하나는 상대의 말과 행동에 대해 자신의 감정을 표현하는 일이다. 직장에서 비인격적인 대우나 부당한 일을 강요당할 때, 가정에서 자녀가 같은 잘못을 반복할 때 우리는 어떤 감정을 느끼게 된다. 그러한 감정을 어떻게 표현하느냐는 것이 우리가 느끼는 큰 어려움이다.
 보통 상대의 마음에 상처를 주지 않아야겠다는 생각으로 감정표현을 억제하기도 한다. 이것은 본인과 상대 모두에게 좋지 않다. 참기만 할 때 본인에게는 겉으로 나와야 할 미움, 울분이 속에서 쌓이기에 신경쇠약, 소화불량 같은 병의 원인이 되기도 한다. 느낀 감정을 표현하지 않으므로 둘의 관계는 부정직하며 불편하게 된다.
 어떻게 우리의 감정을 건설적인 방향으로 표현할 수 있을까? 일반적으로 감정표현에는 세 가지 형태가 있다. 첫째, 직접표현으로 좋지 않은 말을 한다든지, 무엇을 차거나 던지거나 또는 타인을 구타하는 행동으로 나타내는 것이다. 둘째, 간접표현으로 상대의 말과 행동에 대해 비난, 정죄하는 말로 나타낸다. "넌 또 그 짓을 했구나, 어쩜 네 애비와 똑 같니?"

"당신은 매우 건방지고 오만해."와 같은 말로 표현된다. 셋째, 솔직이 말하기이다. 상대의 말과 행동을 비난하지 않고 자신이 느끼고 있는 감정을 말로 표현하는 것이다.

젖은 고속도로를 질주하는 남편의 운전대 옆에서 사고의 위협을 느낀 아내가 자신의 감정을 다음과 같이 표현할 수 있다. 첫째, 발을 구르며 남편을 향해 욕을 할 수 있다. 둘째, "당신은 핸들을 잡기만 하면 미친 사람 같아."라고 비난할 수 있다. 셋째, "젖은 길에서 이렇게 속력을 내니, 난 무척 두려움을 느껴요."라고 자신이 느끼는 감정을 말로 표현할 수 있다.

가장 건설적인 것은 말로 자신의 감정을 솔직이 표현하는 것이다. 이것은 계속적인 훈련에 의해서만 가능한 것이다.

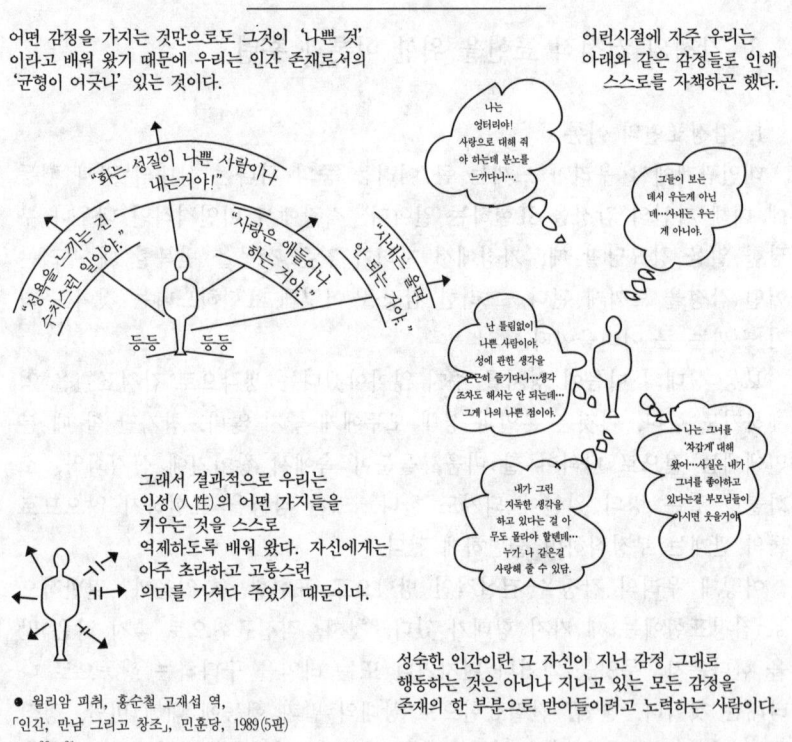

● 윌리암 피쳐, 홍순철 고재섭 역,
「인간, 만남 그리고 창조」, 민훈당, 1989(5판)
pp. 60~61.

2. 훈련의 실제

1) 감정을 자연스럽게 표현하지 못하는 이유는 전혀 감정표현이 허용되지 않는 가정에서 자라왔거나, 지나치게 감정을 좋거나 나쁜 것으로 규정지으려는 경향 때문이다.

앞장의 도표를 본 후 나 자신의 문제에 대해 생각해 보자.

화를 낸다는 것이 나쁜 것일까?

─────────────────────────────────── (엡 4 : 26)

"절대로 화가 난 채 잠자리에 들지 않도록 하라"(필립스).

감정 그 자체는 나쁜 것이 아니다. 문제는 남을 비방하고 공격하는 것이 아니라 자신을 주장하고 표현하는 것이어야 한다는 것이다.

2) 감정의 건설적 표현방법을 배워야 한다.

먼저 자신이 느끼고 있는 감정을 파악한다. 그리고 그 감정상태를 확인한 후 자신의 감정을 말로 표현한다. 대인관계의 문제는 감정의 문제가 바로 해결되어야 그들 사이의 당면과제가 해결될 수 있는 것이다.

그것에 대해 윌리엄 피처는 다음의 사실로 설명해 준다.

───────────────

우리는 감정을 압력솥에 든 증기로

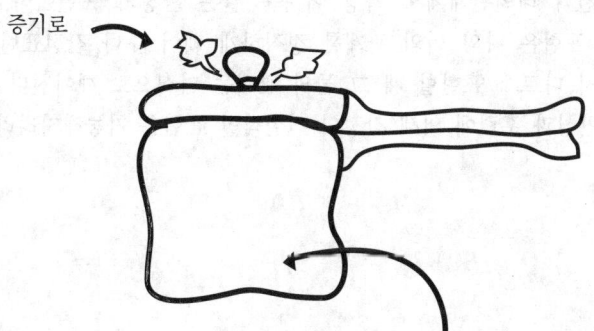

……그리고 '사실 그 자체'는 안에 든 음식으로 생각해 볼 수 있다.

폭발을 피하자면, 우리는 먼저 내부에 든 감정적인 '압력'을 늦추어야 한다. 일단 감정의 '압력'이 완화되면 거의 다투지 않고 '사실 그 자체'를 보는 것이 가능해진다.

최근 대인관계에서 내가 느꼈던 감정은? 그 감정은 어떻게 해결했으며, 그후 대인관계는 어떻게 되었는가 살펴보자.
  (1) 내가 가졌던 감정 : 언제 _____ 누구에게 _____
                        어떤 감정 _____
  (2) 어떤 방법으로 해결되었는가? _____
  감정의 해결 없이는 두 사람의 관계를 참된 만남이나, 두 사람 사이에 갖고 있는 문제의 해결도 가져올 수 없다.

4. 더 깊은 연구를 위한 제안

1) 성경에 나타난 감정표현에 대한 교훈들을 찾아보자(눅 9 : 51 - 55, 행 15 : 36 - 41 등).
2) 앞으로 한 주간 나의 감정표현에 대한 기록을 한 후 평가해 보자.

5. 맺는 말

크리스천의 대인관계에서 가장 어려운 일은 감정의 표현이다. 감정의 건설적인 표현은 나와 너의 관계를 정직하게 맺어 주나 감정표현을 하지 않는다든지 다르게 표현할 때 그 둘의 관계는 가식으로 깨어진다. 계속적인 자기 반성과 훈련에 의해 감정의 건설적인 표현은 가능해지리라 본다.

제7장
효과적인 대화의 기술

1. 들어가는 말

인간은 처음부터 관계의 존재로 창조되었으며, 그 관계를 가능케 하는 가장 중요한 수단은 대화이다. 대화야말로 나와 너의 만남을 가능케 하며, 인격적인 교제를 지속시킬 수 있는 최상의 방법이기 때문이다. 그러기에 성숙한 인간은 대인관계에서 효과적인 대화의 기술을 갖고, 상대의 뜻을 올바르게 이해하고 자신의 뜻을 바로 전달하며 바른 대인관계를 갖게 된다.

성숙한 인간상을 추구하는 오늘의 기독교교육의 현장에서 교사는 학생과, 부모는 자녀와, 그리고 각 크리스쳔은 동료와 더불어 올바른 대화를 하고 있는가? 그리하여 대화자 쌍방이 올바른 인간관계를 맺고 있는가?

아래 다섯 가지 기준은 대화가 올바로 이루어질 때의 대인관계를 기술한 것이다.

1) 숨김 없이 솔직하고 정식하게 개방할 수 있는 관계인가?
2) 서로 배려하며 서로 존중받고 있다는 것을 알 수 있는 관계인가?

3) 상호 의존하는 관계인가?

4) 각자의 개성이나, 창의성, 독자성을 서로 인정하고 길러 주는 독립된 관계인가?

5) 상대방의 욕구를 희생시키면서까지 자신의 욕구를 충족시키려 하지 않는 상호욕구 충족의 관계인가?

위의 다섯 가지 기준을 두고 각자의 대화상대를 점검해 볼 때, 그러한 관계가 형성되지 못하는 경우가 많을 것이다. 많은 경우 대화라기보다는 명령, 지시, 충고, 비난 등의 독백임을 깨닫게 된다. 참다운 대화란, 그리고 효과적인 대화의 기술은 어떻게 익힐 수 있을까에 대해 생각하고자 한다.

2. 예수님과 수가 성 여인과의 대화

복음서 곳곳에는 예수님께서 각기 다른 대상과 대화하신 기록들이 나타난다. 열두 살 때 성전에서 부모님과 나눈 대화, 가나의 혼인잔치에서 어머니와의 대화, 니고데모, 수가 성 여인, 삭개오 등……

본 문/요한복음 4:45

대 화	예수님과 수가 성 여인	
대화의 장애요인	1. 유대인 대 사마리아인(요 4:9) 2. 남자 대 여자 3. 하나님의 아들 대 죄 많은 여인	
대화의 시작	예수께서 "물을 좀 달라." 하심(요 4:7).	
대화의 전개	물 ▼ 생 수 〈영생하도록 솟아나는 샘물(14)〉 ▼ 남 편 ▼ 예 배(20-24)	1. 일반적인 일들 (육체적인 욕구) 2. 기본적 욕구에로 인도 3. 종교적 토의 (나와 그것)

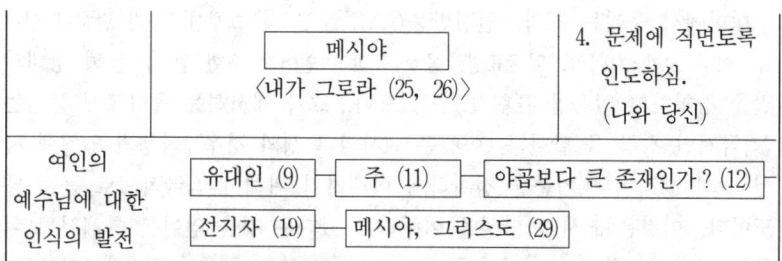

모든 대화에서 예수님은 각 대상을 인격적으로 대우하셨으며, 대화를 통해 대화의 목적을 이루셨다. 요한복음 4장에 나타난 수가 성 여인과의 대화를 위의 자료를 통해 관찰해 보자(도표 참조).

예수님께서는 수가 성 여인과의 대화에서 먼저 그녀를 인격자로 대하셨다. 여인이 우물가에 나온 시간은 정오로 동네에 다른 여인들이 물긷는 시간이 아니었음을 생각할 때, 그녀는 의식적으로 동네사람들과의 만남을 피하던 여인이었다. 그러나 주님께서는 그녀의 내면적인 욕구를 아시고 대화로 이끌어 주셨다.

대화 속의 주제의 발전을 통해 예수님께서는 조심스럽게 그녀로 하여금 여인 자신의 내면 세계를 보게 하셨고, 끝내 주님을 만나는 경험에로 인도하셨다. 특히 여인이 종교적인 토의(예배의 장소)로 자신의 문제를 회피하려 할 때, 주님은 그녀로 하여금 자신의 문제에 직면토록 인도하셨고, 끝내 그녀는 예수를 구주로 고백하게 되었다.

3. 효과적인 대화의 기술

토마스 고든(Thomas Gordon)은 부모, 교사, 지도자의 훈련시 특히 대화의 중요성을 인식하여 올바르게 듣는 일과 올바르게 말하는 일을 다음과 같이 말해 준다(참고, *Teachers Effectiveness Training*, 1974).

1. 올바르게 듣기

대화에서 우리는 침묵, 인정반응('으흠', '오', '그래서' 등의 단순한 언어 표현이나 고개 끄덕임, 얼굴표정, 몸짓 등의 비언어적 표현 등)을 통해 상대의 말을 경청하고 있음을 표현할 수 있으나, 그가 제시하는 올바르게 듣기는 '적극적인 경청'을 말한다. 이것은 교사와 학생의 경우, 학생의 입장에 서서 그의 생각이나 기분을 정확하게 이해하기 위해서 적극적으로 듣는 태도이다. 이것은 교사가 학생을 이해하고 있다는 것을 언어를 통해서 보여주는 것이다. 학생의 이야기를 듣고 있는 교사는 학생이 한 이야기를 그 내용뿐 아니라 그 뒤에 숨어 있는 감정까지도 이해하고 수용하는 것이다. 그렇게 함으로써 학생이 자신 안에 있는 자연적인 감정을 받아들이며, 자신 안에 있는 근본적인 문제를 스스로 해결하도록 도와 주게 된다.

다음은 교회학교 교실에서 흔히 일어날 수 있는 하나의 예이다. 한 학생이 선생님께 "몇 시에 집에 갈 수 있습니까?"라고 질문했을 때 "○시에 집에 갈 수 있단다."라는 식의 간단한 대답만으로 해결될 문제는 아니다. 왜냐하면 학생이 시간을 알고 싶어서가 아니라 다른 의도에서 질문하는 경우가 있기 때문이다. 이때 적극적인 경청으로서의 올바르게 듣기는 다음의 도표와 같이 되고, 그 뒤에 대화가 가능해진다.

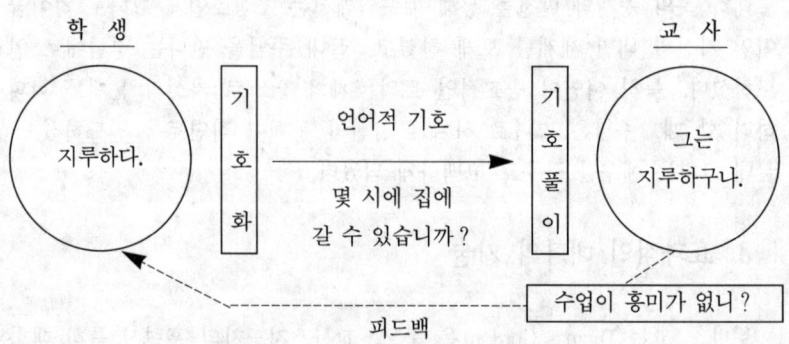

"몇 시에 집에 갈 수 있습니까?"라는 학생의 언어적 기호에서 교사는 그가 지루하다는 것을 적극적인 경청, 즉 기호풀이를 통해 알게 된다. 그리고 그것이 정확한가를 "수업이 흥미가 없니?"라는 피드백을 통해 확인

하게 된다. 만약 교사가 처음 이러한 적극적인 경청이 아니라 다음과 같이 말했을 때 대화는 다음과 같이 진행될 것이다.

학생 : 몇 시에 집에 갈 수 있나요?
교사 : 집에서 할 일이 있니?
학생 : 아니요, 공부가 재미없어서 집에 가고 싶어요.
교사 : 그러면 이 그림을 그려 볼까?
학생 : 예! 좋아요. 너무 오래 앉아 있으니 피곤해요.

올바르게 들음은 상대로 하여금 자신의 감정과 의사를 자연스럽게 표현하게 하며, 두 사람을 보다 가깝고 의미있는 관계로 발전시켜 주게 된다.

예수님께서는 수가 성 여인과의 대화에서 '적극적 경청'으로서의 올바르게 들으시는 일을 계속하셨다. 그 한 예로 생수를 요구하는 그녀의 진정한 갈망을 주께서 파악하셨기에 죄의 문제(남편 이야기)를 다루게 된 것이다.

2. 올바르게 말하기

대화에서 가장 중요한 것은 서로의 진실을 나누는 것이다. 그런데 나의 생각을 정확하게 표현하는 일은 2인칭 메시지(You-message)보다 1인칭 메

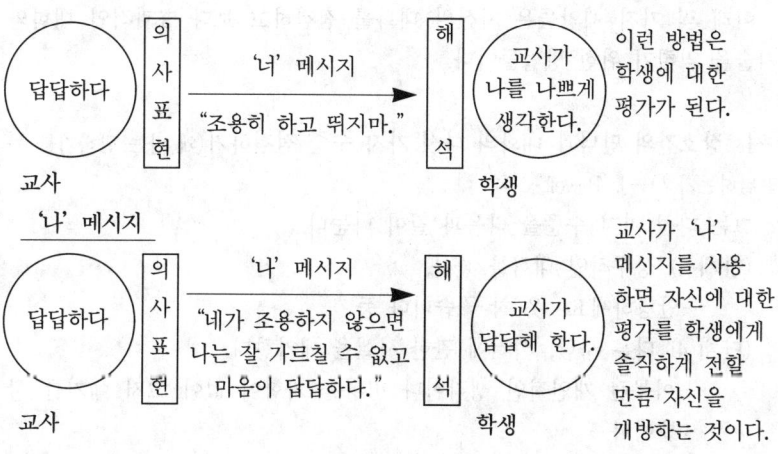

시지(I-message)가 더 효과적이다.

아래의 두 도표가 그것을 설명해 준다.

2인칭 메시지는 언제나 '너'를 함축하고 있는 표현들이다. 그 예는 다음과 같다.
- (너) 조용히 해(명령).
- (너는) 신중하게 행동하지 못하는군(비판).
- (너는) 또 하나의 아인슈타인이군(빈정거림).

그러나 1인칭 메시지는 대상의 언어와 행동에 대해 자신의 정직한 표현을 할 수 있는 방법이 된다.
- 네 수업 도중에 떠들 때(비판적이 아닌 행동 묘사) 내가 강의를 할 수 없게 되어(구체적인 영향) 속이 상한다(감정).

즉 교사가 느끼는 바를 '행동-영향-감정'의 공식으로 표현하는 것이다.

이러한 표현은 교사와 학생, 부모와 자녀, 동료 사이에 서로의 관계를 손상시키지 않고 친밀감을 촉진시켜 주게 된다.

4. 대화의 기술증진을 위한 훈련

아래 몇 가지 제안들은 자신의 대화를 점검하고 보다 효과적인 대화의 기술을 익히기 위한 방법들이다.

1. 상호간의 만남과 대화의 다섯 가지 수준 점검하기(왜 나는 말하기를 두려워하는가?) -J. Powell-

그는 다섯 가지 수준을 다음과 같이 나눈다.

(단계 5) 상투적인 대화를 한다.
　　-안녕하세요, 옷 참 좋습니다 등.

(단계 4) 다른 사람, 사건에 관한 사실을 얘기한다.
　　-아무런 개인적인 생각이나 비평을 가함이 없이 그저 얘기를 할 뿐이다.

(단계 3) 내 생각과 판단을 말한다.
  ―나에 대해 약간씩 전달하나 조심스럽게 너를 보면서 생각한 후 얘기한다.
(단계 2) 느낌(감정)을 표현한다.
  ―머릿속에 있는 것과 함께 마음속의 것을 나눈다.
(단계 1) 정확한 의사전달
  ―가까운 친구 혹은 부부 사이의 관계로 완전한 둘의 결합의 단계이다.

대화의 차원

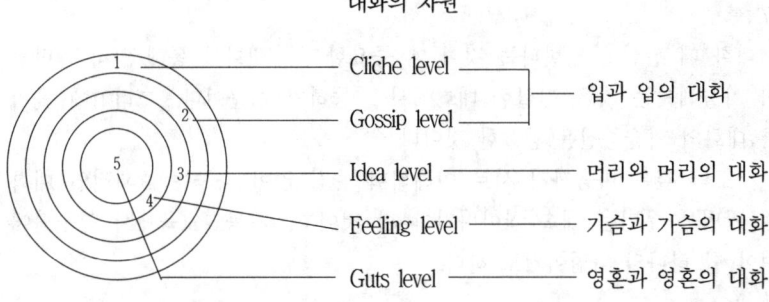

2. 3인조 경청그룹

1) 세 사람씩 짝을 지어 A, B, C로 호칭한다. 먼저 A가 3분 정도 자신에 대해서 이야기하면 B과 경청한 후 그것에 대해 다시 이야기하고, 틀린 곳이 있다면 C가 수정해 준다. 곧 B가 A의 말을 듣고 C는 관찰한다. 이것을 차례로 하여 올바르게 듣는 훈련을 할 수 있다.

2) 자신이 경험한 '올바르게 듣기'(적극적인 경청)의 예를 그 조에서 나누자.

3) 나-메시지의 사용경험과 느낌을 나누자.

4) 나-메시지를 여러 상황을 제시한 후 작성하자.

5. 더 깊은 연구를 위한 제안

1) 욥기를 읽으면서 욥과 그의 세 친구와의 대화를 분석해 보자.
2) 대화에 관계된 책을 읽고 대화의 기술에 대해 생각해 보자.

6. 맺는 말

성경 여러 곳에서 진실한 대화의 예와 교훈들을 찾아볼 수 있다.
"그런즉 거짓을 버리고 각각 그 이웃으로 더불어 참된 것을 말하라. 이는 우리가 서로 지체가 됨이니라"(엡 4:25). "오직 너희 말은 옳다 옳다, 아니라 아니라 하라, 이에서 지나는 것은 악으로 좇아 나느니라"(마 5:37).

대화 때 진실을 말한다는 것이 왜 중요한가? 대화를 통해 인격적 만남이 가능해지는 것은 진실한 대화에서 가능하기 때문이다. 그러기에 올바른 대화의 기술증진은 중요한 것이다.

서로의 깊은 마음까지 서로 이해하며 숨김 없이 나누는 효과적인 대화의 방법을 우리는 계속 찾아나가야 할 것이고, 기독교교육에서 연구되어져야 할 하나의 과업이기도 하다.

참고자료
1. Reuel L. Howe. 「대화의 기적」. 대한기독교교육협회.
2. M G. Ginott. 「부모와 자녀」, 「부모와 십대」, 「교사와 학생」. 혜선문화사.
3. M. Buber. 「나와 너」. 문예출판사.
4. T. Gordon. *Parent Effectiveness Training*, *Teacher Effectiveness Training*.
5. G. Egan. *Exercises in Helping Skills*.
6. L. M. Brammer. *Helping Skills for Understanding*.
7. R. A. Dow. *Learning Through Encounter*.

제8장
사랑의 실천

1. 들어가는 말

크리스천의 성숙한 모습을 알아볼 수 있는 분명한 특징은 무엇일까? 그것은 사랑을 올바로 이해하고, 그 사랑을 실천하는 행동일 것이다. 우리는 어릴수록 사랑받는 것을 기뻐하지만 자랄수록 사랑하는 데서 기쁨을 찾게 된다.

이 사실에 대해 에리히 프롬은 '유아적 사랑에서 성숙한 사랑에로의 변화'[1]라는 표현을 들어 설명한다. 유아적 사랑은 '내가 사랑받기 때문에 너를 사랑하며 내가 필요하기 때문에 너를 사랑하는 행위'나, 성숙한 사랑은 '내가 사랑하기 때문에 사랑을 받으며 너를 사랑하기 때문에 네가 필요한 것'이다. 전자는 '자기 만족을 추구하는 일'이며, 후자는 '타인을 찾아 타인의 행복을 추구하는 일'이다.

성인이 되어서도 '유아적 사랑'에서 벗어나지 못하면 그는 성숙된 사람이 아니다.

참된 사랑이란 무엇인가? 사랑하는 일은 우연히 생겨지는 것인가, 아니면 사랑에도 지식과 노력이 필요한가? 어떻게 하면 '성숙한 사랑'의 소유자로 사랑을 실천하면서 살아가도록 지도할 수 있을까? 영성훈련의 최대 관심사인 이 주제에 대해 생각해 보려 한다.

2. 사랑의 실천자이신 예수 그리스도

1. 사랑의 교훈

수많은 예수님의 교훈 중 가장 중요한 것은 사랑의 교훈이다. 이 사랑은 신·구약의 전체 주제가 될 수 있을 것이다.

어떤 율법학자가 예수님께 나아와 "율법 중에 어느 계명이 크니이까?"라고 질문했을 때 예수님께서는 다음과 같이 대답하셨다. "네 마음을 다하고 목숨을 다하고 뜻을 다하여 주 너의 하나님을 사랑하라 하셨으니, 이것이 크고 첫째 되는 계명이요, 둘째는 그와 같으니 네 이웃을 네 몸과 같이 사랑하라 하셨으니, 이 두 계명이 온 율법과 선지자의 강령이니라"(마 22:37-40).

하나님 사랑, 이웃사랑 이 이중계명은 가장 큰 계명으로 한 단어로 말하면 사랑(agape)이다. 먼저 하나님을 사랑하는 법을 우리에게 가르쳐 주셨다. '마음, 목숨, 뜻, 힘'[2]을 다하여 하나님을 사랑해야 한다는 것이다. 이 네 가지 요소는 무엇을 의미하는가? 마음(heart)은 인간의 의지력의 산실(産室)을; '목숨'(soul)은 생명, 인격을; '뜻'(mind)은 이성의 기능; '힘'(strength might)은 정신력, 체력 모두를 말함으로 이 네 요소를 다한다는 것은 '자신의 전존재를 다 바치는 것'을 의미한다. 인간의 하나님 사랑의 기준은 전존재(全存在)이지 우리 자신의 일부가 아니다.

어쩌면 본회퍼의 "우리의 마음에는 모든 것을 포용하는 하나의 헌신만을 위한 방이 있으며, 우리는 한 주인(Lord)께만 매달릴 수 있을 뿐이다."라는 말과 같다.

사랑의 둘째 대상은 '이웃'이다. 이웃사랑의 기준은 "네 몸과 같이 사랑하라."는 것이다. 사람은 본능적으로 자신을 아끼고 사랑하게 마련이다. 이웃을 사랑하되 자신을 사랑하듯 사랑하라는 말씀이다. 또한 이 말

씀은 먼저 자기 자신을 올바로 사랑하지 못하면 참된 이웃사랑이 불가능하다는 말도 된다.[3]

예수님께서는 하나님이 우리 인간을 어떻게 사랑하시는가와 우리가 하나님을 어떻게 사랑해야 되는가에 대해서, 그리고 이웃사랑의 길에 대해서 많은 교훈을 주셨다. 그리고 최후만찬 후 "새 계명을 너희에게 주노니 서로 사랑하라. 내가 너희를 사랑한 것같이 너희도 사랑하라."(요 13:34)고 부탁하셨다.

2. 사랑의 실천

예수님께서 사랑을 가르치셨을 뿐 아니라 여러 가지로 사랑을 실천하셨다. 스스로 과부, 세리, 창기들의 친구가 되셨고 병든 자, 귀신들린 자들을 고치셨으며, 소외된 자들을 위로해 주셨다.

아래 제시된 예수님의 사랑 실천의 두 예가 그의 모든 생애를 나타내 준다. 하나는 제자들의 발을 씻기신 사건이다.

"저희 발을 씻기신 후에 옷을 입으시고 다시 앉아 저희에게 이르시되… … 내가 주와 또는 선생이 되어 너희 발을 씻겼으니 너희도 서로 발을 씻기는 것이 옳으니라. 내가 너희에게 행한 것같이 너희도 행하게 하려 하여 본을 보였노라"(요 13:12-15).

가장 큰 교훈은 말로써가 아니라 행함에 의한 것인데 예수님은 행동으로 큰 교훈을 하신 것이다.

예수님의 사랑은 순간적이 아니라 계속되는 것이었다. 요한은 그것에 대해 다음과 같이 기록했다. "유월절 전에 예수께서 자기가 세상을 떠나 아버지께로 돌아가실 때가 이른 줄 아시고 세상에 있는 자기 사람들을 사랑하시되 끝까지 사랑하시니라"(요 13:1).

가장 위대한 예수님의 사랑의 실천은 십자가에서의 대속이다. "사람이 친구를 위하여 자기 목숨을 버리면 이에서 더 큰 사랑이 없나니"(요 15:13)라고 교훈하시던 주님은 십자가에 못박혀 죽으심으로 인류에 대한 사랑을 확증하신 것이다.

3. 사랑의 실천을 위한 훈련

본란에서 주로 '이웃사랑'에 초점을 맞춘 프로그램을 생각해 보려 한다.

1. 사랑에 대한 올바른 이해

성경의 기록 중 바울의 '사랑의 예찬'(고전 13장)만큼 사랑에 대한 바른 정의를 내린 곳은 없다고 본다. 여기에서 사용된 사랑은 '아가페'이다. 초기 크리스천들은 하나님의 사랑과 인간의 사랑을 구별하지 않고 사용했다. 아가페는 사랑의 하나님과 다른 형제 모두를 동시에 포용해 주는 사랑의 개념이다.

1) 나는 사랑을 이렇게 정의한다.
 사랑이란 ? _____
 _____
 _____

2) 사랑의 정의(고전 13 : 4-7)[4]를 조용히 읽어보자.
 사랑은 오래 참습니다.
 사랑은 친절합니다.
 사랑은 시기하지 않습니다.
 사랑은 자랑하지 않습니다.
 사랑은 교만하지 않습니다.
 사랑은 무례히 행하지 않습니다.
 사랑은 자기 목적을 추구하지 않습니다.
 사랑은 성내지 않습니다.
 사랑은 남을 악평하지 않습니다.
 사랑은 불의를 기뻐하지 않습니다.
 사랑은 오히려 진리에 대해서 즐거워합니다.

사랑은 모든 것을 지탱합니다.
사랑은 모든 것을 믿습니다.
사랑은 모든 것을 바랍니다.
사랑은 모든 것을 견딥니다.
사랑은 영원합니다.

(1) 바울은 기독교적 사랑의 정의를 내릴 때, 무엇을 행하고 행하지 않는가라는 문제로 기술하고 있다. 왜 그것이 보다 쉬운 것일까?

_____

_____

(2) 사랑의 한 종류인 에로스의 사랑을 '자신을 위해서 다른 사람을 그리워하는 정열적인 사랑'으로 정의하는 사람이 있는데 위의 아가페의 사랑과 어떤 차이가 있는가? _____

_____

(3) 사랑에 대한 아래 두 사람의 정의를 읽고, 종합된 자신의 정의를 내려 보자.
- 사랑은 다른 사람의 현존(現存)을 기뻐하고 내 자신의 것만큼이나 타인의 가치와 발달을 긍정하는 것이다.　　　　　－Rollo May－
- 사랑이라는 것은 우리가 사랑하는 대상의 성장과 생명에 대한 적극적인 관심이다.…… 사랑이란 우리들의 힘을 생산적으로 이용하는 내적 활동이다.　　　　　－Erich Fromm－

사랑이란?

_____

_____

_____

2. 나 자신의 사랑 점검하기

1) 위에 제시한 고린도 전서 13 : 4~7 말씀 중에 사랑이라는 단어 대신

자신의 이름을 넣어 읽으면서 묵상하라. 과연 나 자신은 그러한가? 그렇지 못하다면 무엇을 고쳐야 할 것인가?
예) 김헌준은 오래 참습니다.
　　김헌준은 친절합니다.

＿＿＿＿＿＿＿＿＿＿＿＿＿＿＿＿＿＿＿＿＿＿＿＿＿＿＿＿＿

2) 누가복음 7 : 36~50을 읽고 다음 물음에 답해 보자. 아래 두 사람의 예수님에 대한 태도를 기록해 보자.

시　　몬	죄인인 한 여자
1. 너는 내게 발 씻을 물도 주지 아니하였으되	＿＿＿＿＿＿＿＿(44)
2. 너는 내게 입맞추지 아니하였으되	＿＿＿＿＿＿＿＿(45)
3. 너는 내 머리에 감람유도 붓지 아니하였으되	＿＿＿＿＿＿＿＿(46)

이 여자가 그렇게 할 수 있었던 동기는?
41-42 ＿＿＿＿＿＿＿＿＿＿＿＿＿＿＿＿＿＿＿＿＿＿
＿＿＿＿＿＿＿＿＿＿＿＿＿＿＿＿＿＿＿＿＿＿＿＿＿
＿＿＿＿＿＿＿＿＿＿＿＿＿＿＿＿＿＿＿＿＿＿＿＿＿
47 ＿＿＿＿＿＿＿＿＿＿＿＿＿＿＿＿＿＿＿＿＿＿＿
＿＿＿＿＿＿＿＿＿＿＿＿＿＿＿＿＿＿＿＿＿＿＿＿＿
＿＿＿＿＿＿＿＿＿＿＿＿＿＿＿＿＿＿＿＿＿＿＿＿＿

3) 은혜를 깊이 깨닫는 자가 많이 사랑할 수 있다. 대인관계에서 우리가 받은 사랑을 기억하고, 나는 누구를 어떻게 사랑해야 되겠는지를 생각해 보자.

사랑의 빚	사랑실천 계획

4) 중보기도는 크리스천의 사랑을 점검해 볼 수 있는 중요한 기회이다. 즉 나의 기도 속에서 너를 위해 간구한다는 것은 그를 진정 사랑하지 않고서는 불가능한 것이기 때문이다. 예수님과 바울은 기도 중에 기도할 대상을 넣었다. 먼저 아래 성구를 읽고, 나 자신의 기도 속에 넣어야 할 대상과 기도할 내용을 기록하자.

- "내가 너를 위하여 믿음이 떨어지지 않기를 기도하였노니 너는 돌이킨 후에 네 형제를 굳게 하라"(눅 22 : 32).
- "내가 저희를 위하여 비옵나니 내가 비옵는 것은 세상을 위함이 아니요 내게 주신 자들을 위함이니이다. 저희는 아버지의 것이로소이다"(요 17 : 9).
- "우리가 너희를 위하여 기도할 때마다…… 아버지께 감사하노라"(골 1 : 3).
- "나의 밤낮 간구하는 가운데 쉬지 않고 너를 생각하여……"(딤후 1 : 3).

대 상	무엇을 위하여

주는 훈련

사랑은 수동적 감정이 아니라 능동적 활동이라 생각하면 주는 일은 사랑의 행위에 있어 아주 중요한 부분을 차지한다. 이것은 선물, 위로, 격려 등을 받기 위해 주는 것이 아니라 상대의 행복을 위한 것이기에 수는 것 자체가 자신에게 즐거움이 되기 때문이다.

그래서 바울 사도는 "주는 것이 받는 것보다 복이 있다."(행 20:35)고 하였다. 이사야는 주는 행위로 "주린 자에게 네 식물을 나눠 주며, 유리하는 빈민을 네 집에 들이며, 빗은 자를 보면 입히며, …… 주린 자에게 네 심정을 동하며, 괴로워하는 자의 마음을 만족케"(사 58 : 7,10) 하는 일을 말했고, 예수님께서는 사랑을 실천할 수 있는 일로 지극히 작은 자에게 할 수 있는 일(마 25 : 35 - 40)을 말씀하고 있다.

그러나 실제 주는 것은 그렇게 쉽지 않다. 아래 대장에 기록하여 기도하면서 사랑을 실천하도록 노력해야 할 것이다.

언 제	누구에게	무엇을	실행여부

응답 받은 암환자

서울 영등포경찰서 앞에서 꽃가게를 하던 윤안나 씨(34·여)는 3년 전 위암진단을 받고 깊은 절망감에 빠졌다. 하지만 윤씨는 이 때부터 장애자들을 위한 봉사로 절망에서 벗어났다.

"이제 수술을 받아 살아나더라도 정상인으로 살아나가기는 어렵겠다는 생각이 들자 길거리에서 마주치는 장애자들을 무심코 지나칠 수가 없었습니다."

장애자들의 어려움에 대한 관심은 곧 행동으로 옮겨졌다. 윤씨는 그동안 모아둔 돈과 꽃가게에서 생긴 수익을 모두 앞 못보는 실명 어린이의 개안수술 비용으로 썼다. 지난해 봄에는 수술비용을 대기 위해 5년간 운영해 온 꽃가게를 다른 사람에게 팔기도 했다. 윤씨의 교회동료들에 따르면 윤씨가 눈을 뜨게 해준 사람이 20명 가까이 된다고 한다. 윤씨는 시간이 날 때마다 영등포시립병원 등에 버려진 행려병자의 빨래를 해주고 병간호도 했다. 조금만 걸어도 숨이 차고 피로를 느끼는 윤씨에게는 힘겨운 일이었지만 그녀의 병간호 발걸음은 지금까지 이어지고 있다.

윤씨는 자신이 만난 장애자와 봉사자들을 모아 '하늘뜻회'라는 모임을 만들었다. 편지로만 고민을 나누던 회원 1천 여 명은 지난 16일 종로5가 기독교백주년기념관에서 열린 장애인을 위한 자선음악회에서 처음으로 한 자리에 모였다. 이 음악회도 윤씨가 1년 전부터 여러 군데의 교회성가대에 협조를 요청해 마련한 것이었다.

윤씨는 최근 노원전철역 앞에 다시 꽃가게를 차려 '본업'으로 돌아왔다. 몸조리나 하라는 가족들의 만류에도 불구하고 윤씨는 쇠약한 몸을 이끌고 장애자를 위한 활동을 계속하고 있다.

의사의 위암판정이 병든 자신을 버리고 남을 위해 살라는 하늘의 뜻이라고 믿기 때문이라고 한다. 최근의 진단결과 위암은 더 진전되지 않고 3년 전 상태에서 멈춘 것으로 나타났다. 윤씨는 그것도 하늘의 뜻으로 여기고 있다.

4. 더 깊은 연구를 위한 제안

1) 사랑의 제자 요한에 대한 연구(요한복음, 요한 1,2,3서 참고)
2) 교회사에 나타난 사랑의 인물연구
   - 성 프란체스코(St. Francis)
   - 다미엔
   - 손양원 목사(사랑의 원자탄 참고)
3) 사랑에 관계된 책 읽기
   - E. Fromm. 박영준 역. 「사랑의 기술」. 우암출판사, 1982.
   - E. Shostrom & Montgomery. 연문희 역. "사랑을 표현하기" 「네게 바다 같은 사랑」. 평민사, 1983. pp. 106-115.
   - J. Powell. 이동진 역. 「왜 사랑하기를 두려워하는가?」. 자유문학사, 1988.
   - L. Coleman. 성염 역. "주고 싶은 마음"「기초공동체 건설」. 성바오르 출판사, 1989(중판), pp. 53-57.
   - M. Scott Peck. "Love" *The Roadless Traveled : A New Psychology of Love, Traditional Values and Spiritual Growth*. pp. 81-182.
   - R. H. Schuller. 「자애-자기 사랑의 비결」. 보이스사, 1978(6판).

5. 맺는 말

십자가의 요한은 "생애가 저물 때 사랑에 관한 심사를 받을 것입니다. 그러므로 당신 자신의 행동방식을 포기하고 하나님께서 사랑받기를 원하시는 만큼 사랑하는 법을 익히시오."라고 말한다. 성숙된 사랑은 어떻게 이루어지는 것일까? 사랑을 기술(art)로 본다면 지식과 노력이 필요하게 된다. 예술가가 계속된 이론과 실습을 통해 어느 경지에까지 이르듯이 사랑도 마찬가지이다.

무관심에서 관심으로, 자아 중심주의에서 상대 중심주의에로의 변화는 하나님 사랑의 체험에서 계속되는 지식과 노력이 없이는 불가능하다.

또한 사랑에의 성숙은 평생을 거쳐서 이루어져야 할 과제이기도 하다. 그리고 사랑에의 성숙은 '실천에 의해서'라는 사실을 기억해야 할 것이다.

제9장

크리스천 리더쉽

1. 들어가는 말

인간은 사회적 존재로서 공동체 안에서 구성원끼리 서로 영향을 주고받으며 살아간다. 그러기에 성숙한 크리스천은 대(對) 사회적 관계에서 크리스천 리더쉽을 발휘하며 살아가야 한다. 즉 하나님의 뜻으로서 정의와 평화가 이루어지는 좀더 이상적인 공동체 형성에 대한 책임을 져야 한다는 말이다. 일반적으로 리더쉽(지도력)을 '공동체의 목표를 달성하기 위하여 사람들과 협력하여 그 목표를 달성하는 지도자의 능력'이라 볼 때, 크리스천은 크고 작은 공동체에서 지도력을 보이게 된다. 이때 크리스천 리더쉽을 나타내야 하는데 이것은 예수님과 성경의 지도자들에게서 찾게 되는 지도력이다.

예수님의 리더쉽은 어떠했던가? 오늘 우리의 현실에 갖추어야 할 크리스천 리더쉽은 어떠해야 할까? 어떻게 하면 그러한 리더쉽을 갖게 될 것인가에 대해 생각해 보려 한다.

2. 예수님의 리더쉽

공생애 3년 동안 예수님께서는 많은 사람을 만나셨다. 복음서에 나타난 기록을 보면 우리는 예수님께서 대중을 소홀히 하지 않으시면서 소수, 특히 열두 제자에게 깊은 관심과 리더쉽을 행사하신 것을 알게 된다.

선택된 열두 제자에게 보여 주신 예수님의 리더쉽은 어떠했기에 평소 제자들은 예수님의 사역에 협조했으며, 승천하신 후 예수님의 리더쉽을 그들의 삶에서 발휘할 수 있었을까? 예수님의 리더쉽에 관한 한 연구[1]를 참조하여 살펴보고자 한다.

이전 사람들이 지도자만이 갖고 있는 자질을 지도력에서 분석한데 비해, 허시와 블랜차드는 지도자와 추종자 및 상황의 함수관계에서 지도력을 이해하려는 '상황적 리더쉽 이론'(Situational Leadership Model)[2]을 주장했다. 일반적으로 지도자의 행동은 다음 두 가지를 통해 나타난다.

1) 업무행동 : 지도자가 목표를 설정하고 업무를 조직하고 목표달성 시한을 정하며 추종자에게 구체적으로 누가, 무엇을, 언제, 어디서, 어떻게 해야 할 것인가를 지시하고 명령하며 통제하는 행동

2) 관계행동 : 지도자가 추종자의 행동을 지시하고 촉진하며, 그들의 의견을 적극적으로 청취하며, 상호간의 작용을 원활히 하게 하고, 또한 피드백을 제공해 주는 행동

위의 두 행동 중 어느 것을 많이, 또는 적게 하느냐에 따라 아래 네 가지의 지도자 행동유형으로 구분하게 된다.

S1은 업무행동을 많이 하고 관계행동을 적게 하는 리더쉽 유형으로서 **명령형**이라고 한다. 이 형은 지도자가 추종자에게 구체적으로 업무지시를 하고 업무수행을 엄밀하게 감독하는 유형이다.

S2은 업무행동을 많이 하고 관계행동도 많이하는 리더쉽 유형으로서 **설득형**이라고 한다. 이 형은 지도자가 결정하고 그 내용을 추종자에게 설명해 주고 이해시키며 지도하는 유형이다.

S3은 업무행동을 적게 하고 관계행동을 많이하는 리더쉽 유형으로서 **참여형**이라고 한다. 이 형은 지도자가 추종자의 의견을 수렴하여

서 함께 결정하고 집행하는 유형이다.
S4은 업무행동을 적게 하고 관계행동도 적게 하는 리더쉽 유형으로서 위임형이라고 한다. 이 형은 지도자가 결정과 집행의 책임을 추종자에게 완전히 맡겨 버리는 지도유형이다.
위의 내용을 도표화하면 다음과 같다.

지도자 유형에 따른 네 종류의 리더쉽

	多 ↑ 관계행동 ↓ 小	
	S3 (참여형)	S2 (설득형)
	S4 (위임형)	S1 (명령형)
	小 업무행동 多	

지도자와 추종자와의 관계에서 예수님은 그의 제자들에게 어떠한 리더쉽 스타일을 사용하셨는가? 복음서에 나타난 주요한 리더쉽 상황과 스타일은 다음과 같다.

상황 1) : 새 계명, S1 명령 - 새 계명을 너희에게 주노니 서로 사랑하라. 내가 너희를 사랑한 것같이 너희도 서로 사랑하라(요 13 : 31 - 35).

상황 2) : 제자들의 다툼, S2 설득 - 너희 중에 누구든지 으뜸이 되고자 하는 자는 너희 종이 되어야 하리라(마 20 : 20 - 28).

상황 3) : 열두 제자의 파송, S3 참여 - 예수께서 이 열둘을 내어 보내시며 명하여 가라사대……가면서 전파하여 말하되 천국이 가까웠다 하고 병든 자를 고치며……(마 10 : 1 - 42).

상황 4) : 최후의 명령, S4 위임 - 그러므로 너희는 가서 모든 족속으로 제자를 삼아 아버지와 아들과 성령의 이름으로 세례를 주고 내가 너희에게 분부한 모든 것을 가르쳐 지키게 하라(마 28 : 16 - 20).

이상에서 살펴본 바와 같이 예수님께서는 다양한 상황에 따라 명령, 설득, 참여 및 위임의 리더쉽을 사용하셨고, 때로는 두 가지 이상을 한꺼번에 사용하시기도 하셨다.

이상의 리더쉽 이외에 예수님께서 제자들에게 그토록 강하게 끼쳐 오신 리더쉽의 정신은 무엇일까? 연구자는 아래 몇 가지를 들고 싶다.

첫째, 분명한 비전을 가지셨다는 것이다. 그의 비전은 하나님 나라이었고, 그를 따르는 일꾼들에게 하나님 나라 건설을 위해 부름받았다는 것을 예수님은 분명히 하셨다(막 1:14-15, 16-20).

둘째, 분명한 가르치심, 훈련, 그리고 모범을 통해 열두 제자들의 리더쉽을 함양하셨다(막 1:35-39, 요 13:1-20). 또한 지도자는 희생정신으로 일해야 함을 가르치셨고, 몸소 희생을 통해 지도자의 길을 보여 주셨다(막 10:45, 15:21-37).

이러한 예수님의 리더쉽에 의해 열두 제자들은 예수님의 생전에 하나님 나라 건설에 적극 참여할 뿐 아니라, 예수님 이후 하나님 나라를 위한 일에 모든 것을 바치게 되었다. 여기에 대해 마이클 유셉은 그의 책[9]에서 다음과 같이 말한다.

"성경과 전승에 의하면 그 뒤에 사도들에게 일어난 일들은 다음과 같다. 헤롯 왕은 요한의 형제 야고보를 죽였다. 베드로는 위대한 전도사역을 계속하였다. 도마는 인도와 아시아 지방의 사도가 된 것 같다. 젊은 마가는 뒤에 200년 동안이나 기독교의 선봉이 되었던 콥트교회와 알렉산드리아교회를 세웠다. 또한 다른 사도들도 세상을 다니며 복음을 선포하였다.

3. 크리스천 리더쉽

성경에서 우리는 많은 지도자들을 만나게 되며, 신·구약 여러 곳에서 지도자들에게 주는 교훈들을 읽게 된다. 크리스천 리더쉽은 예수님의 리더쉽을 근거로 하여 성경 여러 곳의 교훈을 적용하는 리더쉽을 말한다.

성경본문을 통해 성경이 제시하는 리더쉽을 살펴보자.

1) 지도자로서의 요셉의 자질 : 하나님의 신이 감동한 자, 명철하고 지혜로운 자(창 41 : 37 - 40)
2) 모세가 세운 천, 백, 오십, 십 부장의 자질 : 하나님을 두려워하며, 진실 무망하며 불의한 이를 미워하는 자(출 18 : 13 - 27)
3) 느헤미야의 자질
   · 그는 기도하는 사람이었다.
   · 그는 놀라운 용기를 가진 사람이었다.
   · 그는 백성들의 안녕과 행복에 진실된 관심을 가진 자였다.
   · 그는 선견지명을 가졌다.
   · 그는 신중한 사람이었다.
   · 그는 명확한 결단성의 소유자였다.
   · 그는 공감할 줄 아는 사람이었다(느 4 : 10 - 12, 5 : 1 - 5).
   · 그의 결정과 행동에는 편견이 없었다(느 5 : 7).
4) 바나바의 자질
   · 남을 섬기는 것을 기쁨으로 여겼던 사람이었다(행 4 : 36 - 37).
   · 어려운 일에 과감히 도전하여 문제를 해결하는 사람이었다(행 11 : 19 - 23).
   · 타인의 최악을 보지 않고 최선을 볼 줄 아는 사람이었다(행 9 : 26 - 27, 11 : 25, 15 : 36 - 41).
   · 제 2 인자로 만족하는 겸손한 사람이었다(행 12 - 13).
   · 착한 사람, 성경과 믿음이 충만한 자였다(행 11 : 24).
   그 외 성경의 지도자들에게서 찾을 수 있는 리더쉽은 다양하다.[4] 다음 교회내의 지도자들의 자질에 대한 기록을 살펴보기로 하자.
5) 교회 지도자의 자질(딤전 3 : 1 - 13)
   감 독 : 선한 일을 사모하는 자로서 책망할 것이 없고, 한 아내의 남편이 되며, 절제하며, 근신하며, 아담하며, 나그네를 대접하며, 가르치기를 잘하며, 술을 즐기지 아니하며, 구타하지 아니하며, 관용하며, 다투지 아니하며, 돈을 사랑치 아니하며, 자기 집을 잘 다스려 자녀들로 모든 단정함으로 복종케 하는 자, 그리고 외인에게도 선한 증거를 얻은 자

I. 성숙한 자아계발

집 사 : 단정하고, 일구이언을 하지 아니하고, 술에 인박이지 아니하고, 더러운 이(利)를 탐하지 아니하고, 깨끗한 양심에 믿음의 비밀을 가진 자, 한 아내의 남편이 되어 자녀와 자기 집을 잘 다스리는 자(여집사일 경우: 참소하지 말며, 절제하며, 모든 일에 충성된 자)

4. 더 깊은 연구를 위한 제언

1) 에베소서 4 : 11~16을 읽고, 초대교회내의 지도자들의 직무와 사명에 대해 토의해 보자.

지도자들

(1) 사 도 : 초대에는 열두 제자에게 국한되었으나 넓은 뜻에서 바울, 바나바(행 14 : 4, 14) 등도 이 칭호를 받았다.

(2) 선지자 : 사도들과 자주 같이 불렸다(엡 2 : 20, 3 : 5, 계 18 : 20). 그들은 복음을 전하고 가르쳤으나 성령의 직접적인 인도하에 영적 통찰력을 가지고 하나님의 뜻을 알고 미래사를 예언했다(유다와 실라, 행 15 : 32 ; 빌립의 네 딸, 행 21 : 9 등)

(3) 복음 전하는 자 : 사도들이 지도하여 불신자에게 전도하는 직책으로 한곳에 머물지 않고 순회하면서 전도한 자

(4) 목사와 교사 : 처음 이 둘은 하나의 직책이었으나 나중 차츰 분리되었다. 목사는 교회를 감독, 교인들을 먹이는 직책이며, 교사는 성경을 해석하여 교리를 가르쳐 교인들을 영적으로 지도하는 직분이다.

지도자들의 사명

위의 모든 지도자들이 협력하여 성도들을 완전하게 하며, 그들로 봉사의 일을 하게 함으로 그리스도의 몸된 교회를 세움에 있다.

2) 지도자로서의 나의 리더쉽은 어떤 유형(명령형, 설득형, 참여형, 위임형)을 강조하는지를 생각해 보고, 예수님의 리더쉽에서 배워야 할 바를 적어 보자.

나의 리더쉽 _____
배우고 고칠 점 _____

3) 아래 두 지도자에 대한 글⁵⁾을 읽고 크리스천 리더쉽이 얼마나 중요한가에 대해 토의해 보자.

  월남 이상재 선생(장로)과 이완용은 1888년 워싱톤에 개설된 주미 공사관에서 같이 근무한 동료로서 귀국하여 두 사람은 독립협회운동에 동참한 사람들이었다. 그들은 이렇게 공생애의 출발을 같은 점에서 시작했으나 나중에는 엄청나게 차이나는 길을 걷게 되었다. 한 사람은 애국자로 길이 존경받는 인물이, 또 한 사람은 매국노로 역사가 계속되는 한 비난의 대상이 되었다.
  무엇이 이들의 삶을 그렇게 이끌도록 했을까? 이완용은 25세 때 과거(문과)에 합격한 수재로 35세에 학부대신, 그후 외부대신의 출세가도를 달렸다. 그러나 그는 탐심이 많은 사람이었다. 학부대신 때 그는 공금 4천 달러를 횡령했고(당시 한국 대신의 급료는 300달러), 외부대신 때는 경인철도부설권을 미국인 모스(J.R Morse)에게 넘겨 주면서 1만 5천 달러의 주식배당을 약속받았었다. 그후 1905년 급기야 나라 전체를 일본에게 넘겨 주는 잘못을 범하게 되었다.
  이와 대조적으로 이상재 장로는 충청도 한산(韓山)의 빈한한 양반 가정에 태어나 계속 8살 아래인 이완용의 밑을 맴돌았다(학부참사관, 독립협회 부회장으로). 그는 공직을 수행함에 있어 언행일치, 강직, 청렴결백한 삶을 살았고, 1906년 옥고를 치르는 중 교도소 마루틈에 낀 산상수훈을 읽고 크리스천이 되었다. 그후 그는 황성 기독청년회(YMCA) 간부로서 한국민족의 도덕갱신운동을 시작해 기울어진 국운을 바로잡는 일에 힘썼다. 1910년 이후 조선일보사사장, 신간회(新幹會) 회장 등을 역임하면서 우리 민족이 일제의 노예상태에서 신음하던 시대에 종교가, 사회운동가로서 민족의 빛과 소금역할을 한 것이다.

생각힐 문제
1) 지도자로서의 가장 중요한 자세인 섬김의 측면에서 두 사람을 비교

하자.

2) 지도자에게 오는 가장 큰 유혹인 탐심을 바로 처리하지 못한 데서 오는 개인과 공동체의 화를 이완용의 예에서 생각해 보자.

5. 맺는 말

크리스천의 두 가지 상징은 '십자가와 수건'이다. 십자가가 하나님의 뜻에 대한 절대적 순종이라면 수건은 봉사를 뜻한다. 특히 크리스천 지도자는 하나님께 순종하고 다른 사람들에게 봉사하기 위하여 하나님으로부터 부름받은 자들이다. 이러한 크리스천 지도자의 정체성이 바로 확립되고, 그리스도의 리더쉽이 적용될 때 모든 크리스천은 그가 속한 크리스천, 또는 비크리스천 공동체에서 지도자로서의 사명을 감당할 수 있을 것이다.

제10장
정의와 평화의 창조

1. 들어가는 말

공동체의 한 구성원으로서 성숙한 그리스도인은 그가 속한 공동체의 평화를 위해 노력하는 자이다. 왜냐하면 모든 공동체의 구성원들은 그 공동체의 안정과 발전을 위해 창조적인 공헌을 하든지, 아니면 방관자 파괴자가 되든지의 양자택일을 할 수밖에 없기 때문이다. 그래서 대한예수교장로회총회교육부의 교육목적에는 "소망 가운데 하나님의 사랑과 정의에 터한 사회건설의 사명을 수행할 수 있는 능력을 발전시켜 주는" 것에 대해 강조하고 있다.

대(對) 사회적 관계에 있어서 계발되어져야 할 영성의 분야가 '정의와 평화의 창조능력'을 함양하는 일이다. 그것은 어떻게 해야 가능할까에 대해 고찰하고자 한다.

2. 평화의 창조자이신 예수 그리스도

예수 그리스도의 탄생을 예고한 이사야는 주전 7세기에 "……한 아들을 우리에게 주신바 되었는데……평강의 왕(Sa Shalom)이라."(사 9:6-7)고 밝혔으며, 예수 그리스도의 탄생을 축하하는 천사들의 노래에 "땅에서는 기뻐하심을 입은 사람들 중에 평화로다."(눅 2:14)라는 말씀이 나타난다. 이는 예수 그리스도의 탄생이야말로 온 인류의 평화임을 선포하신 말씀이다.

평화란 구약에서 샬롬(Shalom), 신약에서는 에이레네(ειρηνη)로 나타나는데 일반적으로 평안, 평강, 화평, 그리고 화목으로 번역되며 다음과 같은 뜻으로 쓰여졌다. 개인의 육체적 상태와 관련될 때는 몸의 완전한 상태, 즉 육체의 각 기관 사이에 건강한 조화와 통일을 가져오는 것을 의미하고, 인간관계에서 이 용어가 사용될 때는 두 사람 사이의 온전한 화평과 우의의 관계를 뜻했다.

이 평화가 공동체와 관련되어 사용될 때 공동체의 온전성과 화합을 의미한다. 특히 공동체의 평화는 성경에서 정의의 실현을 통해 가능하다고 기록하고 있다. 이것에 대해 시편기자는 "사랑과 진실이 눈을 맞추고 정의와 평화가 입을 맞추리라."(시 85:10 참조)고 했다.

예수께서는 이 세상에 오셔서 하나님과 인간 사이를, 인간과 인간 사이를, 그리고 인간과 자연 사이의 평화를 이룩하셨다. 바울은 이에 관해 다음과 같이 말씀하고 있다.

"그의 십자가의 피로 화평을 이루사 만물, 곧 땅에 있는 것들이나 하늘에 있는 것들을 그로 말미암아 자기와 화목케 되기를 기뻐하심이라"(골 1:20).

예수 그리스도께서 오심으로 인류에게는 잃어버린 평화를 회복할 수 있는 길이 열렸다. 따라서 예수를 그리스도로 고백하는 모든 크리스천은 이 평화의 사역에 참여하도록 부르심을 받게 된 것이다. "평화를 위하여 일하는 사람들은 행복하다. 그들은 하나님의 아들이 될 것이다"(마 5:9 공동번역). 하나님의 자녀로서 어떻게 평화의 사역에 참여할 수 있을까? 먼저 이스라엘공동체를 향한 예수님의 평화의 관심을 살펴보자.

누가복음 19:41~48에는 평화를 알지 못하는 예루살렘 성을 바라보시는 주님의 마음과 그 성을 향하신 주님의 두 가지 활동을 기록해 주고 있다. 평화의 왕으로 오신 예수를 영접치 않은 예루살렘을 바라보신 주님은 그 성의 멸망을 내다보시고 통곡하면서 우셨다. 그리고 불의한 종교, 정치 지도자들과 결탁된 성전에서 장사하는 자들을 내어 쫓으시고 백성들을 성전에서 진리로 가르치셨다.

평화의 성이 되어야 할 예루살렘 성의 다가올 멸망을 내다보신 주님께서는 너무나 안타까워하셨던 것이다. 그러나 끝내 평화를 이루지 못한 그 성은 주후 70년 로마 디도가 이끄는 4개 군단과 지원병들에 의해 포위되어 굶어 죽고, 칼에 죽은 자의 수가 100만에 가까웠고, 그 성은 폐허가 되고 말았다. 예수님을 영접하지 않고, 그의 가르침을 준행하지 않은 결과가 이러한 비참한 파멸이었던 것이다.

3. 정의와 평화의 창조를 위한 활동

예수를 구주로 고백하는 크리스챤은 그가 속한 공동체에서 평화를 이루는 일에 참여해야 하는데 공동체에서의 평화는 정의가 이루어질 때 따라오게 되는 것이다. "의의 공효는 화평이요, 의의 결과는 영원한 평안과 안전이라"(사 32 : 17).

1. 정의, 불의의 개념 이해

18세기 프랑스 정치가 파레이랭이 나폴레옹 황제에게 다음과 같이 진언했다. "폐하, 총칼을 가지고서는 못할 일이 없습니다. 그러나 한 가지 불가능한 것이 있습니다." 그때 나폴레옹은 "뭣이, 내게 불가능한 것이 있단 말이요?" 하자, 그는 "네, 폐하! 그것은 언제나 편안할 수가 없다는 것입니다."라고 대답했다 한다.

이것은 국가의 경우, 국민들이 기본적으로 누려야 할 자유가 권력, 힘을 가진 자에 의해 자행되는 불의에 의해 착취될 때 평화가 있을 수 없음을 말해 주는 하나의 예이다.

잠언 29 : 2, 4을 보자. "착한 사람이 세력을 펴면 백성이 기뻐하지만, 나쁜 사람이 정권을 잡으면 백성이 한숨짓는다." "임금이 정의로 다스리면 나라가 튼튼히 서지만, 마구 긁어들이면 나라가 망한다."
  1) 사회정의, 불의에 대해 자신의 정의를 내려 보자(아래 내용 참고).
   사회정의란 _____
      _____ 이다.
   사회불의란 _____
      _____ 이다.
  2) 정의, 불의의 개념이해를 위한 참고
  (1) 무엇에 비례되는 동등성(아리스토텔레스)
  (2) 법에 맞는 것, 인간이 만든 법에만 맞는 것이 아니라 신적법(神的法)에 맞는 것(솔로)
  (3) 헬라인들은 의를 지키는 것으로 다른 사람과 올바른 관계를 맺으며, 국가의 법을 충실히 지키는 것과 덕을 실천하는 것이라고 했다.
  (4) 예언자들이 지적한 이스라엘의 불의는 권력을 이용한 인권탄압, 착취, 가진 자가 갖지 못한 자에게 가하는 비인도적인 처사 등을 말하고 있다.
  (5) 사회정의라는 개념은 주로 한 사람이 다른 사람 위에 갖고 있는 여러 가지 권력과 관계되어 그것이 불의하게 사용되어질 때 사회정의가 깨뜨려지는 것이다. 그러기에 정의는 복잡한 길거리의 신호등처럼 사회에 질서를 가져다 준다.

2. 정의와 평화의 창조를 위한 개인의 기독교적 성품계발
  1) 빌립보서 4:8~9을 읽으라. 이 부분을 혹자는 '기독교인의 윤리헌장'이라 부르기도 한다. 아래 해설을 먼저 공부하자.
  (1) 참되면 : 생각과 말, 행동의 일치
  (2) 경건하며 : 도덕성의 향상에 따른 존엄하고 존귀함, 하나님의 뜻에 맞는 삶
  (3) 옳으며 : 법률적, 도덕적 정의로 의무수행을 말함.

(4) 정결하며 : 동기와 행동 자체의 정결, 사욕이 없는 태도
(5) 사랑할 만하며 : 나의 행동이 타인의 사랑을 받을 만한 것
(6) 칭찬할 만하며 : 능동적으로 좋게 말하는 것이나 수동적으로 좋은 평판을 듣는 것
(7) 덕,기림 : 이상에서 빠진 것을 일괄해서 하는 말로 덕은 선행과 봉사로 타인의 유익을 도모하는 행위이며, 기림은 덕과 관계되는 것으로 도덕상 높은 행위에 의해 칭찬받는 것을 의미한다. 공동체의 정의와 평화를 위해 일하려면 먼저 자신의 신앙인격의 함양을 위해 노력해야만 한다.
2) 위에 제시된 특성 중 나에게 부족한 점은 무엇이며, 어떻게 그것을 개선해 나갈까 생각해 보자.

부족한 점	개 선 안

생각할 말씀
"공동체는 구성원들의 이기적인 욕망 위에서는 결코 이룩되지 않는다."
"자기 중심적인 사람들에 의하여 파괴된 것이, 전혀 타인을 중심으로 사는 사람들에 의하여 재건될 것을 나는 믿는다."(마틴 루터 킹)

3. 정의와 평화를 위해 일한 사람들에 관한 연구
역사상 정의와 평화의 창조를 위해 일한 수많은 크리스천을 우리는 알고 있다. 한 인물을 설정하여 관계된 서적을 연구하는 일은, 우리들의 역사의식과 사명을 일깨워 주는 아주 효과적인 방법이다. 아래의 글들은 그들의 사상을 이해할 수 있는 대표적인 글이다.

마틴 루터 킹 목사

I. 성숙한 자아계발

1964년 노벨 평화상 수상자로서 흑인 민권운동가였다. 그의 꿈은 다음과 같은 것이다.

"나는 꿈꾸노라. 언젠가 나의 네 아들이 살갗의 빛깔이 아닌 그 인격의 내용에 따라 평가되는 나라에서 살 날이 올 것이라는 것을. 나는 꿈꾸노라, 언젠가 조지아의 붉은 언덕 위에 흑인의 소년, 소녀가 백인의 소년, 소녀와 손을 잡고 형제와 자매로서 같이 지내는 날이 올 것이라는 것을."
이러한 비전을 갖고 일하는 그의 신념은 그가 암살당하기 전날 밤의 연설에서 나타난다.

"……하나님은 눌린 자 편에 계시다.……이 땅의 정의는 반드시 승리하고 평화는 오고야 말 것이다. 그러기에 손에 손을 잡고 전진하자. 우리는 승리할 것이다."

아시시의 성 프란체스코

15세기 아시시의 부잣집에 태어나 청년기에 심한 병중에서 예수를 구주로 영접하여 일평생 가난한 자, 병든 자들을 위해 자신의 모든 것을 다 내어 준 사랑과 평화의 사도 프란체스코 그 자신의 전인격을 말해 주는 아래의 기도문은 모두에게 알려져 있는 기도이다.

주여 나를 평화의 도구로 써 주소서.

> 미움이 있는 곳에 사랑을
> 모욕이 있는 곳에 용서를
> 의혹이 있는 곳에 믿음을
> 절망이 있는 곳에 희망을
> 어두움이 있는 곳에 광명을
> 슬픔이 있는 곳에 기쁨을
> 심어 주는 자 되게 하여 주소서.
> 오 주님이시여

또한 나로 하여금
위로받기보다는 위로하고
이해받기보다는 이해하며
사랑받기보다는 사랑하게 하여 주소서.

우리는 줌으로써 받을 수 있고
용서함으로써 용서받으며
자기를 버리고 죽음으로써
영원한 생명으로 다시 태어날 수 있음을 믿습니다.

4. 성경연구를 통한 깨달음

애굽의 노예로 인권유린, 착취, 억압당하던 이스라엘 백성을 자유케 하신 하나님은 그 백성들이 정의와 평화 속에서 살아가기를 원하셨다. 그러나 성경의 기록들 중 많은 부분이 불의로 말미암아 고난당하는 모습을 우리에게 보여 준다.

특히 아모스에 나타난 중심사상은 '정의의 실천'이라는 점에서 아모스서를 중심으로 연구하게 되면 오늘 기독교인의 정의실현의 책임을 의식하게 될 것이다.〈참고자료 : 버나드 도로구드 저. 배성국 역. "사회정의에 대한 기독교의 공헌"「아모스서 연구」, 대한기독교서회, 1980(4판). pp. 81-92〉.

5. 내가 소속한 공동체의 불의를 발견하고 그것의 해결을 위해 힘쓰는 일

1) 아래 질문들을 그룹에서 나누어 해결책을 찾아 보자.

(1) 자신이 당했던 불의 또는 타인이 당하는 불의를 본 적이 있는가? 그때 당신은 그것을 왜 불의라고 생각했는가? 그것은 해결되었는가?

(2) 평화는 어떻게 이루어지는가? 평화를 이루는 구체적인 활동들은 무엇인가? 어떤 상황을 설정하고 의견을 나누어 보라.

예) 직장에서 여직원이 비인격적 대우를 받을 때, 주위의 크리스천이 해야 할 일

2) 아래 '내 탓이오' 운동에 대해 토의해 보자.

	개 인	가 정	직장 및 사회
1월	○ 나부터 반성하기 "내 탓이오."	○ 가족의 기념일을 기억하고 축하하기 ○ 에너지 절약하기	○ 분수에 맞는 생활하기
2월	○ 남을 비방 안하기	○ 우리 농산물 먹기 ○ 대화로 화목한 가정 이루기	○ 책임을 다하기
3월	○ 절제하여 이웃돕기	○ 절약하고 검소한 생활하기 ○ 가까운 거리 걸어 다니기	○ 정직하게 투표하기 ○ 부정 타락선거 몰아내기
4월	○ 먼저 웃으며 인사하기 ○ 화 내지 않기	○ 부부간에 존대말 쓰기 ○ 외래품 안쓰기	○ 양보하기 ○ 이해하기
5월	○ 단정한 태도 지키기 ○ 예절바른 행동과 고운 말 하기	○ 온 가족이 함께 모여 즐거운 시간 갖기 ○ 인간생명 존중하기	○ 질서 지키기 ○ 차례 지키기 ○ 줄서기
6월	○ 칭찬하기 ○ 정직하기	○ 집안일 서로 돕기	○ 이웃과 사랑으로 대화하기
7월	○ 존대말 쓰기	○ 어른을 바로 모시기	○ 자리 양보하기 ○ 어려운 노인돕기
8월	○ 거짓말 안하기 ○ 향락업소 안 가기	○ 어른이 솔선수범하기 ○ 자녀와 대화 나누기 ○ 물건 아껴쓰기	○ 꽁초와 휴지 안 버리기 ○ 불우한 청소년 돕기
9월	○ 희생으로 봉사하기	○ 퇴폐폭력 비디오 안 보기	○ 어려운 일 서로 돕기
10월	○ 일찍 일어나기	○ 관혼상제 간소화하기	○ 서로의 약속 지키기 ○ 성실하게 일하기
11월	○ 샴푸, 린스 안 쓰기	○ 조상의 얼 지키기	○ 도박 안하기 ○ 화환 안 보내기
12월	○ 사랑으로 이웃돕기	○ 아껴 쓰고, 나눠 쓰고 바꿔 쓰고, 다시 쓰기	○ 서로의 좋은 점 본받기 ○ 지나친 선물 삼가기

6. 정의와 사랑의 조화를 추구함

모라셋이라는 시골 출신 예언자 미가는 빈부의 심한 격차, 부호들의 빈민학대 및 종교 지도자들의 타락을 지적하면서 하나님께서 택하신 백성에게 요구하시는 바를 다음과 같이 말한다.

"이 사람아, 야훼께서 무엇을 좋아하시는지, 무엇을 원하시는지 들어서 알지 않느냐? 정의를 실천하는 일, 한결 같은 사랑을 즐겨하는 일, 조심스레 하나님과 함께 살아가는 일, 그 일밖에 무엇이 더 있겠느냐?"(미 6:8 공동번역 참조)

하나님과 동행하면서 두 가지를 실천해야 하는데, 그것은 정의의 실현, 사랑의 실천이다. 아래 우리가 일상 '걸어야 할 두 발자국'에 자신이 해야 할 일들을 기록해 보자.

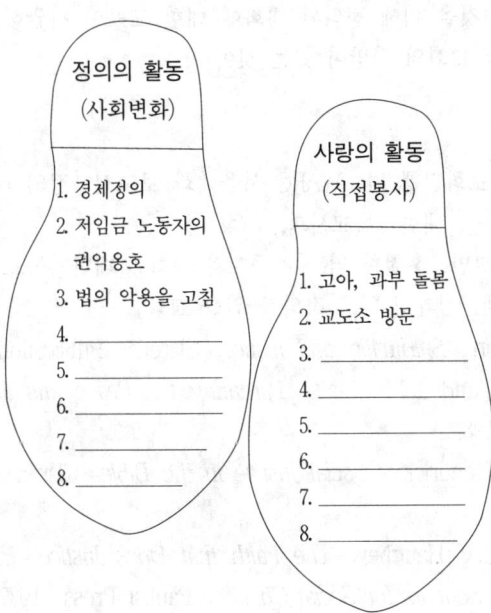

4. 더 깊은 연구를 위한 제언

크리스천의 정의, 평화의 활동은 그 범위가 매우 넓다. 일반적으로 다음의 책들이 정의와 평화의 의식과 활동을 풍부하게 해줄 것이다.

5. 맺는 말

공동체의 정의와 평화는 누구에 의해 가능한가? "나라이 임하옵시며 뜻이 하늘에서 이룬 것같이 땅에서도 이루어지이다."라고 기도하는 크리스천들에 의해 그것은 가능해진다.

한국의 크리스천이 20%를 넘었다. 크고 작은 공동체 속에 크리스천들이 정의와 평화의 창조자로서의 활동을 통해 우리의 사회는 새롭게 변화될 수 있다. 이것을 위해 정의와 평화에 대한 교육이 시급히 요청되고 있다. 여기에 한국교회의 희망이 있는 것이다.

참고자료
1. 세계개혁교회연맹 편. WARC 서울대회 보고서 「정의, 평화, 창조질서의 보존」. 대한기독교서회, 1989.
2. W. 브르그만. 홍철화 역. 「기독교와 평화」. 대한기독교서회, 1988.
3. W.A. 워렌. 김쾌상 역. 「정의를 위한 교육」
4. Donal Dorr, *Spirituality and Justice.* Claretian Publication, 1985.
5. Kathleen and J. McGinnis. *Parenting for Peace and Justice.* Orbis Books, 1982.
6. Herman Hendrickx. *Social Justice in the Bible.* Claretia Publications. 1985.
7. Ed. by J.C. Haughey. *The Faith that Does Justice : Examining the Christian Sources for Social Change,* Paulist Press, 1977.

제 11 장

자연의 관리

1. 들어가는 말

성숙한 인간이 관여하는 네 번째 대상은 대(對) 자연과의 관계(Meta-personal level)이다. "태초에 하나님이 천지를 창조하시니라."(창 1:1)는 말씀을 믿는 모든 크리스천은 하나님께서 인간과 자연까지도 창조하셨음과 하나님, 인간, 그리고 자연의 관계 속에 하나님의 창조의도가 분명히 계심을 믿고 있다.

자연과의 관계에서 인간이 가져야 할 태도는 무엇인가를 성경에서 발견하며, 오늘날 이 관계가 올바로 지켜지지 못하는 상황과 크리스천들이 해야 할 일들이 무엇인가를 모색해 보고자 한다.

2. 성경이 제시하는 자연과 인간과의 관계

1. 인간은 하나님의 창조의 중심부에 위치했다.

천지창조의 기사를 보면 하나님께서 모든 자연만물을 창조하신 후 마지막으로 인간을 창조하셨다. 그것은 인간이야말로 하나님의 창조에 가장 중심되는 존재라는 뜻이다. 인간을 이 지구상의 모든 피조물 위에 두심에 대해 시편 8장에서 기자는 다음과 같이 노래한다.

"여호와 우리 주여, 주의 이름이 온 땅에 어찌 그리 아름다운지요, 주의 영광을 하늘 위에 두셨나이다.……주의 손가락으로 만드신 주의 하늘과 주의 베풀어 두신 달과 별들을 내가 보오니 사람이 무엇이관대 주께서 저를 생각하시며, 인자가 무엇이관대 주께서 저를 권고하시나이까. 저를 천사보다 조금 못하게 하시고 영화와 존귀로 관을 씌우셨나이다. 주의 손으로 만드신 것을 다스리게 하시고, 만물을 그 발 아래 두셨으니 곧 모든 우양과 들짐승이며, 공중의 새와 바다의 어족과 해로에 다니는 것이니이다."

하나님의 형상으로 지음받은 인간은 모든 피조물 중 가장 존귀한 자로서 이 땅 위에서 하나님의 뜻을 이루어 나가는 존재이다. 이는 자연을 올바로 관리하는 일을 통해 이 세상에 대한 하나님의 사역에 동역하는 것을 말한다.

2. 인간은 자연의 관리자로서의 사명을 지니고 있다.

인간을 창조하신 하나님께서는 "바다의 고기와 공중의 새와 육축과 온 땅과 땅에 있는 모든 것을 다스리게" 하는 특권(창 1 : 26)을 주셨고 "생육하고 번성하여 땅에 충만하라, 땅을 정복하라."(창 1 : 28)고 말씀하셨다.

그후 처음 인간 아담과 하와를 에덴동산에서 살게 하시고, 그것을 하나님의 뜻에 따라 관리하도록 명하셨다. 곧 동산을 돌보도록 하심은 그의 소유가 아닌 하나님의 소유를 봉사케 하시는 하나님의 뜻이었다.

그러므로 자연과 인간의 관계에서 인간은 자연의 소유자가 아니고 소유주이신 하나님의 뜻에 따라 자연에 대한 '봉사자'로 부름받은 관리자란 사실이 성경의 증언이다. 그런데 '정복하라'는 말을 잘못 이해해서 인간이 자연을 약탈하고 파괴해도 괜찮다는 생각을 갖는 이들이 있다. '정복하라'(And subdue it)에서 사용된 영어 subdue는 라틴어 subducere에서 온 낱말로 '순하게 길들인다'(to tame)라는 뜻을 갖고 있다. 길들여서 다스린다는 의미로 자연을 잘 가꾸어서 생산력을 극대화하여 효용성을 높여 사람에게 이익을 줄 뿐 아니라 하나님께 영광돌림을 의미한다. 그런 의미에서 개발이라는 미명 아래 자연을 파손시키고 공해를 유발하여 생태계의 변화를 일으키는 자연정복의 행위는 하나님으로부터 위임받은 뜻과는 상반되는 것이다.

성경은 몇 가지 구체적인 지시를 통해 자연을 바로 관리하는 지혜를 인간에게 주고 있다.

1) "너는 육년 동안 그 밭에 파종하여 육년 동안 그 포도원을 다스려 그 열매를 거둘 것이나 제 칠 년에는 땅으로 쉬어 안식하게 할지니 여호와께 대한 안식이라"(레 25 : 3 - 4).

7년째 되는 해에 휴경함으로 지력의 회복에 큰 도움을 주려는 뜻도 강하지만 휴경을 통해 땅의 주인이신 하나님을 새롭게 인식하여 하나님의 뜻을 찾고, 영원한 안식을 기억하는 의미도 가졌다.

2) "너희가 어느 성읍을 오랫동안 에워싸고 쳐서 취하려할 때에도 도끼를 둘러 그 곳의 나무를 작벌하지 말라. 이는 너희의 먹을 것이 될 것임이니 찍지 말라. 밭의 수목이 사람이냐, 너희가 어찌 그것을 에워싸겠느냐"(신 20 : 19).

전쟁시 지킬 바로서의 이 교훈은 일반적인 파괴나 소모적인 전쟁을 금하심으로 인간과 자연을 보호하시려는 하나님의 뜻을 우리는 읽을 수 있다.

3. 인간의 죄가 자연을 파괴한다. 하나님의 자녀들이 파괴된 자연을 회복해야 한다.

아담의 범죄 후 성경기자는 "땅은 너로 인하여 저주를 받고"(창 3 : 17)라고 기록하고, 범죄한 이스라엘 백성 때문에 생긴 결과에 대해 "땅이 슬퍼하고 쇠잔하며……땅이 또한 그 거민 아래서 더럽게 되었으니 이는 그들이 그 율법을 범하며 율례를 어기며 영원한 언약을 파하였음이라."고 기록하고 있나(사 24 : 4 - 5).

이는 인간의 죄가 자연계에까지 영향을 미쳐 자연이 인간에게 필요한 것을 공급하지 못함을 말해 준다. 결국 이러한 자연계(피조물)가 하나님의 자녀들을 기다리며, 그들이 파괴된 자연을 회복해 주기를 바라고 있는 것이다(롬 8:18-22).

3. 병든 자연에 대한 이해와 해결책

"인간이 병들면 자연도 병들고, 자연이 병들면 인간도 병든다."는 말이 있다. 자연은 먼저 인간의 죄로 병들게 되고, 병든 자연은 반드시 인간에게 해를 끼치게 되어 있다. 아래 몇 가지 사례들을 통해 병든 자연에 대한 치유책이 무엇인가에 대해 생각해 보자.

수질오염

수도권 상수원 팔당호의 경우 부영양화 단계로 문제가 된 적이 있다. 부영양화 단계란 물 속에 영양분(인, 질소 등)이 풍부해 물 속의 조류나 플랑크톤이 대량 번식하여 산소를 과다소비함으로 결국 물이 썩어 가는 현상을 말한다. 이 현상 때문에 물고기가 떼죽음을 당하거나 수도물에 악취가 나게 되는 것이다. 이는 인근 주민들의 생활하수나 가축분뇨와 상류지역의 공장폐수 등의 오염에 의한 것이다. 우리 나라 인공호수 22%가 부영양화 단계에 들어갔다는 사실은 매우 심각한 사실이다("환경파괴의 실상과 원인,"「기독교사상」369(89.9) p.44.).

1) 매일의 식수가 오염된다면 우리의 건강은?

2) 깨끗한 물을 보존하기 위한 방법들은?

대기오염

1952년 영국 런던에서는 안개와 더불어 극심한 스모그 현상이 발생하여

12월 5~9일, 5일 동안 4천 여 명이 사망하고, 이듬해 2월까지 8천 여 명이 사망하는 대참사가 일어났다. 물론 템즈 강가의 야생동물도 전멸되었다.

현재 서울의 오염상태는 이미 50년대 무서운 공해사건을 겪었던 당시의 런던에 견줄 정도로 심각한 상태이다. 유엔환경계획(UNEP)과 세계보건기구(WHO)가 1970~1984년까지 60개국, 54개 도시를 대상으로 조사한 보고서는 서울이 세계에서 가장 높은 아황산가스에 오염된 도시 중 하나로 보고됐다.

……대기오염의 경우, 그저 탁하거나 답답하고 불쾌한 느낌으로 지내고 있으나 급성보다는 만성 피해를 받는 경우가 많아 자신도 모르는 새에 서서히 병들게 된다(위의 글 p. 40, 46).

1) 대기오염의 원인은 무엇일까?

_____

2) 대기오염을 줄일 수 있는 방법들은?

_____

_____

핵 발전소에 의한 방사능 오염

1986년 4월 26일 소련 체르노빌 원전에서 사상 최악의 사고가 발생했다. 노심이 녹아 버린 사고로 방출된 방사능이 바람을 타고 20개 국, 반경 2천 km 넓이까지 퍼져 나갔다. 원자로 속에 생긴 방사능의 4%만 빠져 나갔는데도 그 양은 히로시마 원폭 5백 개 분에 해당했다(미국이 히로시마에 투하한 원폭은 12Kt 정도의 위력으로 당시 5만 여 희생자를 내었음.). 체르노빌 사고의 피해는 집계하기 어려울 만큼 큰 것이었다.

특히 방사선은 우리 몸 속의 유전자를 교란시켜 암을 일으키고, 후손에 기형아 탄생 등의 악영향을 주는 것으로 알려져 있다.

1) 핵은 인간에게 유익도, 큰 해도 끼칠 수 있다. 어떤 점에서 유익과 해가 되는가 조사해 보자.

2) 방사능 오염에서 생기는 피해들에 대해 연구해 보자.

지구의 날에 대한 이해

20년 전 미국에서 환경을 지키고 에너지를 절약하는 생활실천운동으로 시작되어 지금은 1백 40개 국에서 호응하는 운동이다. 4월 22일 이 날 하루만이라도 지구의 환경을 보호하기 위한 아래 몇 가지 사항들을 지키며, 자연에 대해 생각하게 된다.
  1) 환경을 오염시키는 기업의 제품들은 사지 않는다.
  2) 이 날만은 쓰레기를 평상시의 절반으로 감소시킨다.
  3) 온 가족이 신발을 신지 않고 땅의 흙을 밟으며 흙과의 친화시간을 갖는다.
  4) 종이컵이나 종이수건은 쓰지 않는다.
  5) 이 날 외식할 때 일회용 플라스틱 스푼이나 나무젓가락은 쓰지 않는다.
  6) 모피 등 동물을 살생하여 만든 제품은 입지 않는다 등.

지구를 위한 50개 생활수칙(크리스 켈웰 50 Simple Things You Can, Do To Save The Earth)

저자는 90년대에 들면서 수많은 사람들로 인한 환경오염문제를 더이상 단체가 해결하기에는 어려움이 많다면서 오염의 원인이 사람에게 있는 만큼 해결책이 우리들에게서 나올 수 있다고 하면서 세부실천사항을 제안한다. 몇 가지를 제시하면 다음과 같다.
  1) 강을 오염시키지 않는 합성세제를 사용하자. 강에 잔류하고 있는 인산염의 반 이상이 바로 합성세제 때문이다. 인산염은 강의 수초를 죽이고

이어 물고기가 살 수 없는 강을 만드는 주범이다.

2) 바다오염을 막기 위해 수시로 해변청소를 벌여야 한다. 바다오염의 가장 큰 문제는 썩지 않는 플라스틱과 비닐제품이다.

3) 종이는 반드시 재사용되어야 한다. 미국의 연간 종이 사용량은 5억 톤으로 8억 5천만 그루의 나무가 없어진다는 계산이다. 신문지는 그 대표적인 경우로 휴지통에 버리지 말고 모아 두었다가 반드시 재활용할 수 있도록 하자.

4) 아기 기저귀는 천을 사용하자. 종이 기저귀로 어머니는 엄청난 편리를 보고 있지만 종이 기저귀가 분해되는 데는 5백년이 걸린다고 한다.

5) 나무를 심자. 나무와 숲은 지구의 온난화를 완화할 수 있는 가장 좋은 방법 중의 하나이다 등.

4. 더 깊은 연구를 위한 제언

1) 성경에서 교훈하는 자연의 관리자로서 인간의 책임에 대해 더 깊이 연구하자.

2) 자연을 가까이 한 성인들에 대한 연구를 하자(성 프란체스코, 알버트 슈바이처 등).

5. 맺는 말

인간의 생명은 자연의 생명과 공생의 관계를 유지하게 된다. 공해로 인한 자연의 병듦은 곧 인간을 병들게 할 뿐 아니라 인간의 생명을 위기에로 몰아넣지 않는가?

자연의 관리자로서의 인간의 책임을 감당하기 위해 기독교교육에서 새로운 관심과 운동이 일어나야 할 것이다. 그것은 넓은 의미에서 영성교육의 과제이기 때문이다.

제 2 부
영성훈련의 실제

1. 말씀 묵상훈련
2. 제자들을 위한 예수님의 기도훈련
3. 시편에서 배우는 기도
4. 위대한 신앙인에게서 배우는 기도
5. 낟눈화훈련
6. 섬김훈련
7. 고백과 용서훈련
8. 경축훈련

제1장

말씀 묵상훈련

1. 들어가는 말

필자는 이제까지 11회에 나누어서 영성의 존재인 그리스도인의 성숙한 모습을 그려 보았다. 앞으로 지면이 허락되는 대로 그리스도인이 할 훈련의 실제를 모색해 보려 한다. 리차드 포스터는 그의 책 「영적 성장을 위한 제자훈련」에서 그리스도인이 해야 할 훈련들을 크게 내면, 외면, 공동의 훈련들로 분류하고 각기 구체적인 훈련 네 가지들을 제시하고 있다.[1]

작은 일에서 가장 큰 소득을 얻는 방법으로 불리는 묵상이란 무엇인가? 그리스도인에게도 묵상이 필요한가? 그것은 불교의 선(禪)과 무엇이 다른가? 기독교의 묵상이 어떻게 행해져 왔으며, 우리는 그것을 어떻게 훈련할 수 있는가에 대해 생각을 나누려 한다.

2. 묵상에 대한 이해

묵상(默想)은 한자어 뜻 그대로 '눈을 감고 말 없이 마음속으로 생각하는 것'이다. 이것은 어떤 대상, 내용에 대해 정신을 집중한다는 면에서 명상과 같은 것이지만 기독교에서는 하나님, 말씀, 사건 속에서 하나님의 뜻을 찾을 때 묵상이란 용어를 사용하게 된다. 묵상이 우리에게 보다 친근하게 느껴지지 않는 이유는 힌두교에서 육체, 정신, 영의 정화과정을 위해 갖는 요가와 불교의 선(禪)에 대한 개념이 우리의 뇌리 속에 강하게 인식되어 있기 때문이다. 사실 묵상은 언제나 기독교신앙의 고전이며 중심이었다. 그것은 우리를 내면의 온전함으로 이끌어 가는 데와 우리 자신을 하나님께 바치는 데 꼭 필요한 훈련이기도 하다.

그러면 기독교의 묵상과 동양종교의 묵상의 차이는 무엇인가? 힌두교, 불교에서 강조하는 묵상은 심령을 비우려는 노력으로 세상에서 분리됨을 강조한다. 그리하여 개인됨을 잃어버리고 결국 우주의 정신에 합일되어 초월하는 것을 목적으로 한다. 그러나 기독교의 묵상은 심령을 채우기 위해 비우려는 노력이다. 하나님, 예수 그리스도와의 인격적 교제 속에서 하나님의 뜻을 내 마음속에 생각하는 묵상은 우리를 둘러싼 모든 혼란(소음, 서두름, 군중)으로부터의 우리를 먼저 분리하게 만든다. 그러나 그것은 하나님과 다른 인간들과 세상과 더불어 올바르게 연합하기 위한 것이기에 가족, 집을 버리고 수행하는 요가, 선과는 분명히 다른 것이다.

성경은 묵상에 대해 많은 기록을 하고 있다. "이삭이 저물 때에 들에 나가 묵상하다가"(창 24:63), "내가 나의 침상에서 주를 기억하며 밤중에 주를 묵상할 때에……, 나의 영혼이 주를 가까이 따르니 주의 오른손이 나를 붙드시거니와"(시 63:6-8), "복 있는 사람은……오직 여호와의 율법을 즐거워하여 그 율법을 주야로 묵상하는 자로다"(시 1:1-2). 이러한 기록들은 묵상이 기독교신앙에 있어 얼마나 중요한가를 말해 주고 있는 것이다. 또한 기독교의 위대한 인물들인 어거스틴, 아시시의 프란체스코, 토마스 머튼 같은 분들도 묵상을 통해 하나님께 귀를 기울이고 창조주와 사귀며, 말씀 속에서 세상을 사랑하는 체험을 했기에 오늘 우리에게 위대한 사상을 물려준 것이다.

묵상은 무엇을 생각하는가에 따라 그것을 분류하는데 말씀을 묵상할 경우는 추론적 묵상(推論的 默想, Meditation)과 관상적 묵상(觀想的 默想, Contempletation)으로 나눈다. 토마스 그린은 그의 책「마음을 열어 하느님께로」에서 이 둘을 다음과 같이 설명한다.[2] 우리는 추리력과 상상력을 갖고 있다. 추리력은 보다더 논리적이고 추상적인 것으로서 원인을 주의깊게 생각하고 하나씩 하나씩 결론을 끌어 내는 것이다. 이에 반해 상상력은 보다 구체적이며 선천적인 것이며, 보다 독특한 것으로서 한 사건이나 상황을 전체성 안에서 구체적으로 본다. 즉 추리력은 어떤 사건이나 행동간의 논리적 연계성을 보나 상상력은 실제체험의 느낌 속에서 이해하는 것이다. 이 두 능력은 서로 보완함으로 전체를 정확히 이해하게 된다. 전자는 하나님의 뜻을 더 잘 알기 위해 추리력이나 이해력을 사용하는 방법이고, 후자는 똑같은 목표에 이르기 위해 상상력을 사용하게 된다.

그럼 요한복음 4장에 나오는 '예수와 사마리아 여인'의 아름다운 이야기를 묵상한다고 생각하자. 먼저 추론적 묵상의 단계에서는 다음과 같은 것들을 생각하게 된다.

1) 왜 예수님은 낯선 여인에게 말씀하셨나? 죄인인 여인은 남편이 다섯이나 있었고 동네에서 따돌림받는 여인이 아닌가? 인간의 판단이 예수님의 판단과 어떻게 다른가?

2) 예수님이 의미하는 '생수'가 무엇인가? 나는 얼마나 생수를 원하고 있는가?

3) 둘 사이의 대화의 진전은 어떻게 이루어졌는가? 나는 다른 이에게 복음을 전할 때 어떻게 하고 있으며 고쳐야 할 점은 무엇인가?

다음 관상적 묵상의 단계이다. 이는 우리가 사건현장에 존재하고 실제로 그 사건에 우리 자신이 참여하고 있는 것처럼 상상으로 관여하게 되는 단계이다.

우리는 예화에서 예수께서 우물가에서 사마리아 여인을 만났을 때 우리도 그 우물가에 앉아 있으려고 애쓴다. 아마 우리는 그녀가 길을 따라 걸어올 때 그분 곁에 앉아 있었을 것이다. 그리고 그분의 얼굴을 주시한다. 그분은 지쳐 있다. 다섯 남편과 정부를 가진 여인, 날마다 물을 길러 오는 데 싫증이 나 있는 그녀의 모습을 바라본다. 우리는 이 열대지방의 한낮의 태양열을 느낀다. 우리는 천 년 이상이나 거슬러 올라가 야곱으로부터 비롯되었다고 하는 전통을 믿어 온 오래된 우물가의 돌의 모양도 살펴본다. 그 다음 이 낯선 여인에게 말을 건네는 예수님을 본다. 우리는 그분의 말씀을 듣고 그분의 어조에 귀기울이며 그 여인의 얼굴에 나타나는 놀란 표정을 관찰한다. 오가는 그들의 대화를 주의깊게 듣고 보면서 만약 내가 그 여인의 입장에 있다면 어떠한 반응을 보였을까 하고 상상해 본다. 아마 우리는 영원한 생명의 물에 대한 예수님의 말씀에 그녀와 함께 놀랄 것이다. 우리는 그 대화에 끌려 들어가는 자신을 발견할 것이며, 영원한 생명에 관하여 주께 물을 것이며, 주님이 참으로 무엇을 그녀에게 말씀하셨는지를 그녀에게 물을 것이다.

사실 위 두 가지 활동은 하나님의 뜻을 이해하고, 나의 삶에서 그것을 실천하기 위한 것이다. 그래서 파커는 다음과 같이 말한다. "묵상이란 한 사람이 알고 있는 바의 하나님의 역사, 방법, 목적과 약속에 대하여 마음을 기울여 그것들을 자신에게 적용시키는 일이다. 그것은 하나님의 임재 앞에서 그의 도움을 받아 하나님과 교통수단으로써 갖는 의식적인 신령한 생각의 활동이다."

3. 묵상훈련의 방법들

기독교의 역사 이래 말씀 묵상훈련이 다양하게 소개되고 있다. 그중 대표적인 몇 가지를 소개한다.

1. 유대인들의 묵상[3]
1) peschart : 본문의 문자적인 의미
2) remaz : 본문이 암시하고 있는 의미
3) sod : 본문이 기록되었을 당시 독자에게 주려던 의미
4) derush : 본문을 통해 오늘 독자에게 주려는 의미

2. 성 베네딕트의 묵상[4]

이 방법은 말씀과 기도를 연결시키는 것으로 3단계로 구성된다. 첫 번째 한 구절(한 사건)을 천천히 읽는다(reading). 두 번째 그 구절의 뜻을 조용히 묵상한다(meditating, thinking). 세 번째 그 구절의 뜻으로 기도를 한다(praying).

시편 1편을 묵상할 경우 2절을 읽는다고 생각하자. (2절 : 오직 여호와의 율법을 즐거워하여 그 율법을 주야로 묵상하는 자로다.)

1) 이 말씀을 몇 번이고 읽어 외운다.

2) 나는 율법을 즐거워하는가? 사랑은 관심이요, 관심은 시간과 노력을 필요로 한다. 오늘 하루 성경을 읽은 시간은? 또 얼마나 묵상했는가?

3) 하나님 말씀을 읽고, 묵상하는 시간을 하루 중 __ 시부터 __ 까지 갖겠습니다. 이 시간을 지킬 수 있게 도와 주시고 말씀을 즐거워하게 하소서.

3. 마틴 루터의 묵상

그는 말씀을 읽을 때 언제나 세 가지의 요소를 사용했다.

1) oratio : 인도하심을 구하는 수직적인 기도 "내 눈을 열어서 주의 법의 기이한 것을 보게 하소서"(시 119 : 18).

2) meditatio : 본문의 여러 견해를 객관적으로 심사숙고하는 단계

3) tentatio : 본문이 자신에게 주는 의미를 주관적인 눈으로 찾는 단계

4. 이그나티우스 로욜라의 묵상

제스윗의 창시자 이냐시오 로욜라는 복음서를 중심으로 한 날간 할 수 있는 영성훈련을 그의 책[5]에서 제시하고 있다. 특히 '장소의 구성'이라 불리는 한 가지 방법은 상상력을 통해 어떤 풍경이나 역사적인 장소, 또는 그 장면 등을 구체적으로 그려 보는 활동을 강조한다. 특히 이때 '감각의 적용'을 제안한다. 복음서의 사건들을 그려 보면서 오관 전체를 활용해서 이해하려는 노력이다.

부자와 나사로에 대한 기사(눅 16 : 19-31)를 묵상할 때 다음과 같은 활동들이 가능하다.[6]
1) 지옥의 장소로 가서 그것을 지켜 본다.
2) 지옥에 떨어진 영혼들이 고통스러워하는 소리를 듣는다.
3) 유황냄새, 더럽고 부패한 냄새를 맡는다.
4) 눈물이나 슬픔, 양심을 좀먹는 벌레와 같이 소름끼치는 쓴 맛을 본다.
5) 영혼들을 태우는 불꽃의 열기를 피부로 느껴 본다.

위의 활동은 어디까지나 성경을 깊이 느껴 보려는 것이지 그것에 깊이 빠져서는 안 될 것이다. 이 활동을 통해 복음전파에 대한 열의가 새롭게 불 붙여질 수 있을 것이다.

5. 토마스 머튼의 묵상
그는 우리 시대의 사건을 묵상함으로 그 사건의 깊이에 들어가서 그 의미의 깨달음의 중요성을 말해 준다.
"……그리스도의 수난에 대해서는 계속 묵상하면서 다카우와 아우슈비츠의 사형집행장에 대해 묵상해 보지 않은 사람은 아직 우리 시대의 기독교 체험을 충분히 겪은 사람이 못된다. ……참으로 누구보다도 바로 묵상하는 자들은 이렇게 앞 일을 암시해 주고, 이렇게도 중대하고, 이렇게도 예언적인 이 무서운 현실을 잘 되새겨 보아야 한다"(T. Merton, *Spiritual Direction & Meditation*, pp. 88-89에서).
오성춘은 이 묵상에 대해 다음과 같은 지침을 제공한다.[7] 요약하면 다음과 같다.
1) 오늘 우리에게 충격을 주는 사건을 신문, 방송 등에서 골라 그 내용을 관찰한다. 이때 선입견, 편견을 버리고 사건을 있는 그대로 본다.
2) 이 사건 속에서 드러나고 있는 인간의 죄를 살핀다. 사건 속에서 인물들의 아픔도 느낀다.
3) 그리스도인으로서 개인, 교회의 책임을 생각해 본다.

4) 하나님께서 오늘 나와 우리에게 원하시는 행동이 무엇인가를 찾아 실천계획을 세우고 기도한다.

4. 묵상훈련의 실제

묵상하는 법은 묵상을 통해서 배우게 된다. 그러나 어느 정도의 묵상에 이르기 위한 지침은 다음과 같다.
1) 묵상을 위한 일정한 시간을 내어야 한다. 성경을 연구하는 시간과 같이할 수 있을 것이다. 새벽기도시간 또는 잠들기 전 20-30분의 시간이 좋다.
2) 묵상할 장소는 조용하고 방해받지 않는 곳이어야 한다. 특히 부근에 전화, TV, 라디오가 없어야 한다.
3) 묵상 때에 가장 어려운 것은 마음이 흩어짐(分心)을 극복하는 일이다. 추론적 묵상과 관상적 묵상이 도움이 되겠지만 아래의 몇 가지 활동도 큰 도움이 될 것이다.
 (1) 만트라(Mantra) : 이 단어는 원래 힌두어에서 나온 것으로 우리의 의지로 하여금 아무런 방해를 받지 않고 자아에 관심을 집중시키도록 하기 위해, 즉 갖가지 사념을 잠재우려고 반복하는 어떤 단어나 어구를 말한다. 때문에 묵상훈련에 있어 만트라의 소리는 좋아해야 하나 그 의미에는 관심을 두지 않도록 해야 한다. 예로 "오소서, 주 예수여", "당신을 믿습니다.", "나의 주, 나의 모든 것 되시는 이시여!" 또는 '사랑', '평화', '거룩', '고요'도 그 예가 된다. 만트라의 유익에 대해 마태오 맥게트릭은 다음과 같이 말한다.[8]
"그것을 이렇게 상상할 수도 있다. 만트라는 정신의 오른편에, 그리고 그대의 상상력은 왼편에 있다고, 만트라는 당신의 상상력에 대해 자력을 발하고 있기 때문에 양자 사이에는 수평 자기장이 형성된다. 그대의 의지는 그 중심부에서 무한자이신 하나님께로 뻗어 있다. 하나님은 그대의 의지에 대해 자력을 발휘하고 계시기 때문에 하나님과 그대의 의지 사이에는 수직 자기장이 형성된다. 바로 이것이 관상의 본질이다. 하지만 처음에는 너무 미약해서 그대의 상상력을 잠재우거나 관심을 끌 수 없다. 그 때문에 수평 자기장이 필요하나 수직 자기장이 나타나면 수평 자기장은 점차 사라진다. 바꿔 말하자면, 하나님께 대한 주의집중이 강화될수록 만트라는 점차 사라진다."
　(2) 우리 마음의 조각들을 한 군데로 집중하기
　마음을 집중하는 또 하나의 방법에는 '손바닥 아래, 손바닥 위'의 활동이 있다. 먼저 손바닥을 아래로 편 후 무거운 것, 근심스러운 것, 잘못된 것을 기도하면서 아래로 내보낸다. 다음 손바닥을 위로 향해 주님께로부터 받기를 원하는 것을 아뢰면서 기도함으로 마음을 하나님께로 향하는 것이다.
　4) 묵상에 관계된 책을 통하여 아이디어를 얻을 수 있다.
　(1) 토마스 머튼. 「명상이란 무엇인가?」. 가톨릭출판사, 1989(3판).
　(2) 마태오 맥게트릭. 「묵상」. 성요셉출판사, 1989.
　(3) 함석헌 외. 「현대의 선(禪)과 퀘이커 신앙」. 삼민사, 1985.

5. 맺는 말

　토마스 아 켐피스는 "불필요한 한담, 목적 없는 방문, 뉴스와 잡담 듣는 일을 피한다면 거룩한 일을 명상할 넉넉한 시간을 가질 수 있다."고 말했다. 현대 그리스도인들의 묵상을 방해하는 요인은 바쁨, 서두름, 군중이다.
　묵상, 특히 말씀묵상이 그리스도인의 영적 성숙에 미치는 영향은 얼마나 지대한지 모른다. 우리의 내면과 외면 세계의 변화를 위해 매일 우리는 묵상의 세계를 여행해야만 할 것이다.

제 2 장
제자들을 위한 예수님의 기도훈련

1. 들어가는 말

기도는 크리스천 영성의 뿌리다. 나무의 뿌리가 상하면 잎이 마르고 열매를 기대할 수 없으며, 곧 그 나무는 말라 죽고 말 것이다. 이와 같이 크리스천의 삶에 있어 기도에 대한 바른 이해와 실천이 없다면 그에게서 생동감 넘치는 모습을 찾아볼 수 없을 것이다.

이렇게도 중요한 기도가 오늘날 우리의 교회에서 바로 가르쳐지고 깊은 기도의 경지에 들어가도록 신자들을 지도하고 있는가? 어떤 이들은 기도란 마음에서 우러나오는 자발적인 것으로 기도를 지도한다는 것은 옳지 않다고 말한다. 그것은 수영을 배우려는 어린이를 수영장에 던져 놓고 스스로 헤엄치면 살고, 수영하는 것을 스스로 배울 것이라고 생각하는 것과 같은 어리석음을 범하는 것이다. 기도에 대한 올바른 가르침과 훈련이 없기에 많은 신앙인들은 잘못된 기도생활로 신앙생활에 많은 어려움을 가져오게 된다.

그러면 기도생활에 대해서도 훈련이 필요한가? 혹자는 "종교적 감각은 다른 것과 마찬가지로 노력, 실습, 그리고 탐구를 필요로 하는 감각이다." 라고 말했다. 시편기자는 "너희는 여호와의 선하심을 맛보아 알지어다." (시 34:8)라고 말했다. 맛은 경험에서 이루어진다. 꿀이 달다라는 사실은 말을 듣는 것보다 맛보는 경험을 통해 확실히 알게 된다. 인격적인 교제 속에서 하나님을 깊이 체험하는 기도생활은 먼저 하나님과의 깊은 사귐과 체험을 가진 신앙인이 성경에서 가르쳐 준 바대로의 기도의 가르침과 훈련, 지도에 따라 가능해지고 더욱 효과적인 것이 될 수가 있다.

우리는 예수님은 제자들에게 어떻게 기도를 가르치셨고 그들의 기도생활을 훈련하셨던가를 찾아봄으로 우리의 영성계발에 지침을 삼고자 한다.

2. 예수님이 가르쳐 주신 기도의 이해

예수님의 온 생애는 기도로 일관된 삶이었다. 생의 중요한 순간마다 그는 기도를 하셨다.
1) 40일 금식기도(마 4:1 이하)
2) 세례받으신 후(눅 3:21 이하)
3) 열두 제자 부르시기 전에(눅 6:12-13)
4) 겟세마네 동산에서(마 26:36-47)
5) 십자가 상에서(눅 23:34)
6) 승천시(눅 24:50-51)

그리고 새벽미명의 기도(막 1:35)도 하루일과의 시작기도이셨다. 기도를 통해 주님은 하나님과 교제하며, 하나님의 뜻을 파악하여, 그 뜻을 이루는 삶을 사셨다. 이러한 주님을 모신 제자들은 그들의 선생이신 예수님께 기도하는 법을 가르쳐 달라고 했다(눅 11:1 이하). 사실 제자들은 유대의 전통에 따라 시간을 정하여 기도해 왔었다. 유대인은 하루 세 번(9시, 12시, 3시) 기도하였고(단 6:10-11, 행 10:3), 기도시간에 외우는 기도문 (쉐마, 쉐모네, 에스레의 18가지 기도문)도 있었다. 왜 제자들은 "요한이 자기 제자들에게 기도를 가르친 것과 같이 우리에게도 가르쳐 주옵소서."라고 했을까? 이는 요한의 제자들을 포함한 다른 유대인 그룹들이 그들 나름의 기도문을 가지고 있었던 것처럼 예수를 중심으로 한 공동체로서의 그들의 특징을 나타내 줄 기도를 원했다고 볼 수 있다. 이때 가르쳐 주신 것이 '주기도문'(마 6:8-13, 눅 11:1-4)이다.

주께서 가르쳐 주신 기도에 대한 바른 이해와 이 기도를 드릴 수 있음은 크리스천 기도생활에 있어서 기본이요, 이 기도의 내용대로 살아감이 크리스천 삶의 기초가 되는 것이다. 아래 몇 자료들[1]을 인용하여 예수님께서 가르쳐 주신 기도를 이해하기 쉽도록 정리한다.

주기도문의 구조

I. 서론 : 하늘에 계신 우리 아버지
II. 본론
  1. 하나님의 영광을 위한 기도
    1) 아버지의 이름 : 이름이 거룩히 여김을 받으시오며
    2) 하나님의 나라 : 나라이 임하옵시며
    3) 하나님의 뜻 : 뜻이 하늘에서 이룬 것같이 땅에서도 이루어지이다.
  2. 인간의 생존을 위한 기도
    1) 일용할 양식 : 오늘날 우리에게 일용할 양식을 주옵시고
    2) 죄용서 : 우리가 우리에게 죄 지은 자를 사하여 준 것같이 우리 죄를 사하여 주옵시고
    3) 시험에서의 승리 : 시험에 들게 하지 마옵시고
    4) 악에서의 승리 : 다만 악에서 구하옵소서.
III. 결론 : 하나님께 드리는 송영
    대개 나라와 영광이 아버지께 영원히 있사옵나이다.

주기도문으로 기도할 때 보다 깊은 뜻을 이해할 수 있는 다음의 자료가 있다. 기도문을 암송하며 기도할 때 의미를 생각지 않는 습관적인 기도가 되지 않게 하는 방법이다. 먼저 질문들을 하나님께 제시하고, "이렇게 살겠습니다."하는 기도이다.

3. 제자들을 위한 예수님의 기도훈련

복음서에 나타난 예수님의 기도에 대한 가르침은 수없이 많다. 여기에서는 제자들에게 기도를 가르치신 자료들을 중심으로 생각해 보려 한다. 예수님을 따르는 많은 사람들 중에 열둘을 선택하셔서 사도의 직분을 주셨다(눅 6 : 13-16). 그들을 선택하신 이유는 이들로 하여금 천국사업의 특별한 특권과 책임, 즉 "자기와 함께 있게 하시고, 또 보내사 전도도 하며, 귀신을 내어쫓는 권세도 있게"(막 3 : 14-15) 하시기 위함에서였다. 이러한 일을 감당하기 위해서는 여러 훈련 중 가장 중요한 기도훈련을 시키지 않으실 수 없었다.

주기도문	질문들	나의 기도
하늘에 계신 우리 아버지	하나님은 나, 또는 다른 어느 인간도 해낼 수 없는 일을 가능하게 하시는 분이심을 믿는가?	우리 모두의 아버지 하나님!
이름이 거룩히 여김을 받으시오며	오늘 나의 삶에서 무슨 일을 통해 하나님의 거룩을 나타낼 수 있을까?	우리로 하여금 하나님을 찬양하며 사랑하게 하소서.
나라이 임하옵시며	오늘 나를 통하여 하나님의 나라가 어떻게 임할 수 있을까?	이 세상을 아버지의 나라로 화하게 하소서.
뜻이 하늘에서 이룬 것같이 땅에서도 이루어지이다.	"아버지의 뜻대로 하옵소서."라고 말할 필요가 있는 나의 겟세마네는 무엇인가?	아버지의 뜻이 아버지의 나라에서 이루어진 것같이 여기에서도 이루어지게 하소서.
오늘날 우리에게 일용할 양식을 주옵시고	나는 오늘 어떤 영양분, 또는 도움을 가장 필요로 하는가?	오늘 우리의 몸과 마음과 영혼을 자라게 하는 데 필요한 양식을 주십시오.

우리가 우리에게 죄지은 자를 사하여 준 것같이 우리 죄를 사하여 주옵시고	내게 있어 가장 용서받아야 할 일이 무엇이라 생각하나? 나는 누구를 용서해 주어야 하나?	다른 사람들이 우리에게 저지른 잘못을 우리가 용서해 준 것같이, 하나님께 대한 우리의 잘못을 용서해 주옵소서.
우리를 시험에 들게 하지 마옵시고, 다만 악에서 구하옵소서.	나는 오늘 무엇으로부터 가장 보호를 받을 필요가 있나?	우리는 유혹에 빠지기를 원치 않사오나, 우리가 유혹에 빠졌을 때에 우리로 하여금 올바른 길을 가도록 인도해 주옵소서.
대개 나라와 권세와 영광이 아버지께 영원히 있사옵나이다.	영원부터 영원까지 계신 하나님을 나는 믿으며 살고 있는가?	온 세상은 아버지의 것이며 하나님께서는 모든 것 위에, 모든 권세로써 지금부터 영원까지 임하고 계시옵니다.

먼저 열둘 중 특별한 관심을 기울이셨던 세 제자—베드로, 야고보, 그리고 요한의 경우를 보자.[2] 야이로의 딸의 병실에 초대되어 죽었던 소녀를 달리다굼(소녀야, 내가 네게 말하노니 일어나라.) 하시며 살려 주셨던 기도의 능력의 현장을 그들은 목격했다(*필자는 예수님의 기도가 있었음을 추측한다. 막 5:35-43). 또한 그 셋만이 변화된 예수님의 영광스러운 모습을 볼 수 있었는데 그것은 예수님의 기도 중에 이루어진 사실이었다. 세 복음서의 기록 중 특히 누가는 예수님의 기도를 강조하고 있다. "……예수께서 베드로와 요한과 야고보를 데리시고 기도하시러 산에 올라가사 기도하실 때에 용모가 변화되고 그 옷이 희어져 광채가 나더라"(눅 9:28-36, 참조 마 17:1-8, 막 9:2-8). 십자가를 앞두고 가장 중요한 결단을 하시는 겟세마네 기도의 동산에서도 주님은 셋에게 특별한 관심을 기울인 사실을 우리는 복음서 기자의 기록을 통해 읽게 된다.

"이에 예수께서 제자들과 함께 겟세마네라 하는 곳에 이르러 제자들에게 이르시되 내가 저기 가서 기도할 동안에 너희는 여기 앉아 있으라 하시고 베드로와 세베대의 두 아들을 데리고 가실새 고민하고 슬퍼하사 이에 말씀하시되 내 마음이 심히 고민하여 죽게 되었으니 너희는 여기 머물러 나와 함께 깨어 있으라 하시고 조금 나아가사 얼굴을 땅에 대시고 엎드려 기도하여……"(마 26 : 36 - 46).

이 셋을 포함한 열두 제자에 대한 기도의 훈련을 살펴보자.
3년간의 공생애 기간 동안 제자들과 함께 생활하시면서 주님은 먼저 기도의 모본을 보이셨다. 새벽미명에 한적한 곳에서 드리는 기도를 제자들은 알았고, 기도의 능력이 예수님의 활동과 삶에서 어떻게 나타나는지를 그들은 몸소 체험했던 것이다. 중요한 사건 때 그들은 예수님이 기도하시는 것을 보았다 - 5천 명 먹이실 때(마 14 : 19), 십자가에 못박히심을 예고하시기 전(마 16 : 13 - 21), 나사로를 살리실 때(요 11 : 41 - 42), 성찬예식을 세우실 때(마 26 : 26 - 27), 대제사장으로서 기도하실 때(요 17장) - 가까이 주님을 모신 그들이 주님의 기도생활에서 얼마나 확실하고 분명하게 기도하는 태도, 내용, 열심을 볼 수 있었을까?
모본을 보이시면서 제자들로 하여금 기도하게 하신 주님의 방법을 우리는 보게 된다. 능력을 얻기 위해 기도할 것을 제자들에게 가르치신 사실을 마가복음에서 찾게 된다. 변화산 밑에서 제자들이 어릴 때부터 귀신들린 사람을 고치지 못하여 어려움을 당할 때 예수님께 그를 고치시게 된다. 얼마 후 "집에 들어가시매 제자들이 종용히 묻자오되 우리는 어찌하여 능히 그 귀신을 쫓아내지 못하였나이까? 이르시되 기도 외에 다른 것으로는 이런 유가 나갈 수 없느니라"(막 9 : 28 - 29). 하나님의 뜻을 분별하고 그 뜻을 이루는 데 따르는 어려움을 극복할 수 있는 힘을 얻기 위해 기도할 것도 가르치셨다. 그것은 겟세마네의 기도에서 발견하게 된다. 사도들에 대한 이러한 기도훈련의 극치는 결국, 오순절의 합심기도를 주도하게 했고, 예수님의 승천 이후 능력 있는 복음전파, 병고침 등의 역사로 계속되게 되었다.

4. 더 깊은 연구를 위한 제언

1) 복음서에 나타난 예수님의 기도들에 대해 연구해 보자.

(1) 나사로를 살리실 때의 기도(요 11 : 41-42)
"아버지여, 내 말을 들으신 것을 감사하나이다. 항상 내 말을 들으시는 줄을 내가 알았나이다. 그러나 이 말씀하옵는 것은 둘러선 무리를 위함이니 곧 아버지께서 나를 보내신 것을 저희로 믿게 하려 함이니이다."

(2) 대제사장으로서의 기도(요 17 : 1-26)
"눈을 들어 하늘을 우러러 가라사대 아버지여 때가 이르렀사오니 아들을 영화롭게 하사 아들로 아버지를 영화롭게 하게 하옵소서. …… 아버지께서 내게 하라고 주신 일을 내가 이루어 아버지를 이 세상에서 영화롭게 하였사오니…… 세상 중에서 내게 주신 사람들에게 내가 아버지의 이름을 나타내었나이다.…… 또 저희를 위하여 내가 나를 거룩하게 하오니 이는 저희도 진리로 거룩함을 얻게 하려 함이니이다.……"

(3) 겟세마네의 기도(마 26 : 36-46)
- "내 아버지여 만일 할 만하시거든 이 잔을 내게서 지나가게 하옵소서. 그러나 나의 원대로 마옵시고 아버지의 원대로 하옵소서"(39).
- "내 아버지여, 만일 내가 마시지 않고는 이 잔이 내게서 지나갈 수 없거든 아버지의 원대로 되기를 원하나이다"(42).

(4) 십자가상 7언(七言)과 기도
1. "아버지! 저들을 용서해 주옵소서." 2. "오늘 네가 나와 함께 낙원에 있을 것이다." 3. "어머니 보소서, 아들입니다." 4. "나의 하나님, 나의 하나님, 왜 나를 버리셨습니까?" 5. "내가 목마르다." 6. "다 이루었다." 7. "아버지! 내 영혼을 당신의 손에 맡깁니다."

2) 주기도문을 곡으로 붙인 찬송가로 묵상하며 기도하기.
3) 주기도문에 대한 더 깊은 연구의 자료들
  (1) 나채운. 「주기도, 사도신경, 축도」. 장로회신학대학출판부, 1989.

(2) 이종성.「주기도, 십계명, 사도신경」. 기독교서회, 1981.
4) 우리의 기도내용이 주기도문과 주님의 기도와 비교하여 어떤 차이가 있는지 생각해 보기.

5. 맺는 말

칼빈은 주님께서 가르쳐 주신 기도가 가장 완벽한 것이기에 주기도문으로 기도훈련을 할 것을 가르치고 있다.
"이 기도를 통해 주님은 가치 있는 것, 받으실 만한 것이 무엇이며 우리에게 필요한 것이 무엇인지, 주님이 주시기를 원하시는 것이 무엇인지 보여 주신다."
그리고 그는 "기도는 우리의 연약함을 돌보는 후견인의 역할을 해야 한다. 기도의 훈련을 통해 우리는 끊임없는 자극을 받는다"라고 말한다.
영성의 기초가 되는 기도생활의 훈련을 위해 '주기도문'에 대한 바른 이해와 그 내용에 따른 기도가 학생들에게 이루어지도록 지도해야 할 것이다.

제3장

시편에서 배우는 기도

1. 들어가는 말

신앙인들이 기도의 내용, 자세 등을 어디에서 배울 수 있을까? 성경에는 기도에 대한 교훈들, 기도의 사람들의 기도들이 많이 기록되어 있다. 그 중 시편은 하나님이 어떤 분이신지를 체험한 다윗과 기타 신앙의 선조들이 하나님을 찬양하고, 감사드리며, 간구했던 찬양과 기도를 모은 것이다. 그러기에 성전과 회당, 그리고 초대교회에서 공적으로, 개인적으로, 또 가정에서 이 시편이 찬양과 기도의 자료로 사용되어졌다. 그것은 시편을 통해 교회와 개인이 하나님을 알고, 하나님의 뜻을 깨달으며 하나님과 일치되는 경험을 할 수 있었기 때문이다.

올바른 기도가 하나님 자신과 그 업적, 말씀에 초점을 맞추고 자신 안에서 하나님의 역사하심을 느끼는 가운데 그것이 그의 삶에 원동력이 되는 것이라면 과거에 하나님과 깊은 영교 속에 이러한 체험을 했던 이들의 기도에 대해 깊이 음미할 필요가 있다. 그래서 크리스토퍼 바르트는 "시편은 기도를 배우는 학교"라고 말했으며, 성 어거스틴은 "하나님은 시편에서 하나님을 찬미하는 방법을 우리에게 가르쳐 주신다."라고 했다.

이렇게 값진 기도훈련의 자료가 시편에 있는데 사실 우리 교회는 이것에 대해 소홀했다는 것을 필자는 느끼게 되었다. 우리와 다른 역사, 문화, 과거의 신앙인의 기도여서 이해하는 데 약간의 어려움이 있지만, 기도를 배운다는 것이 이스라엘 백성, 예수 그리스도, 그리고 제자들이 체험한 것을 오늘 우리의 체험 안에 의식하며 심화해 가는 것이라 생각해 볼 때 시편에서 기도를 배운다는 것은 참으로 중요하다고 생각된다. 우리의 교회에서 그것의 의미를 새롭게 발견하여 가르치기 위해 교회에서 시편을 기도로 사용한 것을 고찰해 보며, 오늘날 어떻게 가르칠 수 있을까에 대해 생각을 나누어 보려 한다.

2. 교회에서 사용해 온 시편

주로 다윗의 시라고 불려지는 시편은 거의 대부분이 다윗의 시이고, 다른 신앙인들—모세, 솔로몬의 시라고 기록된 것도 있다—의 개인적, 민족적인 하나님 인식에 대한 찬양, 감사, 간구의 시들이다. 이 시들은 성전의 예배의식에 사용되던 것으로 많은 시편들이 두 번째 성전에서 사용되었으며, 주후 2세기까지 레위인들은 매일 시편 한 편씩을 불렀다(매일 부른 시편 : 24, 48, 81, 82, 92, 93, 94). 바벨론 포로기부터 생긴 회당에서도 이 시편은 사용되었으며, 초대교회에서도 이 시편이 공중예배에 사용되었다(행 16 : 25, 고전 14 : 15, 26, 엡 5 : 19, 골 3 : 16, 약 5 : 13). 공적인 모임에서만 사용되어지는 것이 아니라 이 시편은 개인적으로, 또 각 가정에서 찬양과 기도로 활용되어 신앙인들의 영적인 생활에 큰 도움을 주었다.

초대교회의 교부였던 성 어거스틴(354-430)은 시편을 통해 자신이 얻은 유익에 대해 다음과 같이 간증했다. "오 나의 하나님이여! 내가 다윗의 시를 읽을 때 내가 당신께 아뢰는 말씀이 얼마나 약동하옵는지요. 저 미쁨에 찬 노래와 경건한 소리⋯⋯오! 나는 그로써 얼마나 뜨겁게 당신을 향해 마음에 불이 붙는지요!"

그후 수도원에서는 이 시편의 영송(詠誦 : 시가 등을 소리내어 읊음)이 주요한 일과였다. 베네딕트 수도원에서는 매주 한 번씩 시편을 모두 영송하였고, 성 패트릭 같은 극단의 경건생활을 추구하던 신앙인들은 매일 시편을 통독하며 찬양, 감사, 간구를 드렸다.

칼빈은 그의 시편주석의 서문에서 "이 보화에 담겨 있는 다채롭고 풍부한 내용은 말로 표현하기에는 쉽지 않다. 나는 이 책을 '사람의 넋의 모든 부분들을 샅샅이 분해하는 것'이라 부르고 싶다.…… 누구나 느끼는 감정들이 여기에 거울같이 나타나 있으니…….''라고 말하여 신앙인들이 겪을 수 있는 개인적 고뇌, 감격, 공동체에서 느끼는 아픔들이 하나님께 어떻게 간구로 표현이 되는지, 그리고 선하신 하나님께서 어떻게 그들을 인도하시는가를 알고, 찬양과 감사를 누릴 수 있는 시편의 독특한 면에 대해 강조하고 있다.

하나님이 어떤 분이신지를 체험한 시편기자들의 찬양, 감사, 기도의 내용들을 우리 신앙의 선조들은 그들의 생각과 사랑이 오직 하나님께만 향하는 훈련을 위해 이 시편을 활용해 왔던 것이다.

3. 시편으로 기도한다는 것의 의미

토마스 머튼은 「가장 완전한 기도 : 시편으로 바치는 기도」에서 시편을 대하는 사람들의 태도에 따라 아래 세 부류로 나누고 있다. 첫째 부류의 사람들은 시편이 완전한 기도의 양식을 지니고 있다고 이론적으로만 믿고 있는 사람들로서 자신의 기도에 시편을 사용하지 않는 사람들이다. 둘째 부류의 사람들은 시편의 가치에 대해 강한 확신을 가지고는 있으나 '시편 속으로 잠기지'는 못하는 사람들로 시편에 담긴 심오한 진리와 의미를 찾아 자신에게 적용하는 일은 교회의 일로 생각하는 사람들이다. 셋째 부류의 사람들은 가장 완전한 기도가 바로 시편이라는 사실을 알고 직접 마음 깊이 '체험으로 알고 있는' 사람들로 자신들의 삶 속에서 시편의 저자가 쓴 체험을 나누며 사는 이들이라는 것이다.

시편으로 기도한다는 것의 의미는 시편기자가 기록한 시의 배경을 알고, 그 시의 의미를 파악하며, 현재 나의 삶에서 느끼는 기쁨, 고뇌와 일치시켜 시편기자가 기도했듯이 그 내용으로 내가 하나님께 기도드림을 말한다. 시편 42편 다윗의 기도로 기도한다고 생각해 보자.

1. 시편 42편의 배경과 의미

이 시편, 곧 다윗의 기도는 모진 박해 속에서 육체의 고통과 더불어 마음, 영혼이 낙망될 때 드렸던 기도이다. 이 기도의 배경에 대해서 성경학자들은 두 가지를 제시한다. 첫째는 사울로부터 압박을 받아 도피하던 시절에 쓴 것, 둘째는 압살롬으로부터 모반을 받아 하나님의 집과 자신의 궁에서 떠나 주위의 비난과 저주, 고통 속에서 쓴 것이라는 견해이다. 필자는 후자가 더 적당한 해석이라 생각한다. 그것은 본문 3, 9~10절에 나타난 것을 보면 이해가 쉬워진다. "사람들이 종일 나더러 하는 말이 네 하나님이 어디 있느뇨 하니 내 눈물이 주야로 내 음식이 되었도다." "내가 어찌하여 원수의 압제로 인하여 슬프게 다니나이까 하리로다. 내 뼈를 찌르는 칼같이 내 대적이 나를 비방하여 늘 말하기를 네 하나님이 어디 있느냐 하도다." 그러한 역경에서 다윗은 몇 번이고 "내 영혼아, 네가 어찌하여 낙망하며, 어찌하여 내 속에서 불안하여 하는고, 너는 하나님을 바라라."라고 말하고 있다. 이러한 자신의 모습을 서두 1절에 간절한 기도로 나타내고 있다. "하나님이여, 사슴이 시냇물을 찾기에 갈급함같이 내 영혼이 주를 찾기에 갈급하나이다." 김정준은 보다 이것을 더 시적으로 표현해서

"암사슴이 시냇물을 찾듯이 / 내 영혼이 당신을 찾아 애태웁니다. / 오 하나님! / 내 영혼이 하나님, 살아 계신 하나님 그리워 / 목이 탑니다."
라고 말하고 있다.

사슴은 동물 가운데 가장 연약한 것 중에 하나인데 여기에 나타난 것은 새끼를 배었거나 새끼를 데리고 다니는 '암사슴'이다. 일년 중 4~10월 비가 내리지 않는 팔레스타인의 기후는 그 시기에는 시내가 말라 버린다. 언덕을 넘고 또 넘어도, 들판을 건너고 또 건너도 시냇물(여기서는 '아피케 마임'으로 물의 근원, 마르지 않고 흐르는 물)을 찾기가 어렵다. 박해로 성전

을 떠나 있는 고독한 자신의 모습을 다윗은 그렇게 시적으로 표현하여 기도드린다. 그러한 가운데서도 선하신 하나님의 도우심을 인하여 찬송하고 있다.

2. 우리의 기도

우리가 계획했던 일의 실패로 인한 좌절, 병으로 인한 고통, 특히 믿었던 사람들로부터 받는 배신의 쓰라림, 까닭 없이 우리를 미워하는 이들로 인해 박해당할 때 우리의 영혼은 심히 피곤하다. 이때 우리는 다윗의 이 기도로 하나님께 기도할 수 있다.

칼빈은 스위스에서 종교개혁운동을 하면서 주위 사람들로부터 많은 비난, 박해를 받았다. 특히 뒤늦게 결혼하여 얻은 자식마저 곧 죽게 되었을 때 그는 심신이 피곤했는 데다, 그것으로 인해 많은 이들은 또다시 그를 비난하기 시작했다. 그때마다 그는 시편을 묵상했고, 다윗과 자신을 일치시키기를 좋아했다. 그래서 그는 시 69 : 4 말씀으로 기도하였다. "무고히 나를 미워하는 자가 내 머리털보다 많고, 무리(無理)히 내 원수가 되어 나를 끊으려 하는 자가 강하였으니." 그러나 고난 중에 도우시는 하나님을 만났고 언제나 그 은혜를 찬양하며 승리의 삶을 산 것을 생각하면 오늘의 신앙인들에게 시편의 기도가 얼마나 유익한지 모른다.

4. 시편으로 드리는 기도의 실제

시편이 신앙인에게 보다 친숙해지기 위한 여러 가지 방법들이 있다. 먼저는 매일 시편을 읽고 암송하는 습관을 익히는 것이다. 하루 한 편의 시라도 암송하고 묵상한다면 그 성과는 놀라울 것이다. 암송해 나가다가 마음에 와닿는 구절이 있으면 깊이 묵상하는 일이 필요하다(참고로 한 주간 읽을 수 있는 토마스 머튼이 제공하는 도표를 제시한다—뒷면 참조).

다른 한 가지는 시편의 가사로 곡을 붙인 노래들이 많다. 그중 나운영 작곡의 "여호와는 나의 목자시니"는 대표적인 것이다. 그러한 노래들을 부르며 그 시의 배경을 생각하고 찬송으로 드리는 나의 기도가 되게 할 수 있다. 아래 제시하는 시편 117:2의 곡 "우리에게 향하신"을 부르면서 자신과 형제에게 주셨던 하나님의 은총을 하나하나 생각할 때 큰 은혜가 될 것이다.

5. 맺는 말

시편으로 노래하고 기도하는 것은 신자들의 이상인 하나님과 가까이 함의 가장 건전한 방법이 되는 것이다. 사실 우리는 '주의 기도'를 가르침과 함께 '시편으로 드리는 기도'를 가르쳐야 하는데, 이 글은 그것의 미약한 시작이라고 생각한다. 더 깊은 연구와 실제경험이 요구되어진다.

한 주간의 시편 기도 안내

요일 기도	일	월	화	수	목	금	토	대축일
독서의 기도	95 1 2 3 119, 1-8 16 18 119, 9-16	96 37 73 119, 25-32 40 50 71 119, 33-40	97 49 82 102 119, 49-56 42 43 68 119, 57-64	98 78 119, 7-380 77 39 94 119, 81-88	99 38 25 31 119, 97-104 103 106 119, 113-120	93 88 35 59 119, 129-136 89 119, 137-144	47 33 105 119, 145-152 107 34 119, 161-168	
아침 기도	24 63 118 150 119, 17-24	29 5 36 48 119, 41-48	57 57 101 146 	64 64 65 147, 1-11 119, 89-96	81 80 108 147, 12-20 119, 121-128	100 51 143 148 	8 90 92 149 	67 148 149 150
3시경	66 30	9 10 15	20 21 61	14 17 52	32 53 79	13 22 	19 45 87	120 121 122
낮 기도	23 76 28	120 121 122	123 124 125	126 127 128	129 130 131	54 55 	132 133 	123 124 125
9시경	84 145	6 7 11	12 26 86	56 70 75	44 41 	74 60 	119, 169-176 85 72	126 127 128
저녁 기도	110 111 112 113	114 115 116 117	135 136 137 119, 65-72	138 139 140 	141 142 144 	69 62 119, 153-160	27 104 119, 105-112	141 142 116 117
끝 기도	4 91 134	4 91 134	4 91 134	4 91 134	4 91 134	4 91 134	4 91 134	4 91 134

제4장

위대한 신앙인에게서 배우는 기도

1. 들어가는 말

"**내가** 그리스도를 본받는 자 된 것같이 너희는 나를 본받는 자 되라"(고전 11 : 1). 바울 사도는 고린도 교인들에게 말씀하셨다. 이 말씀은 자신의 유익보다 많은 사람의 유익을 추구하며 살아가는 자신의 희생정신을 말하고 있는 것이다. 일반적인 신앙생활에서 그리스도를 본받으며 살아간 신앙인들의 삶과 행동특성을 연구하는 것이 큰 도움이 되는 것처럼, 교회사에 나타난 위대한 신앙인들이 가졌던 기도생활과 그들의 기도를 연구하는 것은 오늘의 우리 크리스쳔의 기도생활을 보다 풍요롭게 해줄 수 있는 것이다.

이 글에서는 영성의 대가들 중 두 사람을 선택하여 그들의 기도에 관해 살펴봄으로 오늘날 우리의 무기력한 기도생활에 새로운 활력을 얻으려 한다.

2. 위대한 기도의 사람들

1. 성 프란체스코 (St. Francis of Assisi)

1) 그의 기도

"그리스도의 남은 고난을 내 몸에 채우소서."라고 기도하며 일평생을 가난한 자들을 위해 헌신하며 살았던 프란체스코, 가난, 정결, 그리고 사랑의 복음적 삶을 실천할 수 있었던 힘은 그의 기도생활에서 얻을 수 있었다.

회심 후 리베르나산의 거친 들에서 40일간 단식하며 기도하는 가운데 "하나님은 세상에 복음을 전파하시기를 원하신다. 왜냐하면 하나님은 나 자신의 구원뿐 아니라 다른 이들의 구원을 위해서 부르셨기 때문이다."라는 확신을 가졌다. 또한 일상생활에 있어서 그의 기도는 습관적인 것이었다. 그의 전기를 쓴 보나베뜨라는 "기도는 그가 하는 모든 일에 있어서 안식처였다. 그는 그 자신의 노력에 기대한 적이 없고 하나님의 자애로우신 섭리에 신뢰했으며, 끊임없는 기도 안에서 자신의 무거운 짐을 그분께 맡겨 드렸다."고 말했다.

그의 기도의 특징은 다음과 같다.

(1) 간구보다 찬미와 감사를 먼저 드렸다.

"우리는 아무것도 바라지 말 것이며 요구하지도 말 것이다. 우리의 창조주이시고 구세주이시며 주님이신 분 외에 그 어느 것에서도 위로와 기쁨을 얻으려고 하지 말아야 한다."고 하면서 기도에서 가장 먼저 해야 할 것은 하나님께 찬양과 감사이며 아래는 그 대표적인 기도이다.

> 지극히 높고 전능하신 주여!
> 찬미도, 영광도, 존귀도, 모든 축복도 당신의 것입니다.
>
> 지극히 높으신 주여, 당신만이 이것을 받을 만하십니다.
> 아무도 당신의 이름을 부를 가치가 없습니다.
> 모든 피조물은 당신께 찬송을 올립니다.
>
> 더욱이 형제되는 태양은 빛으로써 우리를 비주옵니다.
> 그리고 크나큰 밝음으로써 아름답게 비춥니다.

지극히 높으신 분이여, 태양은 당신의 모습을 품었습니다.

누이인 달과 별들의 찬미를 주여 받으소서.
빛 밝고 절묘하고 어여쁜 저들을 하늘에 마련하셨음이니이다.

형제인 바람과 공기와 구름과 개인 날씨,
그리고 사시사철의 찬미를 내 주여 받으소서.
당신이 만드신 모든 것을 저들로써 기르심이니이다.

프란체스코는 그날 이후 일주일간 이 찬송으로 기도를 올렸다.

(2) 두 가지 은총을 위한 그의 기도

회심한 후 그의 마음속에는 자신의 구원을 위한 십자가를 잊은 적이 없었다. 그래서 그는 하나님께 간절히 다음의 내용으로 간구드렸다.

"주 예수여, 나의 죽기 전에 두 가지 은총을 내리시옵소서. 첫째는 나에게 영혼과 육체의 괴로움을 겪어서 당신의 십자가 고난을 맛보게 허락하소서. 둘째는 당신이 우리 죄인들을 위하여 그처럼 참으실 수 있었던 그 타는 듯한 사랑을 나도 가질 수 있게 허락하소서."

위의 기도야말로 그의 일평생의 삶을 가난한 자들을 위해 보낼 수 있는 힘이 되었던 것이다.

(3) 무엇인가를 결정해야 할 때에 성경 안에서 주님의 말씀을 듣는 일이 우선이었다.

사순절 기간에는 예수님의 수난에 대해 깊이 묵상하며, 그가 해야 할 일들을 성경에서 발견하게 된다. 다음의 말씀들은 그의 삶을 이끌어 간 주요한 것들이다.

"가서 네 있는 것을 팔아 가난한 자들을 주라"(막 10 : 21).
"가서 하나님의 나라를 전파하라"(눅 9 : 60).
"나를 따라오려거든 자기를 부인하고 날마다 제 십자가를 지고 나를 좇을 것이니라"(눅 9 : 23).

2) 오늘의 기도생활에 적용

프란체스코의 기도의 두 특징은 하나님께 찬미를 드리는 것과 예수님의 수난에 대한 깊은 묵상을 통해 그리스도의 고난에 동참하는 삶을 추구하는 것이다. 우리 스스로 아래의 물음에 대답해 보자.

(1) 우리는 일상생활에서 나약함과 한계를 느끼며 용기를 잃어버릴 때도 하나님을 찬미할 수 있는가?

(2) 나의 생활은 어떠한 방법으로든지 상처받은 그리스도를 내 삶에서 나타내고 있는가?

(3) 십자가 받아들이기를 두려워하면서 주께로부터 주시는 위로를 기대할 수 있는가?

2. 존 칼빈(John Calvin)

1) 그의 기도

위대한 개혁자 칼빈은 "종교는 다만 개인만을 위해서 있지 않고, 단체의 협동생활을 위해서도 있다. 하나님의 말씀은 교회에서도, 국가에서도 실시되어야 할 것이다."라는 신념 아래 제네바 시를 '하나님의 도시'로 만들었던 그는 온갖 박해, 비난의 어려움을 기도로 극복해 나갔던 사람이다.

(1) 기도에 대한 그의 견해 *

기도의 목표는 우리의 마음을 하나님께로 향하는 것이므로(찬양이든, 간구이든) 기도의 본질은 마음과 가슴에 있는 것이다. 기도는 마음속의 내적 감정을 감찰하시는 하나님 앞에 쏟아 놓는 것이다(비교, 롬 8:27).

올바른 기도에는 두 가지 규칙이 있다. 첫번째 규칙은 우리 자신의 영광을 추구하는 모든 생각을 뒤에 접어 두고, 우리 자신의 가치를 높이는 모든 관념을 버리며, 자신에 대한 확신을 버리고 겸손히 주님께만 영광을

---

* 존 칼빈 지음. 이형기 옮김. "칼빈의 경건"(그리스도인의 경건한 삶에 관한 글들) 「크리스찬 다이제스트」, 1989. 제4장 "칼빈의 기도론", 제5장 "칼빈의 기도"에서 인용함.
그외 칼빈의 기도를 모은 책으로 C.E. Edwards의 *Devotions and Prayers of John Calvin*이 있다.

돌리라(단 9 : 18 참조)는 것이다. 두 번째의 규칙은 우리의 부족을 느끼고 하나님께 간구하는 바로 그것들을 우리가 얼마나 절실하게 필요로 하고 있는가를 깊이 묵상해야 한다는 것이다.

그는 이상적인 기도로 '주님께서 가르쳐 주신 기도'를 제시한다.

기도의 유형에는 두 가지가 있다고 제시한다. 첫째는 소리를 내어 말로 하는 기도요, 다른 하나는 찬양이라는 것이다. 특히 찬양기도를 그는 강조하면서 복음주의자들은 모든 음탕하고 경쾌한 노래는 피해야 하며 다윗의 거룩한 시편에 그의 사상에 걸맞는 장중한 곡조를 붙인 찬양을 채택해야 된다고 강조했다.

아래 몇 가지 그의 기도문을 소개한다.

(2) 주일의 기도

우리의 구원은 하늘과 땅을 지으신 하나님의 이름에 있음을 기억합시다. 형제들이여! 말과 함께 마음을 모아 여러분의 잘못과 죄악을 고백하면서 여러분 자신을 주님 앞에 내어 놓으십시오.

고 백

주 하나님, 영원하신 아버지시여! 당신의 거룩하고 장엄한 보좌 앞에서 우리가 가련한 죄인들임을 고백하며 진정한 마음으로 인정합니다. 우리는 태어날 때부터 허물과 부패를 안고 나옵니다. 우리는 악한 것을 행하기를 좋아하며 온갖 선한 일을 하기에 자격이 부족합니다.

사악한 우리는 끊임없이 당신의 거룩한 계명들을 범합니다. 그러므로 당신의 의로운 심판이 우리에게 멸망과 저주를 선고하심은 정당합니다. 그러나 주님! 우리는 당시에 범죄를 계속해 온 우리 자신을 생각할 때 마음이 매우 불쾌합니다.

진정하게 뉘우치는 마음으로 우리들 자신과 우리들의 악함을 저주하면서 주의 은총이 재난 속에 빠진 우리를 지탱해 주기를 기도합니다. 지극히 복되시며 자비가 충만하신 아버지 하나님! 당신의 아들 우리 주 예수 그리스도의 이름으로 우리를 긍휼히 여기소서.

우리의 악과 흠을 없애 주시며 날마다 성령의 선물들을 우리에게 부어 주사 넘치게 하소서. 우리의 온 마음으로 우리의 불의함을 깨닫게 하사 우리 마음이 불쾌함으로 가득 차게 하소서.
 그리하여 우리 마음속에 진정한 회개의 마음이 싹트게 하시며, 온갖 죄들을 범한 우리의 지체를 죽이사 우리 안에서, 우리 주 예수 그리스도를 힘입어 주께 합당한 의와 순결의 열매가 열리게 하소서.

 이 기도가 끝나면 회중은 시편으로 찬양한다. 평소 구약 선지서를 강의할 때 다음의 짧은 기도와 더불어 시작하고 끝낼 때도 기도하였다.

 시작하는 기도
 주여! 진정하게 증진되는 경건한 마음으로 당신의 거룩한 지혜의 신비를 묵상하게 하사 주께 '영광을 돌리며 우리가 교육받게 하소서.' 아멘.

 끝맺는 기도
 전능하신 하나님! 당신의 복음은 우리가 얼마나 무서운 죄들로 가득 찬 존재인가를 보여 줍니다. 주께서 이 같은 깨달음을 주시는 까닭은 우리로 하여금 우리 자신에 대한 철저한 불만을 느끼게 하셔서 우리가 좌절과 실의에 잠긴 존재임을 알게 하시기 위한 것입니다.
 우리 자신의 모습을 알 때 우리에게 제시된 참다운 영광을 알게 되며, 참된 믿음 안에서 당신의 독생자를 영접하면 그 영광에 참여할 수 있음을 깨닫게 됩니다. 그리스도 안에서 완전한 의와 구원이 우리에게 제공되었습니다. 우리로 하여금 그리스도께 붙어 당신의 은사들을 믿음으로 밝게 하사 세상 앞에서와 사단 및 사망 그 자체를 대항하여 주께 영광을 돌리게 하소서.
 주는 홀로 공의로우시며 지혜로우시며 강하십니다. 당신의 지혜와 공의와 힘을 범죄와 무지와 연약함 속에 빠진 우리에게 비추소서. 그리하여 그리스도 우리 주를 통하여 우리를 위하여 하늘에 쌓아 놓은 영광의 풍성함을 알게 하소서. 아멘.
 2) 오늘의 기도생활에 적용

(1) 기도생활에 있어 우선적인 것이 '하나님의 영광'을 추구하는 것일까?

(2) 성경을 연구하고 가르칠 때 우리의 기도가 칼빈이 행했던 정신에 따르고 있는가?

3. 더 깊은 연구를 위한 제안

성 프란체스코와 칼빈의 기도에 대한 더 깊은 자료들이 있다.

1) G. 허친슨. 차순향 역.「여섯 개의 길-성인들에게서 배우는 기도방법」. 성바오로출판사.
2) 찬송가 33장. "온 천하 만물 우러러." 성 프란체스코 작사.
3) 존 칼빈. 이형기 역.「칼빈의 경건」. 크리스챤 다이제스트, 1989.
4) 휴거. 존 멀더 공편. 김영봉 역.「위대한 회심자들」. 생명의 말씀사, 1987.
5) 에드워드. 문석호 역.「칼빈의 경건생활과 기도」. 생명의 말씀사, 1978.
6) 요셉 리차드. 기독교문화사 편역.「칼빈의 영성」. 기독교문화협회, 1986.

4. 맺는 말

교회사를 통해 볼 때 위대한 신앙인의 사역 뒤에는 뜨거운 기도가 있었음을 우리는 발견하게 된다. 그들의 삶과 기도에 대한 연구는 오늘 우리들의 기도생활의 지침을 얻고자 함이며, 그것의 올바른 적용은 보다 우리의 신앙생활에 활기를 불어넣게 할 것이다.

제5장

단순화훈련

1. 들어가는 말

말씀묵상, 기도훈련이 내면적인 것이라면 단순화, 섬김 훈련은 그리스도인이 추구해야 할 외면의 훈련들이다. '단순'하다는 의미는 간단, 단일, 순진, 천진으로, 성경에서 사용될 때는 한 가지만을 우선적으로 생각하고 바라는 태도를 말한다. "여호와의 증거는 확실하여 우둔한 자로 지혜롭게 하며"(시 19 : 7), "여호와께서 어리석은 자를 보존하시나니"(시 116 : 6)에서 사용된 우둔, 어리석은 자는 히브리어 '페타임'으로 자신의 꾀, 지혜를 의지하지 않고 하나님 말씀에 대하여 자신의 마음을 열고, 온전히 주께 맡기는 자를 단순한 자라고 말한다.

구약과 신약에 나타난 '단순'은 언제나 아기, 어린이의 태도와 비교된다.

"실로 내가 내 심령으로 고요하고 평온케 하기를 젖뗀 아이가 그 어미 품에 있음 같게 하였나니 내 중심이 젖뗀 아이와 같도다"(시 131 : 2).

"내가 진실로 너희에게 이르노니 누구든지 하나님의 나라를 어린아이와 같이 받들지 않는 자는 결단코 들어가지 못하리라"(막 10 : 15).

젖뗀 어린아이에게 있어서 그의 온 요구는 어머니 젖에 대한 기대뿐이다. 어린아이는 꾸밈과 교활, 표리부동하지 않다. 순전한 마음으로 하나님을 바라며 살아가는 삶이 크리스천의 단순화이다. 그래서 키에르케고르는 "마음의 순결함은 단 하나만을 바라는 것"이라고 했고, 어떤 이는 단순화는 "거룩한 중심으로 살아감"을 의미한다고 했다.

성경에서 제시하는 크리스천이 추구해야 할 단순화는 무엇이며, 그것이 영성훈련을 통해서 어떻게 가능한가를 모색하고자 한다.

2. 단순화에 대한 성경의 교훈

1. 예수의 삶의 스타일 : 단순화

"나의 양식은 나를 보내신 이의 뜻을 행하며 그의 일을 온전히 이루는 이것이니라."(요 4 : 34)고 말씀하신 주님은 일생 하나님의 뜻을 이루는 일만을 위해서 그것을 방해하는 모든 것들을 물리치면서 사셨다. 그 대표적인 예가 공생애에 들어가시기 전 앞으로 그의 삶의 스타일을 이루어 나가기 위한 40일의 금식기도 후에 일어난 마귀의 시험에 대해 예수께서 취하신 태도이며, 그 사실을 자세히 관찰할 때 예수의 단순화의 삶을 이해하게 된다(마 4 : 1-11).

세 가지 시험에서 예수께서는 목적에 대한 긴 안목 없이 순간적이고 감각적인 욕망을 만족시키기 위하여 쾌락을 추구함과 권력의 힘과 명예를 삶의 우선에 두게 하는 유혹에 대해, 하나님 뜻을 행하며 하나님을 기쁘시게 함이 사람의 본분임을 우리에게 깨우쳐 주셨다. 그리하여 인간 삶의 궁극적인 가치와 우선순위가 하나님께로 향할 때 단순화가 가능해짐을 또한 말씀하셨고, 그의 모든 삶에서 보여 주신 것이다.

2. 단순화에 대한 예수의 교훈

"너희는 먼저 그의 나라와 그의 의를 구하라. 그리하면 이 모든 것을 너희에게 더하시리라."(마 6:33)는 말씀을 통해 인간의 의식주, 그외 모든 것들보다 우선적으로 하나님의 뜻을 이루는 삶을 살도록 교훈하셨다. 특히 단순하게 사는 것을 방해하는 것 중에 가장 큰 장애물이 재물임을 주님은 여러 경우를 통해 우리에게 깨닫게 하셨다.

부자청년이 주께 나아와 "내가 무슨 선한 일을 하여야 영생을 얻으리이까?" 하여 하나님 뜻에 맞는 삶의 모습을 물을 때 주께서는 그의 삶에서 단순화의 부족을 지적하셨다(마 19:16-22). "네가 온전하고자 할진대 가서 네 소유를 팔아 가난한 자들을 주라." 즉 진실로 하나님을 기쁘시게 하려면 삶의 우선순위가 하나님의 뜻에 순종하는 것임을 제시하셨다. 그러나 성경기자는 "그 청년이 재물이 많음으로 이 말씀을 듣고 근심하여 가니라."(마 19:22)고 기록하고 있다.

다른 상황에서 주님께서는 "너희가 하나님과 재물을 겸하여 섬길 수 없느니라."(눅 16:13) 말씀하심으로 우선순위가 잘못됨에서 그의 삶이 잘못되어질 수 있는 위험을 경고하신다.

3. 안식일, 안식년, 그리고 희년이 주는 교훈

하나님께서 세상을 창조하신 후 안식을 기념하여 노동에서 휴식을 취하며, 하나님만을 경배하는 안식일, 경작하던 땅을 쉬게 함으로 모든 땅의 소유주가 하나님임을 인식하는 안식년, 그리고 가나안 진입을 기점으로 하여 제 50년(7×7=49 그 이듬해)에 모든 노동으로부터의 안식, 노예상태로부터의 해방, 빛의 탕감, 상실된 재산의 회복 등 모든 세속적인 근심으로부터 벗어남으로 하나님께서 주시는 축복과 자유를 누리는 희년, 이 모든 절기들은 일상사에서 벗어나 하나님 중심으로 살아가는 삶을 축하하는 절기들이다.

4. 잠언기자의 기도가 주는 단순한 교훈

잠언 30:7~9에 기자는 하나님께 구하는 자신의 삶의 스타일을 다음과 같이 기록해 준다.

내가 두 가지 일을 주께 구하였사오니
나의 죽기 전에 주시옵소서.
곧 허탄과 거짓말을 내게서 멀리 하옵시며
나로 가난하게도 마옵시고 부하게도 마옵시고
오직 필요한 양식으로 내게 먹이시옵소서.
혹 내가 배불러서 하나님을 모른다
여호와가 누구냐 할까 하오며
혹 내가 가난하여 도적질하고 내 하나님의 이름을 욕되게 할까
두려워함이니다.

위의 기도에서 우리는 두 가지 단순화의 사실을 발견한다. 허망한 것과 거짓말을 좇는 일은 욕심과 이기심에서 나오는 태도이며, 재물이 너무 적고, 또는 많음으로 짓게 될 죄악, 특히 재물이 많음으로 하나님을 모른다 할까 보아 기도하는 모습에서 단순한 삶을 살겠다는 기자의 마음을 읽을 수 있다.

"재물이 늘어도 거기 치심치 말지어다"(시 62 : 10).

3. 단순화훈련의 실제

1. 수도사들의 단순화훈련

보다 하나님의 뜻에 맞는 삶을 위해 수도원에 입단한 수도사들은 각 수도원의 규칙에 절대로 순종하게 된다. 그 대표적인 규칙이 '순명', '순결', '가난'이다. 하나님의 뜻에 순종하는 일이 우선이며, 그렇게 하기 위해서 자신을 깨끗케 하며, 욕망에 빠지지 않기 위해 가난을 택하는 훈련을 그들은 해야만 했었다.

필자는 수도사들의 훈련 중 '방 바꾸기'에 대해 깊은 감명을 받았다. 그것은 수도사들이 수도하는 기간 중 방 바꾸는 때가 되면 그동안 사용하던 모든 것들은 제 방에 두고 성경과 내의 정도만 갖고 다른 방으로 옮기게 된다는 것이다. 지나오면서 편리한 모든 것들이 많겠지만 다 두고 떠나야 된다고 생각하면 그것들에 대한 애착이 자연히 적어지게 될 것이고,

무엇보다 하나님의 뜻 행함이 우선임을 깨닫게 해주는 훈련이 될 것이다.

리차드 E. 버드는 황량한 북극지방에서 혼자서 몇 달을 산 후에 "인간은 물건더미들 없이도 얼마든지 행복하게 살 수 있음을 나는 배우고 있다."라고 그의 일기에 남기고 있다.

이사해 본 경험이 있는 사람들은 그동안 필요하다고 생각되어 사고, 모아두었던 것이 실제로 필요치 않았음을 많이 느낄 것이다. 그러한 상황에서 아래의 활동을 스스로 해봄으로 자신을 점검할 수 있을 것이다.

(활동) 아파트 30평에 당신의 가족이 살고 있는데 형편에 의해 20평으로 이사한다고 하자. 당신이 사용하던 것 중에서 버리거나, 남을 주거나, 처분하여야 할 것 10가지를 써보라. 10평 아파트로 간다고 할 경우에는?

마지막으로 관 속에 당신이 묻힌다면 무엇을 가져 가고 싶은가?

2. 단순성의 바깥 표현을 위한 규칙들

방콕 잠룡 시장에 대한 이야기는 널리 알려진 사실이다. 아래 글을 읽고, 리차드 포스터가 제시하는 규칙을 비교하며 나 자신의 규칙을 만들어 보자.

초급장교였을 때 나는 매우 인색했고 재산이나 집에 대한 소유욕도 강했다. 나는 내 집이 완벽하게 보이기를 원했다. 잔디도 완벽하게 깎아야 했다. 도둑이 스테레오 전축을 훔쳐갈까봐 걱정이 돼 집안에 도둑이 들어오면 발이 걸리게 전선을 쳐 놓았다. 어느 날 도둑이 몰래 들어왔다가 전선에 걸려 경보가 울리자 도망쳤다. 그후 몇 주일 동안 도둑이 또 들까봐 아무도 마음놓고 잠들 수가 없었다. 한심한 생활이었다. 잠룡은 불경을 공부하기 시작했고 너무 많이 소유하고 있는 자신과 욕심을 내는 것의 어리석음을 깨닫게 되었다. "나는 큰 집을 팔고 잔디밭이 없는 훨씬 작은 집으로 이사했다. 그 뒤로 잔디를 깎느라고 몇 시간씩 낭비하지 않아도 되었다. 또 훔쳐갈 물건이 없어 보여 도둑이 들지도 않았다"(경실련 소식 9호, "부패 쓸어 내는 잠룡 시장" p. 7).

그가 지키는 8계 중에 "향료는 쓰지 말라."가 있는데 비누나 화장품을 사용하지 않는 것과 춤과 노래를 즐기지 않는 것도 여기 포함되어 있다.

그리고 "푹신한 곳에서 자지 말라."는 것은 침대를 사용하지 않음을 이야기한다. 그는 하루 한 끼 식사하며 그의 모든 수입을 가난한 자를 위해 쓰고 있다.

포스터는 그의 책 「영적 성장을 위한 제자훈련」, pp. 164~174에서 단순성의 바깥 표현을 위해 지킬 바를 다음과 같이 제시한다.
1) 물건을 살 때 위신에 관계없이 실용성을 살펴 사라.
2) 탐닉하게 되는 것을 물리치라(기호식품 : 담배, 커피 등).
3) 물건들을 주는 습관을 가져라.
4) 현대 기계장치인 하수인들의 광고에 넘어가지 말라.
5) 소유하지 않고 즐기는 법을 배우라.
6) '지금 사고 값은 나중에'라는 유혹에 넘어가지 말라.
7) 꾸밈이 없고 정직한 말을 하라.
"그대가 하나님께 철저히 복종한다면 그대에게 모호함이 없을 것이다."
―키에르케고르―
8) 남을 억압하게 될 일을 모두 물리치라.
9) 당신의 중요목표에서 다른 곳으로 정신이 팔리게 하는 것을 모두 물리치라.
10) 삼라만상을 좀더 깊이 감상하라.

나 자신이 지킬 바는 무엇인가 ?
1) _____
2) _____
3) _____

4. 더 깊은 연구를 위한 제언

하나님의 뜻을 실천하는 일을 위해 자신의 모든 것을 버린 사람들에 대한 전기를 읽고, 그들이 느낀 기쁨을 조사해 보자.
1) 슈바이처

2) 십자가의 요한-리차드 하디 저. 「무에의 추구」
3) 기타

5. 맺는 말

토마스 아 켐피스는 「그리스도를 본받아」의 책 "마음의 순결과 목적의 단순성"이란 글에서 다음과 같이 말한다.

"사람을 이 땅 위에 속한 일에서 높이 끌어올리는 두 가지 덕은 단순성과 순결성입니다. 단순성은 그의 목적들을, 그리고 순결성은 그의 애정으로 영감받게 하는 것입니다. 단순성은 하나님을 따라 나아가게 하고 순결성은 그를 찾아 그를 기뻐합니다."

그리스도인들이 오늘날 추구해야 할 단순성은 소유중심의 삶(To Have)에서 존재중심의 삶(To Be)으로의 전환이 가능하게 하는 것이다. 하나님의 영광을 위해 살아야 할 인간의 본연의 모습을 되찾는 것이 단순화훈련이라 생각되어지며, 이것을 위한 여러 연령층의 다양한 훈련 프로그램들이 계발되어져야 하리라 본다.

제 6 장

섬김훈련

1. 들어가는 말

크리스천 영성의 외적 표현 중에 가장 중요한 것이 '섬김'이다. 이는 예수를 구주로 고백하는 크리스천의 삶의 특징이 '자기중심'에서 떠나 '주님중심', '타인중심'으로서 변화를 가져오는 것이기에 더욱 그러하다. 본회퍼는 그리스도인을 '타자를 위한 존재'(man for others)라고 부른다.

오늘날 신앙인들의 삶의 모습에서 참된 섬김을 찾아볼 수 있는가? 그것이 어렵다면 그 이유가 훈련의 부족이라고 할 수 없을까?

토마스 아 켐피스는 이 사실에 대해 다음과 같이 말한다. "만일 그대가 다른 사람으로 더불어 평화스럽게 조화된 생활을 하려거든 당신 자신을 억제할 수 있는 여러 가지 훈련을 배워야 합니다.…… 모든 사람 중에서도 지극히 작은 자가 되고, 또 모든 사람을 섬기는 종(벧전 2:13)이 되려고 노력하지 않는 사람은 결코 그 마음에 평화를 오래 유지할 수 없습니다"(『그리스도를 본받아』 pp. 35-36).

성경이 제시하는 섬김의 정신은 무엇이며, 그것은 실제 어떤 훈련으로 가능할까에 대해 생각해 보고자 한다.

2. 섬김에 대한 예수님의 교훈

"인자가 온 것은 섬김을 받으려 함이 아니라 도리어 섬기려 하고 자기 목숨을 많은 사람의 대속물로 주려 함이니라."(마 20 : 28)고 말씀하신 주님은 '섬김' 그대로의 삶을 사셨고, 여러 곳에서 섬김에 대한 교훈을 우리에게 하셨다.

1. 섬기는 자가 존경을 받는다.

마가복음 10 : 35~45에 세베대의 두 아들 야고보와 요한이 예수님에게 높은 자리를 요구함에 따른 제자들의 반응과 예수님의 교훈이 나타난다. 이방인과 제자들의 삶의 방식이 다르다는 사실, 즉 집권자들이 백성을 임의로 주관하고 권세를 부리지만 신앙의 공동체는 섬기는 자, 즉 종이 존경받는 곳이라는 것을 깨우쳐 주셨다. 여기서의 '섬기는 자'(10 : 43)는 '디아코노스'로 '다른 사람의 명령에 행동하는 자'를, '종'(10 : 44)은 '둘로스'로 '자기를 전적으로 다른 사람의 뜻에 내어맡기는 사람'을 말하고 있다. 그리스도인은 종으로서 섬기는 자의 삶을 추구해야만 한다.

2. 독선적인 섬김을 버리고 참다운 섬김을 해야 한다.

누가복음 10 : 38~42에 기록된 '마르다와 마리아의 섬김'에서 우리는 두 가지 섬김의 태도를 발견하게 된다.

예수님께서는 십자가의 고난과 죽음을 예견하시면서 마지막으로 예루살렘으로 올라가시는 길에 베다니 마르다와 마리아 자매의 집을 방문하셨다 (눅 9 : 15). 마르다는 예수님을 대접하기 위해 주방에서 분주하게 일했고, 마리아는 예수님 발앞에 앉아 그의 말씀을 듣게 된다. 이 때 마르다는 "준비하는 일이 많아 마음이 분주한지라"(눅 10 : 40) 예수님께 나아가 다음과 같이 말씀드린다.

"주여, 내 동생이 나 혼자 일하게 두는 것을 생각지 아니하시나이까? 저를 명하사 나를 도와 주라 하소서"(눅 10 : 40).

예수님께서 "마르다야 마르다야, 네가 많은 일로 염려하고 근심하나, 그러나 몇 가지만 하든지 혹 한 가지만이라도 족하니라. 마리아는 이 좋은 편을 택하였으니 빼앗기지 아니하리라."(눅 10 : 41 - 42)고 말씀하셨다.

이상에서 우리는 두 사람의 각기 다른 섬김을 본다. 귀한 손님에게 고기, 빵 등의 음식을 장만하고 식탁을 준비하는 일도 필요하다. 그러나 마르다의 태도에서, 마리아의 말씀을 듣는 섬김을 가볍게 보고 두 대상에 대해 원망의 마음을 품고 있는 것은 마르다의 잘못이다. "내 동생이 나 혼자 일하게 두는 것을"에서 마리아가 책임감이 없다는 비난을, "주님은……생각지 아니하시나이까? 저를 명하사 나를 도와 주라 하소서."에서 예수님에 대해 은연중 자신의 바쁨을 이해해 주시지 못하는 것에 대한 섭섭함을 나타내 주고 있다.

이러한 태도에 대해 예수님께서는 "네가 많은 일로 염려하고 근심하나"라는 말씀을 통해 예수께서 지금 이 시간 진정 원하시는 것이 무엇임을 의식하지 않고 자기 본위의 생각에 빠져 있다고 지적하신다. 그리고 "몇 가지만 하든지 혹 한 가지만이라도 족하니라. 마리아는 좋은 편을 택하였으니 빼앗기지 아니하리라."고 하셨다. 어떤 이들은 이 말씀을 "너무 많이 차리지 말고 간단히 몇 가지만, 또는 한 가지만 준비하라."고 이해하나 새번역성경은 "그러나 필요한 일은 많지 않다. 다만 하나뿐이다. 마리아는 좋은 몫을 택했다."고 번역해 준다. 폴 틸리히는 예수께서 하신 이 말씀이 "성경에 있는 모든 말씀 가운데 가장 유명한 말에 속한다."고 하면서 이 말씀의 초점을 '궁극적 관심'으로 나타낸다.

마르다가 추구하는 일상성을 넘어 마리아가 추구하는 하나님의 사역을 찾는, 즉 빵도 필요하나 그 이상의 하나님의 뜻을 찾고 참여하는 일이 우선임을 깨우쳐 주신 것이다(참고, 요 4장의 사마리아 여인이 추구하는 물과 주께서 주시려는 생수). 여기서 우리는 부차적인 것(일상적인 것) 때문에 궁극적인 것이 가볍게 여겨지거나, 자신의 독선 때문에 참다운 섬김을 하지 못하는 경우가 있다는 사실을 깨닫게 된다.

참고로 '독선적인 섬김'의 특징을 찾아본다. 1) 인간의 노력에 의함 2) 큰 사업과 결과에 관심을 가짐 3) 외적인 보상을 요구함 4) 봉사할 대상, 일을 자신이 선택함 5) 기분에 따라 변덕스러워짐 6) 공동사회를 파괴함 등

3. 섬김훈련의 실제

섬김훈련을 위해 본회퍼는 「신도의 공동생활」, 제 4장 '섬김'에서 몇 가지 구체적인 방법을 제시하고 있다. 그중 몇 가지를 소개한다.

1. 온유한 섬김

섬기기를 배우려는 사람은 먼저 자신을 낮게 평가하는 것부터 배워야 한다. "여러분은 자기 자신에 대해서 마땅히 생각해야 할 그 이상의 생각을 하지 말고"(「현대인의 성경」 롬 12:3). 자기 자신을 알고 섬김을 실천하는 삶이 크리스천의 길임을 인식해야 한다. 그들 가운데 누가 가장 크냐 하는 생각이 번져 나갔다고 했고 이 사실에 대해 주님은 "너희 모든 사람 중에 가장 작은 그 이가 큰 자니라."(눅 9:48)고 하여 어린이와 같은 겸손, 즉 섬김의 훈련을 통해 겸손이 이루어짐을 교훈해 주셨다.

이것과 관련된 토마스 아 켐피스의 교훈에 다음과 같은 것이 있다.

"자기 자신을 바로 알고 자신을 낮추어 생각할 줄 아는 것, 그것이 우리가 배워야 할 가장 높고 유익한 교훈이다. 자신을 아무것도 아닌 것으로 알고, 그 대신 언제나 남을 좋게 생각하는 것, 그것이 높은 지혜요 완성인 것이다."

2. 말 없이 귀를 기울이는 섬김

하나님의 말씀을 듣는 것이 하나님을 사랑하는 시작이듯이 형제의 말에 귀를 기울여 주는 습성이 형제를 사랑하는 행위의 기초이다. 남을 도와 주는 길은 진지하게 남의 말을 들어 주는 것으로 열린다. 그러기에 크리스천은 들어 주는 섬김에서부터 훈련을 받아야 한다.

3. 돕는 섬김

우리 주위에는 우리의 도움을 필요로 하는 이들이 많다. 그래서 구약성경에는 '가난한 이들에 대한 도움'을 여러 곳에서 강조한다.

"네 하나님 여호와께서 네게 주신 땅 어느 성읍에서든지 가난한 형제가 너와 함께 거하거든 그 가난한 형제에게 네 마음을 강퍅히 하지 말며, 네 손을 움켜 쥐지 말고"(참고 신 15:7, 잠 31:20, 행 10:2).

4. 서로 짐을 지는 섬김

"너희가 짐을 서로 지라. 그리하여 그리스도의 법을 성취하라"(갈 6:2). 여기서의 '짐'은 다른 사람과 서로 나누어 질 필요가 있는 과중한 짐을 말하며, '그리스도의 법'은 사랑의 법으로 섬김에서 이루어지는 것이다. 예수께서는 우리의 질고를 지고 우리의 슬픔을 당하셨다. 우리가 타인의 짐을 질 때 그는 그 짐이 가벼워진다. 곧 그리스도인에게는 짐이지만 상대에게는 '자유'이다.

이상의 섬김의 우리 삶에 적용되려면 어떻게 해야 할까?

1) 자신의 섬김평가

지난 한 달간 위의 네 가지의 섬김이 나의 생활에서 어떻게 나타났나?

섬김의 종류	대 상	상대에게 준 영향	자신이 느낀 점

2) 타인의 섬김을 기억하고 나누기

타인이 지난날 나에게 베풀어 준 섬김 중 잊혀지지 않는 것을 기록하고 다른 교우들과 함께 나누어 보자.

• 타인이 베푼 섬김_____
_____
_____

- 어떤 섬김이 타인에게 가장 깊은 영향을 주고 있나?
_____
_____

3) 수련회 기간 중 또는 정기모임에서 '○○의 천사'가 되어 특별히 섬기자.
4) 지도자와 섬김에 대한 연구(왕상 12 : 1 - 11)

4. 더 깊은 연구를 위한 제언

1) 섬기며 살아간 성경의 인물들과 교회사의 위인들에 대해 연구해 보자.
   (1) 바나바(행 4 : 36 - 37), 고넬료(행 10 : 1 - 2)
   (2) 성 프란체스코, 다미엔 등
2) 나에게 주어진 은사를 발견하고 그 은사를 통해 하나님의 사역에 참여하기 위해 다음 책을 읽고 연구하자. 피터 와그너(C. Peter Wagner). 권달천 역. 「성령의 은사와 교회성장」. 생명의 말씀사, 1982.

5. 맺는 말

그리스도인의 마음의 평화는 겸손에서 가능하고 겸손은 추구한다고 해서 얻어지는 것이 아니라 섬김의 훈련을 통해서만이 가능하다. 여기에 대해 토마스 아 켐피스의 아래 글은 우리에게 깊은 교훈을 주고 있다.
- 그리스도 : 나의 아들이여, 평화의 길과 참 자유의 길이 무엇인지 이제부터 가르쳐 주고자 한다.
- 제자 : 주님 감사합니다, 가르쳐 주옵소서. 나는 진정코 그것을 알고자 합니다.
- 그리스도 : 네 자신의 뜻을 이뤄야 되겠다고 생각지 말고 다른 사람의 뜻을 이루도록 결심하라(마 26 : 39). 많이 가지려는 생각보다 언제나 남보다 석게 가지려고 생각하라(고전 10 : 24). 어느 곳에 서든지 네가 가장 낮은 사람인 것같이 항상 말석과 낮은 자리

를 차지하려고 하라(눅 14:10). 네 자신에게서 하나님의 뜻만이 완전히 이뤄지기를 항상 기도하라(마 6:10). 이런 말씀에 순종하는 사람은 평화와 영원의 평안을 가질 수 있느니라.

제7장

고백과 용서훈련

1. 들어가는 말

영성훈련의 공동훈련으로는 고백과 용서훈련이 중요하다. 고백과 용서훈련이야말로 하나님 안에서 너와 나를 새롭게 하는 공동체 형성의 필수불가결한 요소이기 때문이다.

본회퍼는 "형제 앞에서 자기 죄를 고백하는 사람은 자기가 더이상 혼자가 아님을 알게 됩니다. 그는 다른 사람의 실체 안에서 하나님의 임재를 체험합니다. 내 죄를 혼자서만 고백하는 한, 모든 것은 어둠 속에 남아 있습니다. 그러나 형제 앞에서 그 죄는 빛 속으로 옮겨지지 않을 수 없습니다."(A man who confesses his sins in the presence of a brother knows that he is no longer alone with himself; he experiences the presence of God in the reality of the other person. As long as I am by myself in the confession of my sins everything remains in the dark, but in the presence of a brother the sin has to be brought into the light)[1]라고 말한다.

이 고백과 용서훈련은 가정, 직장, 교회, 그리고 모든 공동체에서 일어나야 하며, 자신의 치유와 함께 공동체의 성숙을 가져올 수 있는 길이기에 더욱 중요한 것이다. 고백과 용서에 대한 성경의 교훈은 무엇이며 실제훈련은 어떻게 해야 가능할까에 대해 생각을 나누어 보고자 한다.

2. 고백과 용서에 대한 성경의 교훈

예수께서 가르쳐 주신 기도 중 중요한 한 부분이 용서이다. "우리가 우리에게 죄 지은 모든 사람을 용서하오니 우리 죄도 사하여 주옵시고"(눅 11:4), 물론 고백 없이도 용서가 가능하겠지만 일반적으로 용서는 고백을 전제로 한다.

예수께서 우리에게 가르쳐 준 고백과 용서에 사용된 죄의 용어는 '하마르티아'(과녁이 빗나감, 하나님의 의도에서 어긋남)가 아니라, '오페일레마'(ὀφείλημα; 빚, 빚진 것, 롬 4:2, 마 6:12)를 사용한다. 이것을 그대로 번역하면 "우리가 우리의 빚진 모든 이들을 용서해 주듯이"이다. 채무자와 채권자 사이의 빚은 갚든 탕감받든 하여 해결되지 않으면 두 사람 사이에 그것으로 인한 문제는 존재하기 마련이다.

베드로가 예수님께 질문한 "형제가 내게 죄를 범하면 몇 번이나 용서하여 주리이까?"(마 18:21)의 질문에 대해서 주님께서 천국의 비유(필자는 예수를 주로 고백하는 이의 삶의 형태로 이해하고 싶다.)에서 일만 달란트 빚진 자와 백 데나리온 빚진 자를 예로 들고 있다.

크리스천 공동체에 있어야 할 고백과 용서의 교훈을 요셉이 형들에게 한 용서에서 찾을 수 있다(창 45:3-8, 15). 요셉이 형들의 미움을 받아 애굽으로 팔려 와 나중 형들을 만난 것은 22년의 세월이 흘러서이다(창 45:11). 그들이 요셉인 줄 알았을 때 그들은 근심하며 한탄할 수밖에 없었다(창 45:5). 근심은 자기들이 과거에 한 일에 대한 요셉의 보복이 두려운 데서 이루어지는 감정이요, 한탄은 후회와 양심의 가책을 내포하고 있는 단어이다. 후회는 당시의 기억을 현재에도 계속 되살리면서 자신이 한 일을 유감스럽게 생각하는 것이라면, 양심의 가책은 자신이 저지른 일을 기억하면서 자신을 증오하는 마음의 상태이다. 용서받지 못한 형제들의 마음을 통해 우리는 공동체에서 고백하지 못하여 용서받지 못한 이들의 마음상태를 보게 된다.

그러나 요셉은 이들을 용서해 주었다. "당신들이 나를 이곳에 팔았으므로 근심하지 마소서. 한탄하지 마소서. 하나님이 생명을 구원하시려고 나를 당신들 앞서 보내셨나이다.…… 그런즉 나를 이리로 보낸 자는 당신들이 아니요 하나님이시라"(창 45:5,8).

요셉의 태도에서 우리는 먼저 하나님 앞에 있는 채무자와 채권자를 생각한다. 하나님께서 요셉의 삶을 형제들의 악행에도 불구하고 선히 인도하심을 그는 의식했기에, 형제들을 용서하는 행동으로 하나님의 사랑을 나타냈다.

요셉의 용서를 통해 형제들이 가졌던 20여 년의 어둠은 빛으로 빛날 수 있었고, 그들의 형제들은 히브리족 형성에 함께 기여할 수 있었다.

3. 고백과 용서훈련의 실제

성 알폰소스 루구오리는 "훌륭한 고백을 위해서는 세 가지가 필요하다. 즉 양심의 성찰, 슬픔, 그리고 죄를 멀리하겠다는 결단이 필요하다."고 말했다.

양심의 성찰이란 하나님과 말씀, 그리고 성령의 역사 아래 우리의 이웃에 대한 잘못들을 구체적으로 깨닫는 것이다.

어떤 이는 우리가 지은 죄에 대해 십계명을 바탕으로 자신을 성찰하는 방법을, 어떤 이는 다음과 같은 영성적, 정신적인 질병들을 제시하기도 한다.

1) 영성적 아픔 : 교만, 인색, 색욕, 분노, 탐욕, 질투, 나태 등
2) 정신적 아픔 : 도벽, 거짓말, 허영심, 의타심, 위선, 사치병, 자기 과장, 자기 비하, 과다흡연, 알콜중독 등

고백을 살하려면 '슬픔'이 따라야 한다. 그것은 죄 지은 것에 대한 혐오와 이웃에게 상처 준 것에 대한 아픔이다.

셋째, 죄를 멀리하겠다는 결단이다. 고백훈련을 하면서 거룩한 삶을 사모하고 속된 삶을 미워하게 해달라고 하나님께 기도드리며 결단하는 것이다. 그후 우리는 형제에게 용서를 구한다. 그때 반드시 둘 사이에 하나님이 계심을 의식해야 하는 것이다. 본회퍼는 이 사실에 대해 다음과 같이 말한다.

"서로 죄를 고백하라(약 5 : 16). 자기의 죄와 더불어 홀로 지내는 사람은 완전히 고독한 사람입니다. …… 죄를 고백하는 것으로 사귐에 이르는 길이 뚫리는 것입니다. …… 우리가 형제끼리 죄를 고백하는 일에 있어서 아주 인색하고 서투르다고 하면, 그것은 우리가 사람의 마음을 알지 못하기 때문이 아니라 십자가에 달려 죽으신 예수 그리스도를 사랑하지 않기 때문입니다."2)

고백하는 자에게 용서가 요청된다. 웹스터(Webster) 사전에서는 "용서란 우리를 어떠한 기억에서부터 벗어나게 해주며, 또한 어떠한 기억을 과장하거나 확대하지 않고, 반대로 의도적으로 그 기억을 덜 심각하게 생각하거나 남들의 입장을 더 고려하는 것이다. 또한 남들의 잘못을 자주 기억하거나 그것에 골몰하는 것을 멈추고, 적절한 시간에 마음에서부터 그러한 기억을 없애버리는 것이다."라고 정의해 준다.

사실 용서란 얼마나 어려운지 모른다. "이 땅의 사람들 '용서' 란게 정말 쉽지 않네요."란 이름으로 실린 아래 기사를 통해 용서, 화해가 얼마나 어려운가를 생각해 보고, 함께 의견을 나누어 보자.

고(故) 강경대 군의 어머니 이덕순 씨는 그녀의 아들이 어렸을 때의 경험을 이렇게 말한다.

"1남1녀를 두고 자상한 남편과 함께 남부럽지 않았어요. 주말이면 가족들과 함께 야외로 갔고, 물장구도 치고, 경대와 경대아빠는 씨름판을 벌이곤 했어요. 바라만 봐도 가슴이 저리도록 행복했어요."

그러나 전경 5명의 재판을 바라보며 그녀는 "미칠 것 같았어요. 그들이 갖고 있는 젊음…… 지금 이 시간에도 우리 경대는 땅 속에서 썩고 있는데……경대와 그들의 모습이 비교되더군요. 가슴이 막 터질 것 같았어요." 하며 슬픔과 분노를 느꼈다는 것이다. 그러면서 남편은 용서를 말하지만 그게 생각처럼 쉽지 않아요. 얼마 전부터 교회에 나가기 시작했어요. 동기요? 우습게 들릴지 모르지만 자식 뜻을 따라서 교회에 나가게 되었어요.……경대는 죽기 전까지 교회를 다녔거든요. 아직 하나님에 대해 잘은 모르지만 모든 분들이 따뜻하게 대해 주기 때문에 많은 위안을 얻고 있어요(새누리신문 91.7.20. 8면).

1) 나 자신이 자식을 잃은 당사자로 생각하고, 자식을 죽인 가해자를 볼 때 어떤 느낌을 가질 것인가?

―――――――――――――――――――

2) 인간의 힘만으로 용서가 가능할까? 우리의 용서의 표준이 "서로 용서하기를 하나님이 그리스도 안에서 너희를 용서하심과 같이 하라."(엡 4:32)에 비추어 볼 때 우리가 먼저 할 일은?

―――――――――――――――――――
―――――――――――――――――――

3) 손양원 목사의 용서를 기록한 「사랑의 원자탄」을 읽고, 의견을 나누어 보자.

4. 더 깊은 연구를 위한 제안

1) 지미 카터의 누이 고(故) 루스카터 스타플레톤이 쓴 두 권의 책(The Gift of Inner Healing, The Experience of Inner Healing 1976 - 77)에서는 부정적인 기억을 치유하는 방법을 소개하고 있다. 인간은 삶의 모든 경험들―아름다운, 아름답지 못한―을 기억 속에 저장하고 있는데, 이중 아름답지 못한 기억인 충격석이고, 어둡고, 고통스러운 것, 득히 타인에게 끼친 아픔들, 받은 아픔들이 현재의 행동에 직접 간접으로 영향을 미쳐 삶을 어둡게 한다는 것이다. 그것이 항상 의식적인 것은 아니지만 가능한 그 기억을 되살려 내어 그것과 관련된 자신의 감정들과 파괴적인 태도들을 예수 그리스도를 통해 건설적으로 치유할 수 있다는 것이다. 이것과 관련하여 리차드 포스터가 제시하는 고백일기 방법을 소개한다(그의 책, 「영적성

장을 위한 제자훈련」, pp. 270-273).

먼저 자신의 인생을 세 기간, 즉 어린 시절, 사춘기, 어른이 된 후로 나눈다. 연필과 종이를 들고 기도와 묵상을 하며 하나님 앞에 나아가 내 어린 시절 용서나 치료가 필요한 것을 계시해 달라고 기도한 후 침묵 속에 떠오른 것을 기록한다. 다음 사춘기 시절, 어른 시절로 나아간다.

그 기록들 중 고백과 용서가 필요한 사항을 점검하며 하나하나 해결해 나가는 것이다.

필자의 견해로는 고백할 대상이 마땅치 않을 때 하나님께 용서를 구하고, 그 기록들을 태워 버리는 것이 좋을 것 같다.

2) 누가복음 19:1~10에 나타난 삭개오의 회개에 대해 연구해 보자.

3) "토색한 일이 있으면 사 배나 갚겠나이다."(눅 19:8)라고 했다. 아래 성구를 찾아 참고하라.

  (1) 출애굽기 22:3_____
  (2) 레위기 6:4_____
  (3) 잠언 6:31_____
  (4) 에스겔 33:15_____

4) 부당한 이(利)를 취하거나 남에게 손해를 입힌 경우를 기억하여 찾아가 고백하며 용서를 구하는 삭개오의 모습을 역할극으로 표현해 보자. 그리고 역할자의 느낌을 나누어 보자.

  느낌_____

5) 고백과 용서에 대한 성경의 가르침을 더 깊이 연구하자.
  (1) 고백과 용서의 요구(사 59:1-9, 롬 3:10-18)
  (2) 용서의 약속(렘 31:34, 마 26:28, 엡 1:7)
  (3) 용서의 확실성(요일 1:5-10)
  (4) 중보자이신 예수(고후 6:21, 딤전 2:5, 요일 2:1)
  (5) 고백의 비유(눅 15:11-24)
  (6) 권위와 용서(마 16:19, 18:18, 요 20:23)
  (7) 기독교 공동체의 사역(약 5:13-16)

6) 용서의 모범에 대해 연구하기

(1) 예수(눅 24 : 34)
(2) 스데반(행 7 : 60)
7) 용서받았을 때의 느낌을 나누어 보자.
   누구에게 _____
   _____
   어 떻 게 _____
   _____

5. 맺는 말

고백과 용서의 훈련은 공동체의 협동적인 훈련이다. 또한 고백과 용서는 공동체의 치유의 역사를 일으킨다. 그것은 고백이 개인에게 있어 겉치레를 없애고 솔직함에서 나오기에 개인을 변화시키며, 더불어 공동체를 변화시키게 된다는 말이다.

제 8 장

경축훈련

1. 들어가는 말

전도서 기자는 인간 삶의 의미에 대해 논하면서 "하나님께서는 사람들이 행복하게 살기만 바라시니"(전 5:20 공동번역)라고 말씀하셨다. 어떻게 사는 것이 행복한 삶일까? 전도서 기자는 "일의 결국을 다 들었으니 하나님을 경외하고 그 명령을 지킬지어다. 이것이 사람의 본분이니라."(전 12:13)라는 해답을 제기한다. 현대 크리스천들은 과연 하나님의 뜻을 행함으로 행복하게 살고 있는가?

하비 콕스(H. Cox)는 "현대인은 유용한 일과 합리적인 계산을 하도록 너무 심하게 억눌려 있어서 환희에 넘치는 경축의 기쁨을 완전히 잊어버렸다."(The Feast of Fools, p.12) 라고 말한다.

성경에서 제시하는 경축[1]은? 그리고 그것은 훈련에 의해 어떻게 가능한가를 모색해 보고자 한다.

2. 경축에 관한 성경의 교훈

시편기자는 "그 날 우리의 입에서는 함박 같은 웃음 터지고 흥겨운 노랫가락 입술에 흘렀도다. …… 야훼께서 우리에게 놀라운 일 하셨으니 우리는 얼마나 기뻤던가"(시 126 : 2-3 공동번역)라고 노래한다. 이 시 전반부의 글들을 참고하면 이 시는 바벨론에서 돌아온 당시 유다 사람들이 즐거움과 감격으로 불렀던 노래이다.

법궤를 예루살렘으로 모시게 된 것에 다윗은 너무나 기뻐 "모시 에봇을 입고 야훼 앞에서 덩실거리며 **춤을 추었다**."(삼하 6 : 14)고 기록해 준다. 이것에 대해 그의 아내 미갈이 비난하자 "야훼께서는…… 나를 택하여…… 왕으로 세워 주셨소. 나는 그 야훼 앞에서 **춤을 추었소**. 나는 앞으로도 야훼 앞에서 **춤출 것이며**……."(6 : 21)라고 다윗은 대답했다.

그외 성경 여러 곳에서는 하나님께서 개인과 공동체에 베푸신 은혜를 경축하는 일들이 많이 기록되어 있다.2) 대표적인 성경에 나타난 경축은 다음과 같다.

1. 역사적인 사건과 관련된 경축

"축제는 일상을 깨뜨리고 인간에게 과거를 열어 보임으로써 그의 경험을 확충하고 편협성을 배제한다. …… 그것은 인간에게 시간, 역사, 그리고 영원에 대해 적합한 관계를 재정립할 수 있는 기회를 마련해 준다."3)고 하비 콕스는 말하고 있다. 하나님께서는 이스라엘 백성들이 과거 베푸신 은혜를 기억하며 하나님의 뜻을 따라 살기를 원하면서 몇 가지 경축을 하게 하셨다.

  1) 유월절(the Passover) : 출애굽과 구원, 해방의 기념(민 28 : 14 - 24)
  2) 오순절(the Feast of Pentecost) : 첫 열매 드리는 농업의 축제(민 28 : 25 - 28)
  3) 초막절(the feast of tabernacls) : 40년간의 광야생활의 보호를 기억하면서 추수에 대한 감사(신 16 : 13 - 17)

이상의 세 절기는 이스라엘 민족에게 아주 중요했다. 그래서 "너희 가운데 남자는 과월설(유월절), 추수설, 초막설에 너희 하나님 야훼께서 고르신 곳에 와서 그분의 얼굴을 뵈어야 한다. 복받은 만큼 예물을 들고와야 한다."(신 16 : 16 - 17 참조)고 명하셨다.

2. 안식일과 관계된 경축

1) 안식일 : 창조의 안식을 경축하며 지내는 날(레 23장, 막 1 : 21 - 25, 2 : 27)
2) 안식년 : 경작지와 동물까지도 휴식의 해(레 25 : 4 - 6)
3) 희 년(the jubilee year) : 노예와 저당잡힌 토지까지 돌려 주는 자유의 해(레 25 : 8 - 13, 눅 4 : 18 - 21)

이상의 경축들은 "여호와를 기뻐하는 것이 너희의 힘이니라"(느 8 : 10, 공동번역은 야훼 앞에서 기뻐하면 너희를 지켜 주시리라고 되어 있다)의 말씀에 따르는 것으로 신앙인이 얻는 유익은 다음과 같다.

※ 자유롭고 생기 있는 삶을 영위케 한다.
※ 주기적으로 찾아와 마음을 죄고 억누르는 슬픈 감정들을 하나님을 의지하는 가운데 해결할 수 있다.

3. 경축을 위한 훈련

경축은 하나님의 은혜를 기뻐함이다. 그런데 경축도 훈련이 필요한가? 구약성경에 나타난 유월절 지킴에 대한 하나님의 명령을 살펴보자. "너희는 이 일을 규례로 삼아 너희와 너희 자손이 영원히 지킬 것이니"(출 12 : 24)라고 하셔서 경축이 계속되어지고, 그것이 훈련의 기회가 되도록 명하셨다. 이것에 대한 '교육적인 의미'[4]는 다음과 같다.

남녀 어린이와 함께 가족 모두가 참여한다. 여인에 의하여 불이 켜지고 예식에 필요한 것 이외는 모두 제거된 후 '키두쉬'(Kiddush)라는 기도문으로 시작이 된다.

"우리의 주 하나님이여, 우주의 지배자이시여, 계명으로 우리를 성스럽게 하시고, 유월절 전에 누룩 제하기를 명령하신 이여, 당신을 찬양합니다."

곧이어 유월절에 대한 설명인 '하가드'(Haggadah)가 있다. 하가드의 주제는 '자유'로 인간의 자유는 하나님의 목적이어서 하나님은 모든 세대를 종으로부터 자유하게 하시고, 어두움으로부터 밝게 하시고, 이집트의 땅으로부터 놓여나게 하시고, 노예로부터 풀려나게 하셨음을 설명한다. 이 '하가드'에는 어린이가 하는 네 가지 질문 "평일은 유교병과 무교병을 먹었는데 왜 이 밤은 무교병만 먹어야 합니까?" "다른 날은 어떤 나물도 먹을 수 있었는데 오늘은 왜 쓴나물만 먹어야 합니까?" 등이 있다. 그러면 부모는 유월절에 먹는 세 가지 음식 유월절 양(Pesah), 무교병(Matzah), 쓴나물(Maror)에 대해 설명함으로 어린이들도 의미를 갖고 유월절에 참여하여 하나님의 구원역사 속에 한 공동체로서의 의식을 갖게 된다는 것이다.

위의 유월절의 경축행사가 이스라엘 자손에게 대대로 이어지도록 하신 하나님의 뜻은 참으로 놀라운 교훈이다(출 12:25-28). 구약의 제사제도에도 아침, 저녁 제사를 드리게 했다. 신약 히브리서 13:15에서는 "이러므로 우리가 예수로 말미암아 항상 찬미의 제사를 하나님께 드리자. 이는 그 이름을 증거하는 입술의 열매니라."고 말씀하심으로 그리스도인이 날마다 경축의 시간을 가져야 함을 교훈하고 있다.

사실 삶의 모든 순간들이 하나님의 은혜를 찬양하는 시간들이 되어야겠지만 본과에서는 특별히 훈련될 수 있는 경축에 대해 생각해 보고자 한다.

웨스터호프(J. H. Westerhoff III)는 다음과 같이 말한다.[5]

"온 나라를 통하여 그들의 기독교 신앙을 축하하기 위한 보다 의미 있는 방법을 모색하기에 수고하고 있다. 우리 모두는 종교의식을 창조함으로써 우리의 신앙을 표현하기 위한 중요한 방법들을 발견하여야 할 것이다."

그 자신은 종교의식을 다음 두 가지로 나눈다.
1) 연대성의 의식(공동체 의식과 소속감과 삶의 목적을 추구하는 것들) : 예배, 성찬식, 세례식 교회력에 따른 절기들
2) 개인의 생의 변화의 의식 : 출생, 성인식, 입학, 졸업, 입대, 결혼, 새 식업, 죽음 등

이스라엘 백성이 가졌던 안식일과 성인식에 대해 고찰해 봄으로 그가

제시한 이 의식들이 하나님의 백성으로 살아가는 데 어떤 도움을 주는가
를 알게 될 것이다.

1. 안식일의 경축

안식일 전날에는 어머니는 집안을 윤이 나도록 손질하고, 안식일의 특별요리를 준비하기 위해 시장을 찾는다. 금요일이면 아버지는 직장에서 일찍 돌아오셔서 목욕을 한다. 안식일에는 가족이 모두 함께 제일 좋은 옷을 갈아 입고 회당에 나간다.

집으로 돌아온 후 식탁 위에 촛불을 켜고 포도주와 빵을 준비한다. 아버지는 어머니가 얼마나 아름다운가를 찬양하는 말씀을 성경에서 찾아 읽고, 보다 나은 한 주간이 되도록 기도드린다. 아버지는 빵을 들고 축복한 후 포도주와 빵을 떼어 나누어 준다. 그때는 외국에 나가 있는 형제들이 앉아야 할 자리에도 그들 몫으로 빵을 떼어 놓음으로써 그 형제들을 잊지 않게 한다.

안식일의 의미인 휴식과 예배가 어떻게 이 이야기에서 적용이 되나? 그리고 가족공동체의 의식이 어떻게 인식이 되어지나?

_____

_____

2. 성인식의 경축

이스라엘 남아는 13세가 되면 '성인식'(Bar Mizwah) 의식을 거행한다. 이 말은 '하나님의 계명을 지키는 아들'이란 뜻으로 율법에 대해 책임을 지고 종교적인 책임을 감당할 수 있는 성년이 된다는 것이다.

성인이 되는 그 주간 안식일 회담에서 처음으로 회중 앞에서 성경을 읽고, 집에 돌아온 후 축하의 행사가 이루어진다. 이때부터 그는 사회적으로 부모형제와 사회규범 아래 성숙한 인간으로 책임을 지게 되며, 아울러 완전한 인간으로 인격적인 대우를 받게 된다.

그리고 그에게 '피렉트리'(Phylacteries)가 주어진다. 깨끗한 동물가죽으

로 만든 작은 갑을 만들고, 가죽끈을 달아서 끈의 표면과 통의 표면에 검은 칠을 하고 그 통 속에 성구가 기록된 양피지(출 13:16, 신 6:8, 11:18)를 놓고, 하나는 이마에 다른 하나는 왼손에 매었다. 이것을 몸에 차는 의의는 "계명은 가치 있는 것으로 사람이 가지고 있는 가장 비싼 보석을 지키는 것처럼 지켜야 한다."는 것이다.

그리고 예루살렘 반경 30Km 이내에 거주하는 성인식을 치룬 남아들은 유월절 의식에 참여하는 특권과 의무가 주어졌다.

성인식에 대해 우리 나라의 전통적인 성인식과 비교해 보라. 성인식이 이스라엘 공동체와 하나님께 어떤 의미를 부여해 주고 있나?

---

4. 더 깊은 연구를 위한 제언

1) 성경이 이외에 경축에 대해 말해 주는 교훈을 연구하라.
  (1) 할례의식
  (2) 젖뗄 때의 대연(창 21:8)
  (3) 결혼(요 2:1-11)
  (4) 낙성식(시 127:1-5)
집짓기를 끝낸 사람이 그 집에 들어가기 전에 그것을 축하하기 위해 친구들을 초대하고 잔치를 열고, 예배의식을 통해 하나님의 보호를 기다린다.

2) 다음 성구를 참고하여 경축의 정신에 대해 더 깊이 연구하라.
  (1) 여호와의 구원(출 15:1-2, 20-21)
  (2) 주님과 함께 함의 기쁨(삼하 6:12-19)
  (3) 성도의 만족(시 103)
  (4) 주를 찬양(시 150)
  (5) 호산나(눅 19:35-40, 요 12:12-19)
  (6) 은혜감사 찬양(행 3:1-10)

(7) 할렐루야(계 19:1-8)

3) "크리스천 가정에서 지킬 우리 민족 고유의 경축은? 전통적인 문화와 기독교 문화와의 갈등을 어떻게 해소할까?"에 대해 토의하자(제사와 추도예배 외).

5. 맺는 말

사람의 제일되는 목적은 "하나님께 영광돌리며, 영원토록 그를 즐거워 하는 것"이다. 그것이 어떻게 가능한가? 곧 경축훈련을 통해 일상의 삶을 하나님의 은혜를 기억하는 것으로 승화시킬 때 가능하다. 경축과 일상을 하나로 묶기 위해 경축훈련에 대한 한국적인 적용이 더 연구되어져야 한다고 본다.

제3부
훈련 프로그램

1. 약혼한 이들을 위한 프로그램
2. 부부의 만남을 위한 캠프
3. 가정 영성훈련
4. 정의·평화를 위한 가정교육 프로그램
5. 크리스천 가족 캠프
6. 십대 자녀를 둔 부모들을 위한 목회지침
7. 바른 삶을 위한 청소년 프로그램
8. 영·심성 계발 프로그램
9. 제자화 훈련

제1장
약혼한 이들을 위한 프로그램

1. 들어가는 말

결혼을 앞둔 젊은이들에게는 해결해야 할 문제들이 수없이 많다. 당장 다가오는 결혼식도 대사(大事)이지만 거처할 집, 경제문제, 출산할 자녀문제, 아내의 직장생활의 계속여부 등 헤아릴 수 없는 많은 문제들로 그들은 고민하게 된다. 그들을 도울 수 있는 방법은 무엇일까?

일상사에서도 여러 가지 문제로 뒤범벅이 될 때, 그것의 해결은 원칙을 찾을 때 풀어나갈 수 있다는 점을 생각한다면 성경이 제시하는 결혼관, 배우자끼리의 만남을 깊이 할 수 있는 대화의 능력을 배울 수 있다면 결혼을 앞둔 그들에게 큰 도움을 줄 수 있을 것이다.

한 가정의 영성 분위기가 부부에 의해 결정되어진다면 크리스천 가정은 이룰 약혼한 이들을 위한 영·심성(spiritual-psychological) 훈련이 무엇보다 그들에게 요구되어진다고 본다.

필자는 4년 전 필리핀에서 이 문제를 도와 주는 프로그램 '주말 발견모임'에 참관하고 느낀 점이 많았다. 이 프로그램에 대한 소개와 함께 한국 교회의 적용에 대한 생각을 나누려 한다.

2. 주말 발견모임

이 프로그램은 1975년 가을 시카고에서 토마스 히케이(Thomas Hickey) 목사에 의해 시도되었고, 지금은 많은 나라에서 진행되어지고 있다. 주말 발견모임(discovery weekdnd)에 대해 알아보자.

1. 목 적
1) 결혼식이 아니라 결혼을 준비하게 한다.
2) 자신과의 관계, 둘의 관계, 그들과 하나님과의 관계를 점검케 한다.
3) 결혼에 요구되는 많은 문제에 직면하게 한다.
4) 의사소통의 기술을 증진시킨다.
5) 결혼의 성경적인 이해를 가짐으로 성(聖)스러움을 인식케 한다.

2. 준 비
이 프로그램에 대해 잘 알고 있는 목사, 신부에 의해서, 또는 참여한 경험이 있는 부부들에 의해 소개받은 약혼한 이들 10~12쌍으로 이루어진다. 2박 3일(금요일 오후 6시~주일저녁 6시이지만 시간조정은 가능하리라 본다.) 동안에 진행되며, 진행은 전문가인 목사, 또는 신부와 그를 돕는 세 가정의 부부들이 자원인사(resource person)로 참여한다.

장소의 선택에는 신중을 기해야 한다. 남녀들이 각기 사용할 수 있는 큰 방 두 개와 세미나실, 강사와 세 쌍의 부부들이 사용할 수 있는 방이 있는 곳으로 가능하면 자연 속에 위치한 수양관, 명상의 집 같은 곳이 좋을 것이다.

3. 훈련내용 및 진행방법
약 세 시간 소요되는 아홉 개의 활동들이 이 기간에 이루어지는데 인도자의 지도에 따라 배우자끼리 대화를 통해 훈련은 이루어지고, 때때로 자원인사로서 결혼한 부부들이 그들 가정에서 이루어진 경험들을 나누게 된다. 훈련은 다음 아홉 개의 활동들로 구분된다.

1) 오리엔테이션

'주말 발견모임'의 역사와 목적에 대한 소개와 함께 서로의 배우자를 소개하며 사귐을 갖는 시간이다. 이때 배우자끼리 같은 옷을 입고, 이름표에는 자신의 이름 아래 배우자의 이름을 쓴 같은 색깔의 이름표를 부착하게 된다.

소개할 때 이름의 특징과 더불어 배우자에게서 처음으로 느낀 매력, 그리고 배우자에 대해 좋아하는 것을 나누고, 두 사람이 함께 할 수 있는 특기들(노래, 무언극 등)을 나눔으로 둘이 하나 됨을 경험케 한다.

2) 자신과의 만남

자아에 대한 분명한 이해 없이는 다른 사람과의 만남에 어려움이 많다. 인도자의 인도에 따라 각자 조용한 곳에서 노트에다 아래 사항을 기록하며 사색하는 시간을 갖는다.

 (1) 대인관계에서 나 자신이 갖고 있는 장점과 약점은?
 (2) 나는 약혼자에게 나 자신이 어떻게 보이기를 원하나?
 (3) 타인에게 나 자신을 바로 나타내지 못하는 나 자신이 쓰고 있는 가면은? 특히 약혼자에게 사용하는 가면은 무엇인가? 그것이 둘의 관계에 미치는 영향은 무엇인가?

3) 신뢰와 대화

한 가정의 부부의 경험에서 대화가 주는 힘에 대해 듣는다. 인도자의 대화에 대한 강의가 있고 실제 두 사람만의 대화의 시간을 갖는다.

이때 인도자는 대화가 토의가 아님을 강조한다.

토 의	대 화
1. 결과가 중요하다.	1. 과정이 중요하다.
2. 문제해결을 위한 것이다.	2. 듣기 위한 것이다.
3. 이성의 활용	3. 감정의 활용

대화는 서로의 이해와 용납을 위해 필수적인 것이다.

4) 사랑의 성숙

(주말 발견모임에서는 Three Stages of Growth로 말하나 주된 초점은 사랑의 성숙이다.)

"자기 자신이나 혹은 타인의 정신적 성장을 위해 보양해 줄 목적으로 자기 자신을 확대시켜 나가려는 의도가 사랑"이라는 것을 소개하며 사랑의 성숙을 공부한다.

일반적으로 사랑의 종류에는 다음과 같은 것이 있다.

(1) 부모의 사랑(parental love)
(2) 자식으로서 부모사랑(filial love)
(3) 형제의 사랑(fraternal love)
(4) 친구의 사랑(friendship)
(5) 이성에 대한 사랑(romantic love)
(6) 부부의 사랑(conjugal love)
(7) 공동체에 대한 사랑(communitarian love)
(8) 조국에 대한 사랑(love of country)
(9) 인류에 대한 사랑(humanitaria love)
(10) 우주적 형제애(universal brotherhood)
(11) 하나님의 사랑(love of God)

배우자끼리 자기가 받은 사랑에 대해 함께 대화하며 사랑의 성숙을 위해 노력해야 할 바를 나눈다. 이때 배우자에게 보내는 사랑의 편지를 쓰게 한다.

5) 남·녀의 보충

남녀의 특징, 그리고 자라온 가정환경에서 오는 차이 등을 서로 이해하게 한다. 같은 점과 같지 않은 점 등을 찾기 위해 설문지로 각자 작성한 후 서로 비교하여 상대를 이해한다.

그 설문지는 다섯 개의 분야로 나누어진다.

(1) 과거 나의 경험(가족관계, 직업, 가정에서의 위치 등)
(2) 현재 나의 삶의 모습(직장, 건강, 심리상태)

(3) 결혼에 대한 나의 생각들
(4) 미래의 꿈
(5) 바라는 배우자 상(모습)
6) 이해를 위한 주제
대화의 과정을 경험하면서 대화 속에서 이루어지는 거부, 묵인, 이해, 용납, 감정이입에 대해 서로가 느낀 바를 나눔으로 참된 대화를 경험케 한다.
7) 성생활과 성
결혼에서 이루어지는 성생활과 건강은 온전한 사랑에 대해 이루어진다.
8) 결혼과 도덕
가정의 파탄은 도덕의 해이에서 말미암는다. 현대사회에서 크리스천 가정이 지켜야 할 도덕적인 문제들은?
9) 성례와 소명으로서의 결혼
부부, 가족의 사랑과 그 가정이 인류에 대한 사랑을 보여 주기 위한 하나님의 의도로서의 결혼을 생각케 한다. 특히 성경에서 말하는 결혼에 대한 하나님의 뜻을 찾는다. 그후 폐회예배에서 새로운 다짐을 하게 한다.

3. 적용을 위한 제안

필자가 이 모임에 참여하면서 느낀 충격은 크다. 한국교회가 이제 가정사역에 눈을 떠야 할 시기이며, 특히 결혼을 앞둔 이들을 위한 프로그램을 계발해야 하겠다는 것이었다. 왜냐하면 많은 교회의 청년들이 세속적인 가치관(특히 결혼 전의 성관계)의 도전을 받을 뿐 아니라 분명한 결혼관이 확립되어 있지 않고, 실제 준비가 부족한 채로 결혼생활에 들어가 많은 어려움을 당하기 때문이다.
몇 가지 한국교회의 적용을 위한 제안을 하고자 한다.
1) 청년들의 결혼준비 및 가정을 이룬 부부들을 위한 연구기관이 필요하다.
2) 개 교회 또는 노회별로 가정생활을 위한 훈련(주말모임, 부부만남 등)

이 연구되고, 프로그램이 진행되어야 하리라 본다.

3) 기독교 대학, 신학교에서 교과목으로 가르쳐야겠다(필리핀 모 대학에서는 Marriage ; Life and Sacrament 과목으로 가르쳐지고 있다.).

결혼을 앞둔 약혼자들이나 청년들이 읽을 도서를 목회자가 권장할 수도 있다. 몇 가지 참고도서를 소개한다.

(1) D. 리랜컨. 오현미 역. 「결혼학교」. 나침반사.
(2) Kirby. 이영희 역. 「그리스도인의 데이트」. 생명의 말씀사.
(3) M. 케퍼. 홍성철 역. 「결혼을 앞두고」. 생명의 말씀사.
(4) 스몰. 전용원 역. 「그리스도인의 결혼설계」. 기독교문서선교회.

4. 맺는 말

오래 전 어느 책에서 읽은 다음의 글귀가 생각난다.

"곳곳의 대학마다 의사나 법관을 양성시키고, 또 여러 가지 성인을 위한 프로그램도 실시한다. 하물며 도자기 만드는 교육도 하는데 가장 중요한 결혼생활을 위한 프로그램은 없지 않은가?"

결혼이 하나의 예술이며 신학이라 볼 때, 성경이 제시하고 기독교가 말하는 결혼에 대한 신학적인 기초와 더불어 상대를 이해하고 사랑하는 일에 성숙해지기 위해 예술을 하듯 그것에 대한 지식과 노력이 필요하다.

이 일은 건강한 가정을 통해 건강한 교회, 사회를 이루기 위한 원초적인 과업이다. 그런 의미에서 결혼을 앞둔 이들을 위한 프로그램이 더 깊이 연구되어져야 할 것이다.

제2장
부부의 만남을 위한 캠프

한 가정의 기초단위는 부부이며 이 부부가 신앙의 터 위에서 건전하게 결합될 때 기독교 가정은 건설되며, 이러한 가정들로 구성된 교회는 힘있게 활동할 수 있게 된다. 그러면 교회는 가정의 기본단위인 부부들의 참된 만남과 신앙적인 성장을 어떻게 도와 줄 수 있을까? 아래에서 필자는 주말, 또는 여름휴가를 이용한 부부들만이 참여하는 캠프를 제안한다.

1. 본캠프의 성격과 의미

부부가 다같이 교회내에서 신앙생활을 하는 이들로서 비슷한 연령층이어야 한다. 자녀들을 집에 남겨 두고 부부들만 참가하며 캠프는 다음의 프로그램에 따라 진행된다. 부부간에 평소에 갖지 못한 참대화를 통해 자신과 상대방을 바로 이해하며, 다른 부부들과 함께 결혼생활의 산 경험을 나누게 된다. 그러한 활동들을 통해 부부간에 놓여 있던 문제들이 해결되어 건전한 가정을 이루는 데 기여할 수 있게 될 것이다.

2. 캠프를 위한 준비

1. 장　소 : 부부공동의 침실과 세미나를 할 수 있는 방이 있는 곳
2. 기　간 : 1박 2일
3. 대　상 : 비슷한 연령층의 10~12쌍의 부부들
4. 지도자 : 목사, 또는 교육 지도자(사모가 참석하는 것이 좋다.)
5. 준비위원회
    지도자와 참가하는 부부팀 중에서 위원이 구성되어 아래의 사항들을 준비, 점검해야 한다.
    ① 신청안내 ② 캠프장 선정 ③ 재정계획과 회비접수 ④ 건강과 안전에 대한 준비 ⑤ 진행을 위한 팜플렛 제작 ⑥ 출발과 도착의 교통수단 및 시간안내 ⑦ 식사, 간식준비 등

3. 캠프 프로그램

1. 일정표

	1일	2일
6 : 00		기　　　상
7 : 00		아침의 명상
8 : 00		아 침 식 사
9 : 00		만　　남 Ⅳ
10 : 00	출 발~도 착 숙 소 배 정	휴　　　식
11 : 00	개회예배, 사귐의 시간 오리엔테이션	만　　남 Ⅴ
12 : 00	점 심 식 사	폐 회 예 배
13 : 00		점심식사 후 귀가

14:00	만 남 I	
15:00	휴식 및 간식	
16:00	만 남 II	
17:00	저 녁 식 사	
18:00	sing along	
19:00	만 남 III	
20:00	부부 장기자랑	
21:00		
22:00	취 침	

2. 중요 프로그램 소개

1) 예 배 : 개·폐회예배시 부부들이 함께 순서를 담당케 한다.
   예) 기도 : 두 부부가 참여한 연도기도, 특송 : 부부의 2중창 등
2) 사귐의 시간 : 캠프의 프로그램이 시작되기 전 서로가 보다 더욱 친밀해질 수 있는 활동으로 준비한다.
   예) 남편이 아내를, 아내가 남편을 소개하며 가족소개도 함께 할 수 있다.
3) 휴식 및 간식시간은 야외로 짧은 기간 산책을 겸할 수 있다.
4) 부부 장기자랑 : 부부가 함께 출연하는 노래, 코메디 등
5) 아침의 명상 : 산위나 강가에서 진행하면 좋겠다.
6) 만남 I~V : 세 가지 순서로 진행된다.
   (1) 지도자가 그 프로그램을 소개한다.
   (2) 부부끼리 흩어져 프로그램에 참여한다.
   (3) 같이 모여 경험을 나누며 찬양, 기도의 시간을 갖는다.

3. 만남 프로그램 소개

아래에 간단하게 소개된 자료는 M. E. (Marriage Encounter)에서 주로 사용하는 교재 「기적을 이루는 사랑」(분도출판사)을 참고하여 작성한 것이다.

만남 I.   주제 : 부부 사이의 로맨스

1) 지도자의 설명 : 야곱과 라헬의 로맨스(창 29 : 1-20)

2) 부부끼리의 대화

나는 당신 중심이 되고, 당신은 내 중심이 되어 살아갈 때 로맨스는 일어난다. 그것은 우리가 얼마나 배우자에 대해 민감하고 전념하느냐에 달려 있다. 당신의 경우는 아래 예의 ①과 ② 중 어느 경우에 속하는가?

〈남편의 경우〉

예 I, 남편으로서 나는 집을 하나의 피난처, 안식처, 모든 것에서 벗어날 수 있는 오아시스로 생각하며 귀가한다. 즉 "귀가는 지루한 하루의 끝이고 나를 압박감에서 해방시켜 주는 것이므로, 이제 나는 푹 쉴 수 있다."고 생각한다. 그래서 편안한 분위기를 느끼는 곳으로 가고 있다.

예 II, 남편으로서 나는 흐뭇한 마음으로 사랑하는 사람이 있는 가정으로 간다. 현관을 걸어 들어가는 것이 진정한 내 하루의 시작이다. 가정이란 단순히 안락하고 긴장을 푸는 장소만은 아니다. 그곳은 즐거움과 기쁨을 더욱 증가시키는 곳이다. 그래서 나는 흠뻑 사랑하고, 또 사랑받기 위해 당신이 있는 집으로 가고 있다.

〈아내의 경우〉

예 I, 아내로서 나는 당신의 귀가를 내 하루일과가 끝난다는 표시로서 기다린다. 이 시간부터 어린애들은 나만의 책임이 아니다. 당신은 나의 짐의 일부를 떠맡아야 한다. 이제 나는 나 자신만을 위해 얼마간의 시간을 갖게 될 것이다. 즉 독서하고, 텔레비전을 보고, 바느질을 한다. 그것은 긴장을 풀기 위한 것이다.

예 II, 아내로서 나는 당신의 귀가를 기다릴 때가 나의 하루 중 가장 마음이 들뜨는 때이다. 그것은 우리가 데이트할 때의 설레임과도 같이 당신이 초인종을 누르기만 기다린다. 나의 관심은 나 자신에게보다 당신이 어떤 표정으로 올 것이며, 당신이 뭐라고 이야기할 것이며, 당신이 어떻게 하고 있는가에 대한 기대로 차 있다.

위의 예에 대해 각자 생각을 나누고 다음에 대해 계속적인 대화를 전개한다.
① 우리가 결혼 전에 주고받았던 연애편지, 선물 등에 대해 느꼈던 감정을 서로 이야기하기
② 서로를 기쁘게 할 수 있었던 사건에 대해 이야기하기
③ 지난 한 주간 가장 기억에 남은 일을 기록하여 나누기

3) 부부들이 같이 모여 경험을 나누고 함께 찬양하며 기도하기

| 만남 Ⅱ.   주제 : 참된 대화 |

1) 지도자의 해설 : 예수와 여인과의 대화(요 4장, 루엘 하우. 「대화의 기적」 참조)

2) 부부끼리의 대화
대화는 인간관계를 발전시키는 근원일 뿐만 아니라, 또는 그것의 시작이다. 평상시 우리의 대화는 많은 부분이 다른 사람이나 일에 대한 것이고, 우리 자신의 느낌, 진실에 대한 것은 별로 없었다.

다음에 '개방-폐쇄 도표'가 인격적인 대화를 가능하도록 하는 데 도움을 준다. 그러나 우리는 어떠한 부부도 완전한 의사소통을 할 수 없다는 것을 명심하여야 한다. 결코 서로가 완전히 마음을 여는 데까지 도달할 수는 없다. 그러나 항상 더 나아지도록 노력하는 것인데 이것은 다음 대화주제에 서로 참여할 때 가능할 것이다.

| 개방 - 폐쇄 도표 |

폐쇄   개방
가	나	다	라	마
주제 : 나와 배우자에게 아무런 관계도	나와 배우자에게 관계가 있는	배우자에 대하여	나에 대하여	우리에 대하여

	없는 물건이나 사건에 대하여	물건이나 사건에 대하여		
	가	나	다	라	마
때 : 아무 때나		과거에 대하여	미래에 대하여	현재에 대하여

가	나
느낌 : 나의 느낌을 보여 주지도 않고 배우자의 느낌을 받아들이지도 않는다.	나의 느낌을 있는 그대로 보여 주고 배우자가 보여 주는 느낌을 받아들인다.

더 나눌 대화의 주제

① 위에 도표에서 우리의 대화는 어느 지점에 있는가?
② 우리가 진지한 대화를 나눌 때 나 자신을 열어 보이고, 또 당신에 대한 나의 느낌을 나타낼 수 있도록 당신이 특별히 도와 준 일은 무엇인가?
③ 당신과 함께 대화하는 데 있어서 나타내기가 가장 쉬운 느낌과 어려운 느낌은 무엇인가?
④ 우리 부부에 관한 대화를 더이상 못하게 하는 주요한 장애요인은 무엇인가?
⑤ 서로에게 더 마음을 열고 사랑하는 마음으로 대화를 나누는데 방해되는 요인은? 어떻게 우리가 그것을 제거할 수 있나?

3) 경험을 서로 나누며 위해 기도하기

만남 Ⅲ.   주제 : 마음의 상처 — 대화의 장애 —

1) 지도자의 설명 : 마음의 상처를 주는 일(엡 4 : 25-32)

2) 부부끼리의 대화

작은 마음의 상처가 대화에 장애를 가져오며, 상처의 중요요인은 상대방에 대한 비평이다.

"이번에도 또 잊어버렸군요. 당신은 원래 책임감이 없는 사람이니까…

같은 말은 그의 하나의 행동에 대한 판단이 아니라 그의 전인격에 대한 비판이 된다. 이러한 대화가 우리 사이에는 자주 행해지지 않는가?
　다음의 주제를 갖고 대화를 나누자.
　① 최근에 배우자가 대수롭지 않은 일로 나의 마음을 상하게 한 적이 있는가? 그 때의 배우자의 말이나 행동은 어떠했나?
　② 최근에 배우자가 대수롭지 않은 일로 마음을 상하게 했을 때 나는 어떤 느낌으로 반응했나?
　③ 그때 나는 어떤 말이나 행동을 했나?
　④ 배우자가 나를 습관적으로 비판하는 것 중에서 나를 가장 마음 아프게 하는 비판은 어떤 것인가?
　⑤ 그 비평을 받았을 때의 느낌은?
　⑥ 과거에 받았던 마음의 상처 때문에 지금 말하기 어려운 세 가지 주제는?
　⑦ 내가 그 장벽들을 무너뜨리고 배우자와 마음을 열고 말하기를 원하는 주된 이유는 무엇인가?
　3) 부부의 경험 나누기와 찬양, 기도하기

만남 Ⅳ.　　　주제 : 용 서

1) 지도자의 해설 : 진정한 용서 (눅 15 : 11−32)

2) 부부끼리의 대화
　세월이 마음의 상처를 마춰시킬 수는 있지만 치유해 줄 수는 없다. 진정한 치유-화해가 이루어지기 위해서는 그 전에 진정으로 용서하고 용서받는 경험이 있어야 한다.
　진정한 용서가 이루어지지 못할 때 부부의 관계는 다음의 두 가지 중에 하나임을 의미한다.
　즉 서로 평화를 위한다는 이유로 조심스럽게 지내나 장벽을 쌓고 있기 때문에 그 장벽으로 인하여 서로 가까워질 수가 없게 되는 경우이다. 그

결과로 서로에게서 더이상의 상처를 받지도 않는다. 또는 서로 다만 말뿐인 용서를 하고 상대방이 자신을 사랑스럽게 대하지 않으니까 자신도 사랑스럽게 대할 필요가 없다고 변명하면서 서로 타산적인 관계를 가지게 된다. 그러나 우리는 서로가 진정한 용서를 했을 때만 새로운 관계가 시작된다는 것을 알아야 한다.

대화를 위한 주제
① 나 자신 안에서 배우자를 용서하기 가장 어려운 것은 무엇인가?
② 내가 배우자를 완전히 용서하고, 가능한 한 그 상처에 대한 기억을 완전히 잊어버렸던 것은 언제인가?
③ 당신이 배우자를 용서한 후 경험했던 가장 최근의 치유는?
④ 당신이 나를 용서했기 때문에 내가 당신에 대해 가질 수 있었던 느낌은?

3) 부부의 경험 나누며 찬양 기도하기

| 만남 V. | 주제 : 소명받은 팀으로서의 부부 |

1) 지도자의 해설 : 아브라함 가족의 소명(창 12 : 1-9)

2) 부부끼리의 대화

하나님은 결혼을 통해 그의 뜻을 펴 나가신다. 부부는 함께 하나님으로 소명을 받은 존재들이다. 그런데 둘 중 한 사람이 상처를 받게 되면 한 몸인 다른 대상이 상처를 입게 되고, 그 지체는 그리스도의 몸인 교회에도 영향을 미치게 된다.

하나님께서 신앙으로 뭉친 우리 부부에게 향하신 뜻이 무엇일까?

더 깊이 나눌 주제
① 부부의 신앙 성장
② 자녀의 기독교교육
③ 우리 가정이 선교의 장으로서의 기능을 발휘하기 위한 방안
④ 우리 가정의 청지기 사명 등

3) 경험 나누며 찬양 기도하기

4. 캠프가 끝난 후 프로그램

1박 2일의 캠프를 통해 부부는 어느 정도 참된 만남을 경험하게 될 것이다. 또한 자신들의 경험들을 나눔으로 다른 가정과 깊은 사귐도 갖게 되었을 것이다. 캠핑이 끝난 후, 월 1회 정도 계속적으로 캠핑을 한 부부들이 모임을 가져 신앙성장, 자녀교육, 부부의 만남을 성숙케 하는 일 등에 경험을 나눌 수 있다면 더욱 의미가 깊을 것이다.

현대에 있어 많은 요인들(부부가 다같이 바쁘다든지, 매일 같이 반복되는 참된 의미 없는 대화를 나눈다든지)이 부부가 참된 대화를 통해 만남을 가져오는 일을 방해한다. '부부의 만남'을 위한 캠프는 '형식적인 부부'가 진정한 만남을 통해 '사랑의 부부'로 변할 수 있게 할 것이다. 지도자와 참가하는 부부들이 함께 기도하며 주 안에서 참된 사귐을 능동적으로 이루어 나갈 때 보다 나은 효과가 나타날 수 있을 것이다.

제3장

가정 영성훈련

1. 들어가는 말

가정이야말로 하나님의 뜻을 이루어 나가는 기초공동체로서 가정의 구성원들이 영적으로 바로설 때 이 세계 속에서의 하나님의 역사가 가능해지게 된다고 본다면 가정의 영성은 매우 중요하기 때문이다.

성경이 제시하는 가정영성의 교훈과 현대가정에서 이루어야 할 훈련에는 어떤 것이 있는가를 모색하려 한다.

2. 쉐마에 나타난 가정영성의 교훈

신명기 6:4~9의 말씀을 우리는 일반적으로 쉐마(shema)라고 부른다. 그것은 말씀의 시작이 "이스라엘아, 들으라!"로 기록되었기 때문이다. 5절의 짧은 말씀이지만 선택된 백성들에게 있어서는 가장 중요한 신앙고백인 동시에 그들의 종교교육의 헌장이었다. 그러기에 이스라엘 백성들은 그들의 어린이가 말을 시작할 때 이 말씀을 외우게 했고, 아침 저녁에 이 내용으로 기도할 뿐 아니라 임종 전 마지막 외우게 하는 말씀이 또한 이 쉐마였다.

쉐마에 나타난 가정 종교교육의 정신을 살펴봄으로 오늘 기독교 가정영성에 대한 새로운 지혜를 얻을 수 있게 될 것이다.

1. 먼저 부모가 하나님을 진심으로 사랑하는 신앙인이 되어야 한다.

"너는 마음을 다하고 성품을 다하고 힘을 다하여 네 하나님 여호와를 사랑하라"(5절).

저자는 하나님을 사랑하는 데 세 가지 요소를 제시한다. 마음, 성품, 힘인데 이것들을 다 바쳐서 하나님을 사랑하는 신앙인이 되어야 한다는 것이다. 여기에 나타난 '마음'은 지적, 정적인 표현을 할 수 있는 것으로 인간의 의지력의 산실이다. '성품'은 생명, 인격을 일컫는 말로 내적 생명력을 말하며, '힘'은 정신력, 체력 모두를 일컫는다. 이 셋은 전인의 요소이며, 이것들을 다한다는 것은 하나님을 사랑할 때 자신의 전존재를 다 바쳐 사랑해야 할 것을 말하고 있다.

2. 부모는 하나님의 말씀을 마음에 새기고, 모든 자녀들을 말씀으로 가르쳐야 한다.

"오늘날 내가 네게 명하는 이 말씀을 너는 마음에 새기고, 네 자녀에게 부지런히 가르치며 집에 앉았을 때에든지, 길에 행할 때에든지, 누웠을 때에든지, 일어날 때에든지 이 말씀을 강론할 것이며, 너는 또 그것을 네 손목에 매어 기호를 삼으며, 네 미간에 붙여 표를 삼고, 또 네 집 문설주와 바깥문에 기록할지니라"(6-9절).

하나님을 사랑하는 부모의 신앙은 자녀를 향한 종교교육의 행위로 표현되어야 한다. 그렇지 않을 때 그 신앙은 올바른 신앙이라 할 수가 없는 것이다. 자녀의 종교교육에 대한 지침은 다음 세 가지로 나누어진다.

1) 부모는 먼저 하나님의 말씀을 마음에 새겨야 한다. 마음에 새긴다는 뜻은 읽어 머리로 이해하는 것만이 아니라 깊은 묵상을 통해 그 말씀이

마음의 기능인 의지력에 영향을 미칠 수 있게 하라는 것이다. 부모의 마음속에 새겨진 말씀은 보다 능력 있게 자녀들에게 전해질 수가 있는 것이기 때문이다.

2) 자녀에게 말씀을 가르치는 것은 어느 일정한 시간만이 아니었다. 가정에서 모든 기회를 이용하여 가르치라는 명령이다. 시간적으로 정리해 보자. 일어날 때, 집에 앉았을 때, 길을 행할 때, 누웠을 때 위의 네 가지 표현은 하루생활의 모든 기회를 포함하고 있다. 따라서 하나님의 말씀이 자녀의 생활에서 잊혀지지 않도록 하는 구체적인 지시가 있다. 하나님의 말씀을 손목에 매고, 미간에 붙이고, 집 문설주와 바깥문에도 기록하라는 것이다. 손은 우리의 모든 활동을 나타내는 대표적인 지체이며, 미간은 개인의 지적 산실의 문으로서 생각, 지식을 표현하는 곳이다. 여기서 미간과 손에 하나님의 말씀을 기록해 담은 동물가죽으로 만든 작은 갑을 이마와 손에 달게 되는 피랙트릭이 나오게 되었다. 이는 사고와 행위가 하나님의 말씀에 따른다는 표식이었다.

말씀을 문설주와 바깥문에 기록하라는 명령에 따라 '쉐마의 말씀'(신 6:4-9, 11:13-21)을 기록한 양피지 넣은 통을 세탁실과 창고 등을 제외한 모든 방 문설주와 대문간에 메주자라는 것을 붙였다. 특히 대문간에 붙인 메주자는 가족들이 드나들며 그곳에 입을 맞추고 "여호와께서 너의 출입을 지금부터 영원까지 지키시리라."(시 121:8)는 말씀을 외웠다.

이렇게 볼 때 하나님의 말씀은 부모에 의해 계속 가르쳤을 뿐 아니라 자녀들이 어느 곳에 가든지 접할 수 있는 것이 되었다. 그리하여 그들은 항상 하나님의 말씀중심으로 살아가는 교육을 받았었다.

3. 가정 영성훈련의 실제

1. 말씀의 교육

쉐마의 교훈에 따라 이스라엘 백성들은 그들의 자녀들에게 하나님을 경외함과 말씀을 중히 여길 것을 강조해 왔다. 다윗은 임종 전 그의 아들 솔로몬에게 준 유언에서 "네 하나님 여호와의 명을 지켜 그 길로 행하여 그

법률과 계명과 율례와 증거를 모세의 율법에 기록된 대로 지키라. 그리하면 네가 무릇 무엇을 하든지 어디로 가든지 형통할지라."(왕상 2:3)라고 말씀하셨다. 반면 하나님께서 자녀의 신앙교육에 소홀했던 엘리 제사장에게 다음과 같이 책망하셨다는 사실을 우리는 기억할 필요가 있다.

"네 아들들을 나보다 중히 여겨…… 나를 존중히 여기는 자를 내가 존중히 여기고 나를 멸시하는 자를 내가 경멸히 여기리라"(삼상 2:29, 30).

가정에서 부모가 말씀을 중히 여기고, 자녀에게 그것을 가르치는 것만큼 위대한 영성의 유산을 물려주는 것이 없다.

링컨이 13살 때 어머니 낸시 여사는 운명하기 전 아들에게 책 한 권을 유산으로 물려주면서 다음과 같이 말했다.

"내 아들아! 이 책은 나의 부모로부터 받은 성경책이다. 내가 여러 번 읽어 낡았지만, 그러나 우리 집에 큰 가보(家寶)이다. 내가 백 에이커의 땅을 너에게 유산으로 물려주는 것보다 이 한 권의 성경을 물려주는 것을 진심으로 기쁘게 생각한다. 네가 이 진리의 말씀을 읽고 이 책대로만 살면 나는 네가 백만 에이커의 대지주가 되는 것보다 더 기쁘겠다."

1901년 미국성서공회 창립기념식에서 루즈벨트는 링컨의 삶을 다음과 같이 표현한 적이 있다.

"링컨은 그의 온 독서시간을 성경연구에 소비했다. 그는 성경을 통달하여 성경 한 책으로 이루어진 사람이라고 할 만하였다. 그는 성경에서 배운 진리를 실제생활에 적용하여 그의 일생으로 하여금 더할 나위없는 영광스러운 것으로 만들었다."

오늘날 말씀중심의 가정이 되기 위해 우리가 할 수 있는 일은 가정예배를 통해 말씀과 기도가 계속되는 가정이 되도록 해야겠다. 아울러 각자의 경건시간에 말씀묵상을 통해 생동감 있는 크리스천 삶을 누리도록 해야겠다.

2. 종교의식을 통한 영성훈련

'신앙과 경건을 성취하는 유일한 신앙의 현상'으로서의 가성의 기능을 강조했던 부쉬넬(H. Bushnell)은 다음과 같은 사실을 말하고 있다.

양친과 아이들의 성격간에는 탯줄과 같은 일종의 연관성이 있는데 부모가 신앙과 사랑으로 어린이에게 영향을 주면 이것이 어린이의 영적 성장이라는 것이다. 하나님께서는 자기의 자녀들에게 선을 요구하시는데 부모들은 그 방향으로 자녀들을 훈련시켜야 한다. 구약시대에 히브리인의 자녀들이 계속 히브리인으로, 초대교회의 어린이들이 기독교인으로 된 것은 어린이들에게 새로운 삶의 틀(matrix)을 주기 위해 그들의 부모가 신앙과 사랑으로 영향을 주었기 때문이라는 사실이다. 특히 종교란 믿는 사람들의 공동체를 통해 학습되어진다고 볼 때 생활 속에 자연스럽게 이루어지는 의식들은 매우 중요한 의미를 우리에게 부여해 준다. 유월절 의식을 보자. 하나님께서는 이스라엘 백성들이 대대로 이 의식을 지킴으로 출애굽에서 보여 주신 하나님의 구원의 사역과 그들에게 부여해 주신 자유에 대한 감사를 느끼기를 원하셨다(출 12:14). 이 의식을 통해 자녀들은 "아버지, 이 의식이 우리에게 무슨 의미가 있습니까?"라는 질문을 자연스럽게 하게 되고, 부모는 하나님께서 이스라엘 민족에게 베푸신 구원의 사역과 이 예식을 지킴으로 민족공동체의 인식과 사명을 재다짐시킬 수 있게 된 것이다.

오늘 우리의 가정에서도 교회력에 따른 절기들(강림절, 성탄절, 사순절, 부활절, 성령강림절, 추수감사주일 등)과, 가족의 생의 변화에 따른 모임(생일, 성인식, 입학, 졸업, 입대, 결혼, 새 직업, 추도식 등)을 효과적으로 지킴으로, 자연스럽게 종교적인 분위기가 가정에서 흐르도록 해야 할 것이다.

3. 기독교 고전읽기, 성화·명화 및 성곡 감상의 시간을 갖기

요즘 어린이들에게 미치는 매스컴의 부정적인 영향은 가히 말하기도 어려울 정도로 크다. 어릴 때부터 기독교 고전을 읽게 하고, 명화를 감상케 하며, 종교음악에 접할 수 있는 분위기를 만들어 주어야 할 것이다.

그것들은 마치 식성과 같아서 어릴 때 길들여졌던 식성이 성장해서도 쉽게 바꿀 수 없는 것을 생각한다면 어려서부터 기독교 고전, 종교음악, 그리고 명화감상 등에 길들여지도록 하는 것은 영성훈련에 중요한 분야이다.

4. 더 깊은 연구를 위한 제안

1. 기독교 가정이 갖고 있는 사명 중 신앙양육에 대한 이해를 깊게 하기

본회퍼(D. Bonhoeffer)는 독일 나치 치하에서 구속되어 있을 때 결혼을 바로 앞둔 조카 딸에게 보낸 결혼 축하문에서 다음과 같이 말했다.

"결혼이란 서로 사랑하는 것 이상이란다. 결혼은 지고한 존엄성과 힘을 간직하고 있지. 왜냐하면 결혼이란 하나님의 거룩한 명령으로서 이를 통해 세상 끝날까지 인류를 존속시킬 뜻을 가지고 계시기 때문이야. 연애 중일 때는 너희들이 세상에서 단 두 사람만 서로 보지만 결혼생활에서는 네가 '하나님께 영광돌릴 세대를 연결하는 사슬의 고리'가 되는 거야."

'하나님께 영광돌릴 사슬의 고리'역을 바르게 감당한 한 가문이 있다. 미국의 조나단 에드워드(Jonathan Edwardes) 가문의 자녀들(729명)을 보자 (나다나엘 올슨, 「당신의 가정도 구원받을 수 있다」, p. 54 인용).

        약 300명 성직자   약 65명 대학교수
        약 13명 대학총장   약 50명 양서저자
        3명 국회의원   1명 미국부통령

위의 두 예를 읽고 다음의 성구를 기록하고 그 뜻을 나누어 보자.
시편 37 : 28 _____
_____
의 미 _____
_____
_____

2. 가정예배에 대한 더 깊은 생각

"가정예배는 많은 가정을 개조시킨다.", "가정에서 기도, 성경공부, 예배가 없다면 죄를 범하는 가정이 될 위험이 있다."는 말이 있다.

아래 가정예배의 제안을 읽고, 우리 가정에 적용해야 할 점들에 대해 의견을 나누자.
  1. 장애물을 의식하라.
     1) 흥미상실   2) 가족들의 시간이 맞지 않음
     3) 형식에서 오는 권태   4) 가족 중의 불신자 등
  2. 아버지가 제사장이 되라.
  3. 성경 중 현대인의 성경(또는 공동번역)을 사용하라.
  4. 따뜻한 분위기를 유지하라.
  5. 외부손님이나 강사를 초청하라.
  6. 때때로 분위기를 바꾸라(야외예배 등).
  7. 일정한 시간과 장소를 정하라.
  8. 가정예배의 목표를 분명히 하라.
     1) 하나님을 알고 경외(렘 9:24-25)
     2) 예배의 습관형성(요 4:24)

3. 부모의 신앙적인 영향에 대한 새인식
  1) 다음의 글을 읽고 생각을 나누어 보자. 경건한 부모를 통해 경건한 자녀가 양육된다. 이는 부모가 최초의 교사이며, 가장 긴 기간 동안에 가장 큰 영향을 줄 수 있는 교사이기 때문이다. 그 이유로 루시 바버(L. Barber)는 다음 여섯 가지를 든다.
    (1) 부모는 자녀에게 최선을 다한다.
    (2) 부모는 가르칠 준비가 자연스럽게 되어 있다. 즉 가장 자연스럽게 동기유발이 되어 있다.
    (3) 부모는 자녀에게 가장 자연스런 교사이다.
    (4) 부모는 가장 일관성 있고 계속성을 가지고 자녀들과 접촉을 갖는 사람들로 어느 누구보다 더 적극적이고 영속적인 영향을 줄 수 있는 교사이다.
    (5) 부모는 자기 자녀를 가장 잘 알 뿐 아니라 매우 친밀하고 긴밀한 관계를 맺고 있는 사람이다.
    (6) 부모는 자기 자녀의 독특성을 잘 알고 있기 때문에 보다 효과적인

개인지도가 가능하다.

2) 부모들이 받은 선조들의 신앙적인 영향을 적고, 그것을 자식들에게 어떻게 나누어 줄 수 있겠는가에 대해 의견을 나누어 보자.

감명 깊은 영향 _____
_____

어떻게 나눌 수 있을까? _____
_____
_____

3) 자녀들에게 읽힌 기독교 고전, 보여 줄 명화, 들려 줄 음악을 찾아 함께 나누어 보자.

_____
_____

5. 맺는 말

자녀의 인격형성에 미치는 영향 중 가정이 끼치는 힘은 학교사회가 끼치는 것을 합하는 것보다 더 크다고 본다. 오늘날 청소년들의 잘못된 가치관, 삶의 무의미와 경험, 탈선, 이 모든 것들을 예방할 수 있는 힘은 가정에 있다. 특히 기독교 가정의 자녀들이 '기독교적인 삶의 양태'(Christian life style)를 형성하도록 영성훈련에 주력해야 할 것이다.

제4장

정의·평화를 위한 가정교육 프로그램

1. 들어가는 말

조화있는 신앙생활에 있어 정의와 평화교육은 어떤 비중을 차지할까? 도르(Dorr)는 '균형잡힌 영성'[1] 이라는 글에서 미가 6 : 8을 소개함으로 영성의 조화를 제시한다.

"사람아, 주께서 선한 것이 무엇임을 네게 보이셨으니
여호와께서 네게 구하시는 것이
오직 공의를 행하며 인자를 사랑하며
겸손히 네 하나님과 함께 행하는 것이 아니냐?"

하나님과 동행, 사랑, 그리고 공의 이 셋이 조화를 이루어야 '균형잡힌 영성'을 이룬다는 것이다. 말씀묵상과 기도를 통해 하나님과 동행하는 사람은 대상을 넓혀 가며 사랑의 깊이를 더해 가야 할 것이다. 또한 무엇보다 중요한 것은 사회의 한 일원으로서 크리스천은 그가 속한 작은 공동체에서부터 세계에 이르기까지 정의와 평화를 이루어 나가야 한다. 그것은 "의와 화평이 서로 입맞추기"(시 85:10) 때문이며, 정의의 결과가 평화이기 때문이다.

사회의 기초단위인 가정, 특히 크리스천 가정에서 정의와 평화를 위한 가정교육이 이루어져야 할터인데 그것을 위한 프로그램은 무엇인가? 필자는 가정영성을 위한 세 번째 제안으로 C.P.P.J. (정의와 평화를 위한 가정양육) 프로그램을 소개하고, 한국에서의 적용문제를 다루려 한다.

2. C.P.P.J. 프로그램[2]

1) 참여자들 : M.E. 프로그램을 마친 8~10가족의 부부들
2) 기   간 : 2박 3일
3) 진행방법 :
    기도, 반성, 그리고 결단을 위해 다음과 같은 과정이 요구된다.
    (1) 목사(또는 신부)와 자원인사(부부)에 의해 주제제시
    (2) 개인적 반성(설문지에 따른)
    (3) 소그룹에서 경험을 나누고 의견을 모음
    (4) 전체 그룹에서 결론을 얻음
    (5) 찬양과 기도
4) 내   용 :
    2박 3일간 개·폐회예배와 더불어 여섯 개의 주제들이 다루어진다.

1. 사람들의 구성체로서의 가정

창세기 1:26~27, 고린도 전서 3:16~17, 갈라디아서 4:7을 중심으로 하나님의 형상으로서의 인간, 인간이 갖고 있는 존엄성과 가치, 각자의 독특한 은사에 대한 지도자의 설명을 듣고 다음의 설문을 다룬다.

설   문

1) 우리 가족 각자의 독특한 점은 무엇인가?

208　Ⅲ. 훈련 프로그램

이　름	독특한 점

2) 가족 사이에서 존엄성, 가치, 그리고 권리가 인정되지 않을 때 어떤 결과가 나타날 것인가?

3) 가족 각자의 독특성을 존경할 수 있는 방법은 무엇인가?

2. 남·녀로서의 인간 가능성을 축하

갈라디아서 3:28, 누가복음 10:38~42, 7:36~50, 21:1~4, 엡 5:21~23을 중심으로 하나님께서 각기 달리 창조하신 성(性)을 통해 성에 관계없이 인간의 가능성을 인정하고, 성적 차별을 없애는 일의 중요성을 공부하고, 자원인사에 의해 가정에서 일어나기 쉬운 성역할의 갈등을 듣는다.

설　문

1) 가정 안과 밖에서의 남·녀(특히 부부)의 역할이 무엇이라고 보는가?

남자의 역할	여자의 역할

위의 역할 중에서 바뀌어져야 할 것은? 그 이유는?

2) 당신은 성 때문에 억압당하거나 차별을 당해 본 적이 있는가? 구체적으로 기록해 보라.
3) 배우자의 능력을 계발하도록 당신은 어떻게 도울 수 있는가?
4) 사례연구
  (1) 부부가 맞벌이를 할 경우, 아내의 수입이 높다면?
  (2) 십대아들이 아버지가 다른 여인과 좋지 않은 곳에 함께 있는 것을 보았다고 하자, 아버지가 엉겁결에 "엄마께 알리지 말라."고 했다. 아들이 "엄마가 이 상황이라면 아버지는 어떻게 하시겠어요?" 되물었다. 당신은 어떻게 대답하겠는가?
  (3) 어떤 부부가 자녀들의 장래를 위한 계획을 위해 생각을 나눈다. 아들은 의사나 법관이 되었으면 하고, 딸은 디자이너가 되기를 원한다(아들에게 경제적 지출을 많이 하고 딸에게는 적게 하려는 의도임). 당신은 이 경우를 어떻게 생각하는가?

3. 가정 안에서의 비폭력, 갈등을 창의적으로 다루기

마태복음 20:20~28, 로마서 12:21~25, 5:15~21, 요한복음 3:6, 에베소서 1:6, 마태복음 5:21~25, 18:15~18, 에베소서 5:21, 4:15~16, 25, 6:3을 중심으로 긍정, 용납, 협력의 분위기의 중요성과 섬김에서의 권위를 찾는다. 가정내의 갈등을 창의적으로 다루기 위해 가족회의, 만남의 시간을 통해 가정의 삶에 참여하는 형태를 이루도록 제안한다.

설 문

1) 가정 분위기
  (1) 당신은 당신의 가정 분위기를 어떻게 묘사하겠는가?(긴장, 행복, 협력적, 무질서, 기도하는, 심각한, 적대적인, 용납하는 등)
  (2) 보다 긍정하는 분위기가 되기 위한 두 가지 이상의 방법들은?
  (3) 보다 협력적인 분위기가 되기 위한 두 가지 이상의 방법들은?
2) 가정훈육

(1) 당신의 가정에서 갖는 훈육의 종류들을 묘사하라. 자녀들에게 영향력을 끼치는 이는 누구이며 어떤 종류의 영향력인가?
(2) 효과적이고 만족할 만한 훈육의 방법들은?
(3) 비효과적이고 불만족스러운 훈육의 방법들은?
(4) 당신의 가정에서 보다 효과적이고 만족스러운 방법으로 변화시키기를 원하는 훈육에는 어떤 것이 있는가?
  3) 창조적으로 갈등을 해결하기 위한 사례연구(어린이들 사이의 싸움에 대한 사례가 발표된 후)
(1) 당신은 그 상황에서 어떻게 했겠는가? 왜?
(2) 당신은 그 상황에서 어떻게 했어야만 했을까? 왜?(함께 모여 나눈 후 원칙을 찾는다.)
① 갈등을 다루기 전 감정을 식히라.
② 느낌을 나누고 들으라.
③ 각 사람을 만나 해결책을 찾으라 등.
  4) 가족회의
(1) 언제?
(2) 어떻게?
(3) 무엇을 위해?(가족의 계획, 봉사, 분담, 갈등을 해결하기 위해)
(4) 어떤 점에서 효과적인가?

4. 청지기직과 단순성(선택적 삶의 형태)

시편 24, 레위기 25 : 23, 마태복음 6 : 19~21, 31~33, 25 : 31~46, 디모데 전서 6 : 6~10, 고린도 전서 4 : 2을 중심으로 선택적인 삶의 양태의 중요성, 청지기직 훈련의 방법들, 단순한 삶의 양태를 훈련하는 것을 다룬다.

설 문

1) 개인적 반성을 위하여
(1) 마태복음 6 : 19~21 읽고 기도 후
  "땅위의 나의 부요는 어디에 있는가?"에 대해 쓴다.

(2) 시편 24：1을 읽고 기도 후 주를 위한 땅의 자원들과 땅의 물질들을 내가 어떻게 사용하고 있는가를 기록한다.
(3) 다른 이와 나눌 나의 천부적 재능과 기술들은 무엇인가?
(4) 여가를 소비적으로 사용하는 나의 경우는?
(5) 사치와 관련된 나의 소유는? 청지기 직분을 감당하기 위해 그것을 어떻게 사용할까?
(6) 지난 한 해 입지 않은 옷들은 얼마나 되나? 그것이 나에게 무엇을 의미하나?
(7) 나의 자녀, 부모, 형제자매들이 구입하기를 원하는 것인가? 그들의 욕망이 어디에서 오는 것인가?
(8) 학교, 직장 밖에서의 나의 자녀, 부모, 형제자매들이 시간을 보내는 중요한 세 가지 활동들은? 그것은 창조적인가? 소모적인가?
(9) 가족들이 T.V시청에 보내는 시간은?
(10) 나의 가족들이 물질소유에 갖는 태도는?
2) 소그룹에서 나누기(청지기직 단순성을 어떻게 이룰 수 있는가?)

	하기 쉬운 것	하기 어려운 것
돈	1. 2. 3.	1. 2. 3.
음식	1. 2. 3.	1. 2. 3.
의복	1. 2. 3.	1. 2. 3.
에너지	1. 2. 3.	1. 2. 3.

교 통	1. 2. 3.	1. 2. 3.
가 정	1. 2. 3.	1. 2. 3.
달란트	1. 2. 3.	1. 2. 3.

3) 가족을 위한 두뇌폭풍

(축하를 위한 시간과 방법 : 생일, 세계, 결혼, 성탄절, 새해, 부활절, 성령강림절 등)

5. 인간의 다양성을 축하함

마태복음 7:12, 로마서 15:7, 고린도 전서 12:12~13, 에베소서 2:19~20, 아모스 5:14, 24을 통해 인간의 다양성 속에서 하나님께서 역사하심을 이해하고 한국인으로서의 정체성과 사회, 경제적인 장벽을 제거함으로 기독교적인 사회의식과 애국심을 기른다.

설 문

1) 민족의식, 지방색
 (1) 한국인으로 태어남에 대해 어떻게 생각하는가?.
 (2) 다른 민족에 대해 당신은 어떻게 느끼는가?(우월, 열등 : 미국인, 중국인, 일본인 등)
 (3) 당신 가족에게 애국심이 어느 정도인가?(국산품 애용, 외국물품 선호 등)
2) 사회경제 교육적인 배경
 (1) 당신 가정의 사회적 위치는?

(2) 당신보다 다른 배경에 있는 친구들은 어느 정도인가?
(3) 장벽을 깨뜨리기 위해 당신 가정이 공헌할 수 있는 길은?

6. 기독교 사회건설을 위한 참여자로서의 가정

마태복음 18:20, 22:15~22, 마가복음 10:28~30, 고린도 전서 12, 14, 에베소서 4:11~16, 요한복음 15:12~16, 사도행전 2:42~47, 4:32, 고린도 후서 8:1~5을 중심으로 하나님 나라 건설에 참여할 크리스천의 책임을 다룬다. 특히 정의와 평화를 사회 속에서 이루어야 할 크리스천 가정의 역할을 다루게 된다.

설 문

1) 가정들이 사회참여할 수 있는 방법들 찾기
   (1) 가까운 이웃 구제
   (2) 사치, 낭비 억제를 위한 절제운동
   (3)

2) 사회봉사에 어린이로 참여케 하는 방법 찾기

이상의 활동 후 이 활동이 지속되어지도록 소그룹을 형성하여 2주, 또는 한 달 만에 한 번씩 만나 기간 중에 계획했던 일의 결과, 또는 격려의 시간을 갖는다.

3. 적용을 위한 제언

개신교 선교 100년, 가톨릭 선교 200년 이후 기독교인의 수는 천만에 이르러 4명이 모인 곳이면 그 중 1명은 크리스천이라고 말한다. 놀라운 축복이다. 그러나 혹자는 크리스천 퍼센트만큼 정치, 경제, 사회, 그리고 문화면에서 영향이 있느냐는 질문에 대해서는 쉽게 긍정적인 대답을 하지 못하는게 사실이다.

무엇이 문제일까? 사회의 기초단위인 크리스천 가정이 올바로 설 수 있도록 목회적인 돌봄이 요청된다고 본다. 특히 영성훈련의 기본장으로서 기독교 가정이 부모, 자녀 함께 그리스도의 삶의 양태를 형성하고 살아갈 때 가능할 것이다.

그 작업의 기초를 위해 몇 가지 다른 나라에서 시도되고 있는 프로그램들을 소개하였다. 그 중 C.P.P.J.의 한국적 적용을 위해서 다음 몇 가지 사항을 제안한다.

1) C.P.P.J. 프로그램을 기본으로 하여 우리 실정에 맞는 프로그램을 계발할 필요가 있다. 이때 우리 민족의식 중의 장·단점과 기독교가 주는 긍정적인 영향 등이 참조되어야 할 것이다.

2) 2박 3일의 프로그램 실행을 개 교회에서 실행하려면 실행하기 전 실행하려는 목회자와 자원인사(부부)의 사전훈련이 필요하다.

3) 더 깊은 연구를 위한 자료에는 다음과 같은 것들이 있다.
   (1) Kathleen and J. Mc Ginnis. *Parenting for Peace & Justice.* Orbis Books, 1981.
   (2) D. Dorr. *Spirituality and Justice.* Orbis Books, 1984
   (3) Haughey. *The Faith that Does Justice.* Paulist press, 1977.

제5장
크리스천 가족 캠프

1. 들어가는 말

가정의 삶의 방식이 현재, 그리고 미래의 우리 사회의 모습을 결정한다. 오늘 우리 가정의 삶의 방식은 어떠한가? 특히 사회의 정의와 평화를 위해 기여해야 할 사명을 지니고 있는 크리스천 가정들의 삶의 방식은 비기독교인 가정들의 삶의 방식과 어떤 차이를 보여 주고 있는가?

가정과 교회의 관계는 공생(symbiosis)의 관계이다. 가정은 교회, 사회의 기본 단위(cell)로 건강한 가정이 건강한 교회, 건강한 사회를 이룰 수 있는 것이다. 건강한 가정을 이루는 일을 교회가 어떻게 도울 수 있을까? 가족 모두가 함께 휴가를 갖는 여름방학 기간에 가능한 하나의 프로그램으로서 가족 캠프에 대해 소개하고자 한다.

2. 크리스천 가족 캠프의 의의

자연 속에서 공동생활을 하면서 다양한 프로그램을 통해 교육의 목적을 달성하는 활동으로, 세대간(inter-generational) 교육의 하나이다.

평소의 교회학교와 여름성경학교 활동이 같은 연령층을 대상으로 하는 것임에 비해, 가족 캠프는 가정내 모든 식구들이 참여하는 다양한 대상간에 이루어지는 활동으로 아래와 같은 효과를 가져올 수 있다.

1) 우리 가정에 대한 하나님의 뜻을 찾는다.
2) 부모, 형제자매간의 대화를 통해 서로를 깊이 이해하게 된다.
3) 가정이 갖고 있는 문제점을 발견하고 함께 해결책을 찾게 된다.
4) 영·심성 훈련과 육체의 건강을 위한 기회가 된다.
5) 다른 가족의 삶의 방식을 통해 나타난 건전한 태도를 배울 수 있게 된다.
6) 공동생활의 규범을 배우며 더불어 삶의 가치를 깨닫게 된다.

3. 크리스천 가족 캠프를 위한 준비

가족 캠프의 계획, 회원모집, 프로그램 준비, 장소선정은 교육위원회의 가정생활분과가 담당해야 한다. 그러한 분과가 없다면 방학 3개월 전에 캠프를 위한 준비위원회가 구성되어져야 한다.

1. 준비위원회

위원으로 목사, 교육목사, 장로, 평신도 중 남·녀 각1인, 캠프 유경험자로 구성한다. 준비위원회에서 할 일로는

1) 캠프의 주제, 목적, 장소의 선정
2) 캠프 가족 회원 모집
3) 출발 전 2~3회의 예비모임 주관 등이 있다.

2. 가족 캠프 형태와 준비

가족 캠프는 6~7세대가 알맞으며 10세대 이상이 되지 않게 한다. 장소는 산으로 하되 수양관, 기도원, 또는 다른 건물(공동으로 모여 시간을 가질

수 있고, 각 세대의 가족들이 따로 활동할 수 있는 방, 교실이 있는 곳)로 하되 공동식사가 제공되는 곳이어야 한다.

각 세대별로 텐트를 준비하여 건물 주변에 각 텐트를 가까이하여 친다.

캠프 가족의 모집은 연령이 비슷한 부모들과 자녀들로 한다. 가능하면 교회에서 가진 M.E.(Marriage Encounter), 또는 Family Encounter에 참여한 가족들을 우선으로 모집한다. 이전의 가족을 위한 프로그램에 참여해 본 가족들은 보다 깊은 관심과 자신의 가정의 변화를 갈구하고 있기에 가족 캠프가 보다 성공적으로 진행될 수가 있기 때문이다.

4. 주제, 일정 및 프로그램

1. 주제 : 아름다운 우리 가정

개인주의, 가족중심의 사고의 이 사회에서 우리의 가정이 어떠한 가정이 되어야겠는가에 초점을 둔다. 하나님이 원하시는 가정, 서로 사랑하는 가족, 그리고 이웃가정과의 사귐을 통해 열린 가정의 모습을 되찾는다. 이 주제를 위해 세 번의 주제강의와 웍샵이 있다. 교재로는 다음의 자료를 소개한다.

1) 헨리 J.M. 누웬. "영성과 가정". 「기독교사상」(89.5.), pp. 134-140.

이 글에서 그리스도인의 영성생활을 개인적인(solitude), 친교적인(intimacy) 것으로 나누고, 이 둘이 가정에서 가장 효과적으로 이루어질 수 있음을 제시했다.

"개인의 영성생활이 없는 친교로서의 영성생활은 소유관계로 변질되며, 친교로서의 영성생활이 없는 개인의 영성생활은 고립으로 변질된다. 그러므로 개인의 영성생활과 친교로서의 영성생활은 그리스도교 가정임을 증거하는 필수적인 본분이며 그 증거는 가정을 넘어서 모든 사랑의 근원인 하나님을 가리킨다"   -글의 한 부분-

2) 디트리히 본회퍼. 문동환. 「신도의 공동생활」. 대한기독교서회, 1964.

제1장 공동생활   제2장 남과 함께 사는 하루   제4상 섬심

2. 프로그램 지침

위의 일정표에 따라 진행해야 할 프로그램의 세부사항은 다음과 같다. 진행부가 각 가족과 연결하여 진행에 있어 보다 나은 효과를 가져오도록 준비해야 할 것이다.

1) 예 배

개회예배는 가급적 자연 속에서 드리고, 폐회예배는 실내에서 드리는 것이 좋겠다. 예배 담당자는 개회·폐회예배시 한 가족단위로 순서를 맡겨 사회, 기도, 성경봉독, 찬양을 각 가정단위로 인도하도록 한다.

폐회예배 전에 세족례는 목사님이 주관하고 곧이어 폐회예배시 성찬식도 집례한다.

3. 일 정 표

시 간		첫째날	둘째날	셋째날
새벽	6:00 7:00		자연에서의 명상, 기도의 시간	
	8:00		아 침 식 사	
	9:00		산책(자연과의 대화)	
오전	10:00	출 발 ↓ 도 착	주제강의와 웍샵 I	주제강의와 웍샵 Ⅲ
	11:00		휴식	세족례
	12:00	개회예배, 오리엔테이션	주제강의와 웍샵 Ⅱ	폐회예배(성찬식)
	13:00	점 심 식 사		
오후	14:00	캠프(숙소)준비	침묵의 시간	공동사진 촬영 귀가
	15:00		온 가족이 함께 -운동시간-	
	16:00	가족단위의 대화의 시간	족구, 수영	
	17:00		평화의 건설자	
	18:00	저 녁 식 사		
	19:00			
	20:00	가족신문 만들기	다른 가족과의 사귐	
밤	21:00 22:00	창조적 가정예배	캠프 파이어	

자연에서의 명상, 기도회 시간은 둘째날 아침은 숲속에서, 셋째날 아침은 냇가(골짜기)에서 드리도록 한다. 먼저 찬양, 기도, 성경읽기와 명상을 안내한 후 명상의 시간을 20~30분 갖도록 지도한다. 이때 구체적인 명상 주제를 주어야만 한다.
  2) 가족 단위의 대화의 시간
 숲속이나 골짜기에 가족별로 자리를 마련하여 대화의 시간을 갖는다. 이 대화의 시간은 다음 가족신문 만들기 활동자료가 된다.
 다음의 제목과 기타 다른 이야깃거리로 대화를 나누게 하자.
   (1) 우리 가정사(史)
     ① 부모의 결혼에 얽힌 이야기
     ② 우리 가정의 신앙의 뿌리(딤후 1:8 참조)
     ③ 자녀들의 출생과 성장에 얽힌 이야기
   (2) 우리 가정의 장점 발견하기(선행, 가족구성원의 장점 등)
   (3) 가훈에 대한 이야기
   (4) 기타
  3) 가족신문 만들기
 실내에서 각 가정에 모조지 2장과 매직, 사인펜, 크레용을 주고 가정을 소개할 수 있는 기사들을 쓰게 한다. 신문명은 'ㅇㅇ네 가정신문'이 좋겠다.
 자기 가정을 표현하는 상징 그림을 그리거나 가훈을 주제로 사설을 쓰고, 각 가족의 특징도 소개할 수 있다. 이 활동을 통해 가족공동체 의식을 키우게 된다. 만들어진 신문은 끝날 때까지 전시하고, 끝난 후 각 가정에 돌려 준다.
  4) 창조적 가정예배
 잠들기 전 각 텐트에서 가정예배를 드린다. 이 때의 모든 순서는 각 가정에 위임한다. 각 가정 나름대로 의미 있는 가정예배 순서를 준비하여 드리게 한다.
  5) 산책(자연과의 대화)
 산책을 하면서 새, 나무, 꽃 등을 관찰하자. 그리고 자연의 소리를 듣자, 맑은 하늘을 쳐다보고 큰 숨을 내쉬어 보자. 그리하여 시편기자가 노래한 것과 같이 "여호와여, 손수 만드신 것이 참으로 많사오나 어느 것 하나 오묘하지 않은 것 없고 땅은 온통 당신 것으로 풍요합니다."(시편 104 : 24)라고 노래하자("주 하나님 지으신 모든 세계", "참 아름다워라", "온 천하만물 우러러" 등의 찬양도 부를 수 있다.). 이 시간에 부모가 자녀와 함께 자연을 관찰하면서 나무이름, 들풀이름을 알려 주어도 좋다.

6) 주제강의와 웍샵 I. II. III.

강의 I. 가정을 향하신 하나님의 뜻(참고자료, 창 12 : 1-9, 행 10 : 1-8)

강의 II. 가정 안에서의 사랑(갈등, 문제를 해결하고 사랑하는 법)

강의 III. 이웃과 더불어 사는 가정(본회퍼의 책을 참고하여, 특히 섬김을 강조할 것)

웍샵은 가정별로 또는 가정들이 함께 하는 것으로 준비할 수 있을 것이다.

7) 침묵의 시간

"보다 차원 높은 종류의 귀기울임이 있는데 그것은 어떤 특별한 소리에 주의하는 것도 아니고 어떤 류의 메시지를 받아들이는 것도 아닌, 그 자체의 공허 안에서 하나님의 메시지의 충만함을 깨닫기 위하여 기다리는 부드러운 비움(emptiness)이다. ……그는 침묵 속에서 하나님의 말씀을 기다린다. 그리고 그는 그의 침묵을 깨뜨리고 갑자기 들어오는 무슨 말에 의해서 응답을 받게 되는 것이 아니다. 그 응답은 오히려 갑작스러움과 설명할 수 없는 자신의 침묵에 의해서이다. 침묵은 그에게 하나님의 음성으로 가득 찬 능력의 말씀을 스스로 계시한다."(T. Merton의 *Search for Silence* 중에서) 침묵의 시간을 시작하기 전에 위의 글을 모두에게 들려주거나 캠프 핸드북에 인쇄되었다면 읽게 한다. 그리고 다음과 같이 소개하라.

우리는 항상 소리와 소음에 둘러싸여 있기에 능력 있는 하나님이 이끄시는 침묵을 잊고 있다. 우리의 일상적인 생활은 소음으로 가득 차 있다 (T.V, 라디오 자동차 소음 등). 캠프 가족들은 한 시간 동안 침묵을 지키며, 고요 속에서 하나님 말씀을 명상하고, 자신의 삶에 대해 명상해 보자.

8) 온 가족이 함께 하는 운동시간
두 팀으로 가정을 나누어 족구를 한 후 수영을 할 수 있으면 좋겠다.
9) 평화의 건설자
아래 프로그램은 천주교 서울대교구 교육국 주일학교 교사연합회편. 자료모음 제1집 「피정지도와 실제」. pp. 68-71 인용이다.

당신의 평화는?

당신은 평화를 건설하는 사람입니까? 아니면 주위에 작은 전쟁을 일으키는 사람입니까? 다음 각 문제의 세 가지 답 중에서 당신이 느끼고, 취하는 행동에 가까운 것을 택하여 표시하십시오. 12문제를 끝낸 후 총점을 내고(점수표 참조) 해설을 읽어보십시오. 그리고 더욱더 평화의 전달자가 될 수 있도록 노력합시다.

1. 길을 가다가 두 사람이 맞붙어 심하게 싸우고 있을 것을 보았을 때
   ① 두 사람을 떼어놓으려고 애쓴다.
   ② 때려 주고 싶은 마음을 억제하지 못해 같이 싸움 속에 뛰어든다.
   ③ 다른 많은 행인들처럼 멈춰서서 구경한다.
2. 공부에 열중하고 있는데 이웃집에서 라디오를 크게 틀어 놓았을 때
   ① 소리가 그치기를 기다린다.
   ② 이쪽에서 라디오를 더 크게 튼다.
   ③ 이웃집에 가서 사정 이야기를 하고 소리를 줄여 달라고 부탁한다.
3. 공원에서 비둘기에게 돌맹이를 던지면서 노는 아이들을 보았을 때
   ① 못 본 척하고 지나간다.
   ② '재미있겠다' 하고 생각하며 같이 돌을 던진다.
   ③ "그렇게 하는 것은 좋지 않다."고 아이들에게 가르쳐 준다.
4. 자전거를 타고 달리다가 어떤 노인의 가방을 떨어뜨렸을 때
   ① 멈추고 자전거에서 내려 정중하게 사과한다.
   ② 더 속력을 내어 달려가 버린다.
   ③ 계속 달리며 노인을 향해 거친 말을 던진다.
5. 텔레비전에서 어떤 곳에 대재난이 일어난 소식을 알려 주며 비참한

장면을 보여 줄 때
① 흥미있게 본다.
② 시선을 다른 곳으로 돌린다.
③ 그 재난의 원인을 알아보려고 한다.
6. 벽에 침략적인 슬로건이 쓰여 있는 것을 발견했을 때
① 그 말 아래에 밑줄을 긋는다.
② 읽어보고 그냥 지나간다.
③ 그 말을 지운다.
7. 길에서 한 젊은이가 노인을 때리려는 것을 보았을 때
① 말리기 위하여 서둘러서 그들을 향하여 간다.
② 방향을 바꿔 다른 길로 간다.
③ 당장 달려가 그 젊은이를 때린다.
8. 옆집 개가 계속해서 심하게 짖어대는 소리가 들릴 때
① 시끄러우니까 음악을 크게 튼다.
② 무슨 일이 생겼는지도 모른다는 생각에 누구에겐가 알린다.
③ 창문을 열고 개에게 들어가라고 소리친다.
9. 아버지께서 몹시 기분이 언짢으셔서 집으로 돌아오셨을 때
① 기분이 상하게 된 이유를 알아보고 이해하려 노력한다.
② 언성을 높여 "모두가 나에게 신경질만 낸단 말이야!" 하고 말한다.
③ 아버지를 피하고 이야기하기를 꺼린다.
10. 출입금지된 잔디밭에 들어가서 놀라고 친구들이 말할 때
① "야! 멋지다" 하고 외치며 같이 간다.
② 그냥 거절한다.
③ 이유를 말하면서 거절한다.
11. 어른들이 핵전쟁의 위협에 대해 이야기하는 것을 들었을 때
① 나와 상관 없는 일이니까 관심을 가지지 않는다.
② 그것에 대해 좀더 알려고 질문을 한다.
③ 귀찮은 문제니 그냥 지나가 버린다.
12. 동생이 장난감 총을 선물로 받았다.

① 기뻐하며 그것을 가지고 같이 논다.
② 이것은 "어린이에게 맞지 않는 장난감이다." 하고 생각한다.
③ "이런 걸 가지고 노는 시기는 이미 지나갔어."라고 생각한다.

답 안 지

	1	2	3	4	5	6	7	8	9	10	11	12
①												
②												
③												
점수												

점 수 표

질문	1	2	3	4	5	6	7	8	9	10	11	12
①	1	2	2	1	3	3	1	2	1	3	2	3
②	3	3	3	2	2	2	2	1	3	2	1	1
③	2	1	1	3	1	1	3	3	2	1	3	2

해 설 : 당신은 어디에? 앞으로 어떻게 해야 될까요?

12-18점

불화, 논쟁, 싸움 등이 일어나면 당신은 아주 근심하며 마음 아파합니다. 당신은 평화를 원하고 평화를 위하여 할 수 있는 모든 것을 하려 합니다가. 그것이 바로 세계평화를 향한 첫걸음입니다. 계속하십시오.

19-31점

당신은 싸우는 것을 원하지 않고 싫어합니다. 그러나 평화에 대해서든 전쟁에 대해서든 말할 용기가 없습니다. 내가 행복하게 살기 위해서 모르는 척하자는 식입니다. 편안한 삶만을 영위하려는 사람의 태도입니다.

32-36점

"나를 건드리면 가만 두지 않겠어!"라고 말하는 형입니다. 사람들은 되도록이면 당신에서 밀리 있는 것이 유익합니다. 잘못하면 파격한 말을 듣거나 한대 맞을지도 모르니까요. 정말 평화를 건설하지 못하는 사람입니다.

10) 다른 가족과의 사귐

캠프송을 함께 부르고 각 가정에서 준비한 단막극 찬양, 유모어 등을 통해 가정간의 사귐을 갖는다.

11) 캠프 파이어

캠프의 꽃인 이 시간에 캠프 파이어를 통한 축제와 결단의 시간을 갖는다.

12) 세족례

실내에서 행해지며, 목사님께서 먼저 세족례의 의의(요한 13 : 1 - 16)를 소개하신 후 먼저 각 가정의 아버지의 발을 씻긴다. 그후 아버지는 자신의 가정의 아내, 자녀들의 발을 씻긴다.

5. 맺는 말

M. E. 운동의 창시자인 칼보(Fr. Calvo) 신부는 다음과 같은 내용의 말을 하였다.

각 가정은 성냥알이 가득 찬 성냥곽과 같다. 한 개비의 불이 모든 개비에게 불을 당겨 준다. 마찬가지로 가족 구성원은 서로의 잠재력인 사랑, 관심, 능력을 일깨울 수 있다. 이렇게 일깨워진 가족들의 힘은 그 가족의 이웃인 작은 공동체로부터 더 큰 공동체에게 변화를 가져오는 것이다.

우리의 가정이 먼저 하나님이 원하시는 가정이 되어 더 큰 공동체를 섬길 때 우리 사회와 세계의 변화는 자연히 따라오는 것이다. 가족 캠프가 그런 의미에서 공헌하리라 본다.

5. 크리스천 가족 캠프 225

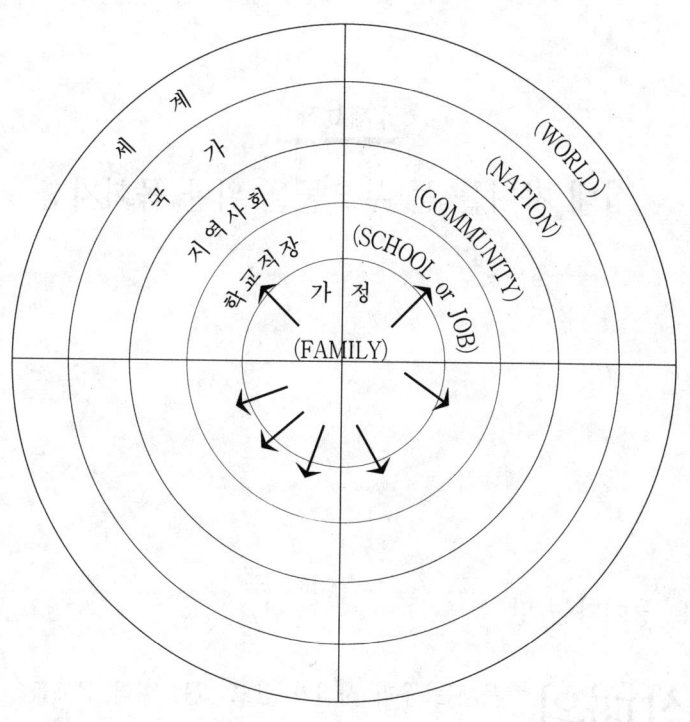

제6장
십대 자녀를 둔 부모들을 위한 목회지침

1. 들어가는 말

십대의 문제는 우리 사회가 안고 있는 여러 문제들 가운데 가장 심각한 것인 동시에 우리 교회가 가장 많은 관심을 두어야 할 목회대상이기도 하다. 그 이유로 십대들이 당면하고 있는 내적, 외적 요인들을 들 수 있다. 내적인 요인으로는 십대야말로 성장하는 세대로서 처음으로 자기가 누구이며, 사회에서의 자기 역할이 무엇인가를 밝혀 보려고 애쓰지만 완전한 자아확립이 이루어지지 못해 갈등 속에서 불안을 느끼면서 계속 자기를 찾아가는 시기이다. 그래서 심리학자, 종교교육자들은 이 시기의 세대들을 '자율, 타율, 신률(神律) 어느 것도 확고하지 않은 시기', '개인과 사회간의 가장 오랜 갈등의 시기', '질풍노도의 시기', '제2의 탄생기', 또는 '종교적 회심기'라고 부른다. 내적인 고뇌 속에 있는 그들의 주위환경은 어떠한가? 외적인 요인들이 그들의 요구에 흡족할 만한 분위기가 되지 못하고 있다. 계속되는 입시 위주의 학교교육에서 그들의 심신은 피로하기만 하다. 우리 사회의 급격한 변동에서 생기는 물질주의, 이기주의, 부정적인 가치관들이 청소년들의 올바른 세계관 형성에 좋지 못한 영향을 주고 있다.

그러기에 오늘의 청소년들은 기성세대가 그들에게 좀더 깊은 관심을 기울여 주기를 기대하며 그들의 문제들을 함께 나누기를 원한다. 이들에게 누가 어떤 도움을 주어야 하나? 일차적인 책임과 더불어 가장 많은 영향을 줄 수 있는 대상은 십대를 둔 부모들이다. 그러나 문제는 교회내 많은 부모들이 십대자녀들이 무엇을 생각하며, 어떤 문제로 고민하고 있는지를 잘 알지 못할 뿐더러 그들을 효과적으로 지도해야 할 방법을 모르고 있다는 사실이다. 이런 점에서 어린이로부터 노년에 이르기까지 교회의 전 연령층의 바람직한 성숙에 책임을 지고 있는 목회자가, 여러 가지 갈등 속에서 제2의 인생의 삶으로 도약하는 십대들을 돕기 위하여 부모들을 도와야 한다.

2. 십대 발달과업과 교회의 교육과제

발달과업이란 한 인간이 성숙한 인간으로 성장발달하기 위하여 그 연령기에 마땅히 습득하고 넘어가야 할 과제를 말한다. 그 연령기에 이루어야 할 과업을 이루지 못한다면 그 다음 연령기에 그 과업을 이루는 것이 훨씬 어려울 뿐만 아니라 실패할 가능성도 높다. 발달과업을 제 때에 성취한 사람은 만족감을 갖고 생활에 임하게 되고 다음 이루어야 할 과업을 성공으로 이끌 가능성도 높아지게 된다. 십대를 바르게 지도하려는 이들은 십대들이 이루어야 할 발달과업을 먼저 이해해야만 한다. 그때 교회가 그 발달과업을 어떻게 성취할 수 있는가의 방법을 찾아 도울 수 있을 것이다.

1. 십대의 발달과업
십대 연령의 폭이 넓어 각 연령기에 요구되는 발달과업이 다르나 대체적으로는 다음과 같다.
 1) 지적 발달에 있어 자율성이 획득되는 시기로 스스로 생각하고 판단

할 수 있는 힘을 키워 나가야 한다 : 아동기의 사고구조와는 달리 추상적으로 사물을 이해하고 논리적으로 증명할 수 있는 능력의 시기로 스스로 생각하며 판단할 수 있는 능력을 키우도록 도와 줘야 한다. 이 시기에는 어른들의 감정적, 강압적, 일방적인 명령이나 금지에 대해 쉽게 승복하려 하지 않는다는 것을 이해할 필요가 있다.

2) 남녀간의 역할을 인식하여 새롭고 성숙한 관계를 형성할 수 있는 능력을 키워 나가야 한다 : 십대는 이성에 대해 많은 관심을 가지는 시기이며, 또한 성적 충동도 강할 때이다. 하나님께서 남녀를 창조하신 의도, 남녀의 역할이 어떻게 다른지, 신체적인 차이 등에 대한 이해와 이성에 대한 바람직한 태도를 갖도록 도움이 필요한 시기이다.

3) 우정을 키우며 그룹 활동에서 소속감, 안정감, 지도력을 키워 가야 한다 : 십대는 부모와의 깊은 관계를 유지하면서 친구와의 관계를 더 깊이 할 시기이다. 일 대 일의 친구관계를 갖기도 하나 우정적인 그룹에서 활동하면서 심리적 안정이나 인정 등 자신을 확산시켜 나갈 수 있는 기회를 요구한다.

이런 활동을 통해 대화의 능력, 타인을 이해하는 힘을 키워 나감으로 사회인이 되는 중요한 경험을 하게 된다.

4) '자아의식'을 형성하는 일이다 : 심리학에서는 '정체의식'이라고 부르는 것으로 '자신에 대한 일관성 있는 의식으로 그의 노력과 생활의 의미를 갖는 깨달음'이다. 사실 이 의식은 일평생에 걸쳐 이루어지나 가장 강하게 인식되는 시기가 십대이며, 이 시기에 '자아의식'이 올바로 이루어져야만 다음 연령기에서의 삶이 순조롭게 진행된다. '나는 누구인가?' '무엇을 할 수 있는가?' '의미 있는 삶이 무엇인가?'에 대한 해답을 찾은 십대는 그후 그에게 전개되는 과제인 진학, 취업, 친구, 이성과의 교제 등 모든 것이 자신이 설정한 자아의식에 의해 바르게 결정되어지나 이것이 혼미할 경우는 자신의 생활방식의 혼란 때문에 내면적으로 심한 고민에 빠지며, 학업 및 모든 활동에 올바른 방향을 잡지 못하게 된다. 십대 발달과업의 가장 중요한 과제는 곧 '자아의식'의 형성인 것이다.

5) 회심의 경험을 갖고 영적으로 좋은 습관(영성훈련)을 갖는 일이다 :

삶의 문제에 깊은 관심을 갖고 고뇌하는 십대들이, 종교적으로 성숙해질 수 있는 가장 중요한 연령기이다. 이 때야말로 많은 청소년들이 예수 그리스도를 인격적으로 만나는 회심의 기회이며, 이 때부터 좋은 종교적 습관을 길러나가도록 지도해야 할 것이다.

6) 삶의 목적을 세우고 그 목적을 위한 계획을 수립하는 일이다 : 십대야말로 생에 있어서의 아침이다. 자아의식과 종교적 회심을 통해 하나님께서 자신에게 주신 비전에서 삶의 목적을 설정하고, 그 목적을 이루기 위한 구체적인 계획에 따라 자신의 삶을 가꾸어야 한다.

2. 교회의 교육과제

이상의 십대들의 발달과업이 이루어지도록 가정과 교회는 어떻게 그들을 돕고 있는가? 교회는 가정의 부모들에게 일임하고, 부모들은 교회학교 교사들만을 의지하고 있지 않은가? 그 가운데서 오늘의 우리 교회 십대들은 자신의 힘만으로 자신의 문제를 해결하기 위해 외롭게 싸워 오지 않는가? 그러다가 잘못하여 그릇된 판단 때문에 더 깊은 수렁에서 고민하고 있지 않은가?

성도들의 전인적 성숙에 책임을 지고 있는 우리 교회는 이들의 발달과업을 이룩하도록 도와 줄 수 있다. 그것이 어떻게 가능할 것인가? 몇 가지 지침에 대해 생각해 보자.

1) 자율적인 사고, 판단을 할 수 있는 기회를 많이 주는 일이다 : 교회학교의 십대 성경학습은 교사의 일방적인 전달 위주의 강의만을 하지 말고, 십대들이 스스로 생각하고 의견을 제시하고 결단할 수 있는 그룹토의, 질문 등을 활용케 하는 것이다. 따라서 가정예배시간에 부모의 일방적인 성경교훈을 전달하는 식의 방법을 피하고, 가족이 함께 진리를 찾아가는 방법을 찾는 일을 지도할 필요가 있다. 특히 어떤 문제를 놓고 자녀들에게 강압적으로 교훈하는 것보다 십대 자녀를 인격적으로 대하면서 문제를 풀어 나가도록 부모를 교육하는 기회도 가져야 할 것이다.

2) 교회생활이야말로 남녀가 자유롭게 어울리며 서로를 이해할 수 있는 가장 자연스러운 기회가 된다. 그러나 교회 십대들에게 성경이 제시하는

남녀의 역할, 신체·심리적인 차이의 이해, 결혼의 의미와 준비 등에 대한 체계적인 교육이 필요하다.

3) 그룹 활동을 통해 협조, 리더쉽을 키우는 일을 교회가 앞장서서 도울 수 있다. 교회학교내의 자치활동이 일상성을 떠나 보다 의미 있는 활동이 되도록 도와 주며, 기회 있는 대로 교회 십대를 대상으로 그룹 다이나믹스(group dynamics), 인간관계훈련 등의 특강을 실시하여 그룹의 역할들을 체험하며, 특히 신앙공동체의 사랑, 협력의 힘이 얼마나 놀라운가를 경험케 한다. 또한 교회 밖의 의미 깊은 활동들 - YMCA, YWCA, YFC, CCC 등 - 도 파악하여 부모들께 소개할 수도 있다.

4) 자아의식 형성에 있어 가장 큰 영향을 끼칠 수 있는 곳이 가정이다. 연구에 의하면 십대의 긍정적인 자아형성은 부모가 갖는 긍정적인 태도, 부모와 자녀간에 이루지는 자유스런 분위기의 대화, 그리고 애정 있는 분위기에서 가능하다는 것이다. 아무리 부모가 사회적으로 인정받는 직업, 상당한 수준의 경제적 위치를 가졌다 하더라도 자녀에 대한 무관심과 가족 상호간에 갖는 적대감 등은 자녀의 자아형성에 부정적인 영향을 미치게 되는 것이다. 부모들이 이 사실의 중요성과 효과적인 방법을 깨닫도록 교회는 도와 주어야 할 것이다.

5) 교회사의 위대한 인물들 가운데 많은 분들이 십대에 회심의 경험을 했을 뿐만 아니라 종교 심리학자들도 회심의 가장 이상적인 연령기로 십대를 들고 있다. 십대는 부모가 전해 준 하나님을 자신이 직접 인격적으로 만나는 체험적인 신앙을 요구한다. 신앙의 가정에서 자란 십대들이 이 시기에 입교, 또는 세례를 받게 된다. 이들의 건전한 신앙성숙을 위한 프로그램들이 교회와 가정에서 행해지도록 계획되어져야 할 것이다. 성경을 연구하는 법, 묵상훈련, 기도·봉사훈련 등이 제공되어야 한다.

6) 십대에 삶의 목적에 따른 생애계발 계획이 올바로 세워지지 않는다면 그는 많은 시간들을 헛되이 보낼 뿐더러 방황하게 된다. 교회와 가정에서 이 문제에 대한 구체적인 활동들을 제시해 주어야 할 것이다.

3. 부모들을 위한 활동들

십대들의 문제를 의식하고, 부모들이 그 문제들을 해결할 수 있도록 돕는 프로그램들이 교회 밖에서 많이 행해지고 있다. 그 가운데 이상적이라 생각되는 몇 가지를 소개함으로 개 교회에서 적용이 가능하리라 본다.

1. 부모 효율성 훈련(Parent Effectiveness Training 또는 P. E. T.)

십대들이 학교생활에서 실패하거나 사회적으로 문제를 일으켰을 때 많은 이들은 그들의 부모를 원망한다. 부모들은 전적으로 무력한 영아, 즉 어린 생명을 맡아서 신체적, 심리적 건강에 대한 책임을 지고서 그들이 건전하게 자라 협동적이며 사회에 공헌하는 시민이 되도록 양육할 책임이 있다. 이보다 더 어렵고 필요로 하는 일이 어디 있겠는가? 그런데 얼마나 많은 부모들이 이 일을 위하여 훈련을 받고 있는가? 아무도 도와 주지 않고 있지 않은가라는 물음을 갖고 이것에 대한 시도로 토마스 고든 (Thomas Gordon)은 1962년 캘리포니아의 파사데나(Pasadena)에서 17명의 부모들을 대상으로 이 훈련과정을 개설했다. 처음 참석자들의 대부분은 그들의 자녀들에게서 심각한 문제들을 경험하고 있는 이들이었다. 이 프로그램은 효율적으로 자녀를 양육하는 기술을 부모들에게 가르치기 위한 것이었다.

이 훈련은 미국 전역과 해외에까지 보급되어 처음에는 문제를 가진 자녀의 문제로 모였지만 지금은 문제자녀를 예방하기 위해 많은 부모들이 참여하고 있다. 8주 동안 다루는 주된 내용은 자율적인 자녀육성을 위해 부모가 힘과 권위로 자녀들을 다루지 않는 방법으로 효과적인 의사소통의 기술을 가르친다. 그것을 통해 부모와 자녀관계를 결속시키며 그들 사이의 긴장과 갈등을 해소하는 것이다. 이 훈련의 실천을 통해 많은 가정의 십대들은 자기 존중감을 갖게 되며, 어떤 문제상황에 당면할 때 자신감과 책임감을 가지고 스스로 해결할 수 있는 자율적인 인간이 되는 것이다.

이 훈련의 자료에서 저자는 자녀의 이야기를 경청하는 법으로서 적극적 경청을, 부모의 말을 자녀에게 받아들이게 하는 방법으로 '나 메시지'(I-message)를 제시한다. 그리고 '유능한 부모의 자질'의 항목에서는 십대자녀와 부모와의 관계에서 일어나기 쉬운 점을 다음과 같이 지적한다.

"자녀들이 부모에게 반항하는 일이 많아지고 있다. 아동들은 성장함에 따라 부모를 멀리하거나 부모와의 관계를 단절하려고 한다. 이런 일들은 사회 경제적인 계층에 관계없이 많은 가정에서 일어나고 있다. 십대들은 신체적으로나 심리적으로 부모곁을 떠나 또래집단(peer group)에서 만족한 관계를 찾고자 한다. 왜 이런 일들이 일어나는가?" 그것은 대체로 부모가 갖는 잘못된 태도 때문이다. 그것을 어떻게 고칠 수 있을까? 그것은 부모가 자신을 다음과 같은 활동들을 통해 변화시킴으로 자녀를 쉽게 수용하며 자율적인 인간으로 성장하도록 돕게 된다.

1) 자기 자신을 수용하는 일 2) 자녀의 독립심을 인정하는 일 3) 참된 사랑을 주는 일 4) 편견을 버리는 일 등이다.

이 훈련에 참가한 이들이 가정에서 자녀와의 관계가 변화된 것에 대해 다음과 같은 증언들을 하고 있다.

."이 훈련에 참가한 후 인간을 보는 눈이 넓어졌고, 있는 그대로의 그들을 수용할 수 있게 되었다고 느낍니다."

"늘 자식을 사랑해 왔는데 지금은 존경하고 있어요. 부모 효율성 훈련은 자녀를 양육하는 방법이 아니라 생활의 방식을 제공해 주는 것처럼 보여요."

"이 훈련을 통해 나는 내가 내 자식을 과소평가해 왔으며, 과잉보호와 지나친 걱정으로 자식을 약골로 만들고 있었다는 것을 알게 되었습니다."

2. 기독교적 양육 프로그램(Christian Parenting for Peace and Justice 또는 C. P. P. J.)

사회에서 문제를 일으키는 비행 십대들을 상담하던 칼보(Fr. Calvo) 신부는 십대들의 문제가 문제부모에서 야기됨을 발견하고, 부모들을 위한 프로그램을 만든 것이 '부부 만남'(Marriage Encounter) 또는 'M. E. 운동'의 시작이었다. 이 운동의 확산으로 결혼을 앞둔 예비부부를 위한 주말 프로그램(Discovery Weekend), 가족 만남(Family Encounter) 등과 위의 프로그램이 계발되었다.

기독교적 양육 프로그램은 가정내에서의 정의와 평화를 어떻게 이룰 수 있을까를 모색하는 과정을 통해 한 가정이 사회의 정의와 평화를 이루는 일에 참여하도록 하는 데 있다. 2박 3일의 일정 동안 다루어지는 주제들은 소단위의 공동체로서의 가정, 남과 여의 역할로서 인간의 가능성, 가정 안에서의 비폭력-갈등을 창조적으로 다루는 법, 청지기직과 단순성, 인간의 다양성 이해, 정의와 평화의 사회건설을 위한 참여자로서의 기독교 가정의 역할들이다. 특히 가정 안에서의 갈등을 비폭력적으로 해결하는 과정에서 각 가족 구성원끼리 가져야 하는 협조 용납의 분위기, 비폭력적 커뮤니케이션의 방법들, 갈등의 문제를 건설적으로 해결하는 방법, 가족 내의 어떤 결정들을 위한 정기적인 만남의 문제를 다룬다.

이 활동들을 통해 자녀들은 가정에서부터 정의와 평화를 만드는 일에 참여할 수 있게 되고, 결국 사회를 변화시키는 일에 참여할 수 있는 능력을 키우게 되는 것이다. 칼보 신부는 다음과 같은 내용의 말을 하고 있다. 각 가정을 성냥알이 가득 찬 성냥곽에 비교할 수 있다. 한개비의 성냥불이 성냥곽 속의 전체 성냥알에 불을 붙여 큰 화력을 이룰 수 있다. 마찬가지로 가족 각 구성원은 서로의 잠재력(사랑, 관심, 능력)을 일깨울 수 있다. 이렇게 일깨워진 가족의 힘은 이웃가족과 다른 공동체에게 영향을 미칠 수 있는 것이다.

3. 영·심성 계발 훈련

이 훈련은 필자가 재직하는 학교에서 교직원과 학생들, '영성훈련' 교과목을 듣는 목회자들을 대상으로 하고 있는 2박 3일 일정의 프로그램인데, 부모와 십대들에게 적용할 수 있을 것 같아 나누고자 한다.

이 훈련의 목표는 영성과 심성 훈련을 통해 하나님과의 관계에서 자아를 발견하며, 내면적인 성숙의 방법을 찾고, 타인을 이해하고 좋은 관계를 맺을 수 있는 경험을 하며, 공동체 속에서의 창조적인 자신의 역할을 인식하도록 돕는 것이다. 내용으로는 10~12명의 참가자들이 먼저 마음을 여는 활동을 통해 서로를 이해하는 경험을 갖는 일, 영·심성 계발의 원리를 이해하는 일, 자아성숙, 너와 나와의 관계의 성숙, 공동체에서의 성숙의 이론과 실제를 다룬다. 자연 속에서 갖는 구체적인 묵상훈련의 시간과 자신의 삶의 목적과 생애계발 계획도 함께 가진다.

이 훈련을 통해 얻은 유익에 대해 참여자들은 "나 자신을 볼 수 있는 눈을 뜨게 되었어요.", "동료에 대한 이해의 폭이 넓어졌어요.", "공동체에서 어떻게 살아야 할지 방향을 잡을 수 있었어요.", "나의 삶의 목적을 확인하고 그것의 성취를 위한 구체적인 계획들을 세울 수 있었어요."라고 말해 주고 있다.

4. 목회를 위한 제언

가정과 교회는 공생의 관계이다. 가정은 교회, 사회의 기본단위로 건강한 가정이 건강한 교회, 건강한 사회를 이룰 수 있는 것이다. 이렇게 본다면 목회자는 먼저 건강한 가정을 만드는 일에 깊은 관심과 연구, 노력이 있어야 할 것이다. 교회, 사회, 가정에서 염려하는 십대의 문제도 곧 이 원리에서 해결이 가능하다고 본다.

우리 교회가 십대를 둔 부모를 위해 가지고 있는 교육 프로그램을 먼저 평가해 보자. 그것이 어느 정도 십대의 문제를 해결하도록 부모를 돕고 있는가? 오늘 우리 주위의 교회 안과 밖에서 이루어지고 있는 십대부모들을 위한 프로그램에는 어떤 것이 있으며, 우리 교회가 독자적으로 아니면 지역의 교회와 연합하여 할 수 있는 것은 무엇일까? 목회자가 혼자서 이 일을 감당하기 어려울 것이다. 교회내 평신도로서 청소년문제 전문가들과 함께 십대와 부모들을 위한 위원회("청소년을 위한 교육목회", 「교육교회」, 85. 1. 참조)를 구성한다면 어떻게 할 것인가에 대해 생각해야 한다.

서울의 C교회와 Y교회는 오래 전부터 가정의 중요성을 인정하고 교회학교내 가정부를 두어 매주일 1시간 정도의 교육을 실시하고 있다. C 교회는 52주 프로그램에서 아래 주제들을 다루고 있다. 성경의 가정들, 가정과 교육(신앙지도, 육아지도), 가족관계(부부관계, 부모·자녀관계, 고부관계), 가정관리(건강, 영양, 주택환경) 등에 대해 부모들을 교육한다.

필자의 생각에는 큰 교회들은 교회학교내에 가정부, 또는 부모교실을 두어 어린이나 십대를 둔 부모가 감당해야 할 과제들을 교육을 통해 도울 수 있을 것이나 그것이 어려운 교회는 교육위원회가 주관하여 일정기간 특정 주제에 따른 부모교육을 시행할 수 있을 것이다.

 무엇보다 중요한 것은 십대를 둔 부모들은 많은 도움을 필요로 하고 있다는 사실을 목회자가 인식하고, 그들을 위한 프로그램을 진행할 때 건강한 가정, 교회, 사회가 이루어진다는 것을 깨달았으면 좋겠다.

제7장

바른 삶을 위한 청소년 프로그램
―실천을 위한 청·소년 수련회 프로그램―

1. 들어가는 말

1991년 우리 교단의 교육주제는 '예수 그리스도와 바른 삶'이며, 여름성경학교 주제는 '새롭게 하는 삶'이다. 예수를 구주로 고백하는 그리스도인은 예수님이 가지셨던 삶의 양식을 그대로 본받으므로 세상을 새롭게 하는 삶을 살아야 한다. 성경은 이 사실에 대해 몇 가지로 우리에게 교훈을 하고 있다.

"너희는 세상의 빛이라…… 너희 빛을 사람 앞에 비취게 하여 저희로 너희 착한 행실을 보고 하늘에 계신 너희 아버지께 영광을 돌리게 하라"(마 5:14-16).
"믿음의 주요, 또 온전케 하시는 이인 예수를 바라보자"(히 12:1).
"내가 그리스도를 본받는 자 된 것같이 너희는 나를 본받는 자 되라"(고전 11:1).
"너희 안에 이 마음을 품으라, 곧 그리스도 예수의 마음이니"(빌 2:5).

그리스도인으로서 우리가 어둠의 세계에서 어떻게 빛으로 살 수 있을까? 세상의 빛으로 사신 예수 그리스도를 본받아 살려는 마음가짐에서 가능하다. 회심과 더불어 그들의 삶이 보다 의미 있는 것이 되기 위해 노력하는 청·소년들을 여름수련회 기간에 어떤 프로그램으로 도와 줄 수 있을까? 필자는 바른 삶을 살기 위한 방법들을 모색하여 그것을 프로그램화 하므로 여름수련회 진행에 도움을 주려 한다.

2. 바른 삶 실천을 위한 노력들

1. 예수 그리스도의 삶과 교훈을 알기 위해 복음서를 연구하자.

4복음서의 저자들은 각기 다른 대상들에게 그들이 알고 있는 예수를 소개하였다. 예수의 삶과 교훈을 바로 알기 위해서 기본적인 방법은 복음서를 연구하는 일이다. 4복음서 중 가장 먼저 기록되었던 마가복음을 중심으로 예수의 삶과 교훈을 연구할 수 있을 것이다. 청·소년 시기에 학생들이 직접 성경을 깊이 있게 연구할 시간들이 많지 않을 것이다. 그러나 2박 3일 수련회 기간은 그들에게 있어 아주 중요한 기회가 될 수 있다.

성경연구를 위해 아래의 지침을 참고하자.

마틴 루터는 자신이 사과를 모으듯 성경을 공부한다고 했다. 먼저 그는 잘 익은 사과가 땅에 떨어지도록 사과나무 전체를 흔든다(성경전체로 공부함). 그리고 나서 나무에 올라가 나무의 굵은 줄기를 흔든다(성경의 한 책을 공부함). 그 다음 더 작은 줄기로 가서 하나씩 흔든다(성경책의 각 장을 공부함). 그 다음에는 가는 가지를 하나씩 흔들고(문단과 문장을 공부함), 잎사귀를 하나씩 들추어 사과를 찾아봄으로 끝을 맺는다(각 낱말을 공부함). 위에서 가장 보편적인 방법을 찾아볼 수 있다. 그것은 책 개관 성경공부와 장 분해 성경공부를 해 나가되, 복음서의 기록들은 사건이 많으므로 6하원칙의 방법을 병행한다는 것이다. 먼저 책별 연구는 앉은 자리에서 마가복음 전체를 2~3번 읽게 한다. 다음 핵심낱말과 중심구절을 찾은 후 도표로 작성해 본다(참고: 마가복음 도표). 장 분해 성경공부는 먼저 한 장을 읽고 내용에 따라 구분한 후, 주로 6하원칙에 따라 공부한다.

마가복음 연구를 통해 "섬기려 하고 자기 목숨을 많은 사람의 대속물로 주려 오신"(막 10:45) 예수를 깊이 이해하는 계기가 이루어져야 할 것이다.

2. 토마스 아 켐피스의 「그리스도를 본받아」를 읽자.

경건한 생활을 가르치고 지도하는 책으로 역사적인 걸작인 「그리스도를 본받아」(The Imitation of Christ)는, 14세기 이후 많은 경건한 인물들이 이 책의 영향을 받았었고, 지금도 수많은 그리스도인의 경건생활에 도움을 주고 있는 책이다.

그의 책 제1권 1장 '그리스도를 본받아'에서 그는 다음과 같이 말하고 있다.

> 누구나 그리스도의 말씀을 이해하고 그 안에서 즐거움을 가지려는 사람은 그의 전생활을 그리스도에게 조화시키도록 힘써야 합니다……. 보이는 것을 사랑하려는 데서 우리 마음을 돌이켜, 보이지 않는 곳으로 향하게 하여야 합니다. 이는 우리 마음에 하고 싶은 자연의 경향만을 따라갈 때 그것은 우리 양심을 더럽히고 하나님의 은혜를 받아들이지 않는 것이 되기 때문입니다.

위의 말처럼 토마스는 일생을 그리스도의 삶을 본받는 경건생활에 온 힘을 기울였고, 자신의 영적 생활의 함양과 그리스도를 따르는 경건한 생활의 감화력이 얼마나 큰 것인가를 우리는 그의 책에서 읽게 되는 것이다.

이 책은 크게 4분야로 나누어져 있다.

제1권, 신령한 생활에 대한 반성 : 우리가 신령한 생활을 하려면 물질적인 관심, 성공과 실패에 대한 생각에서 떠나, 오직 예수 그리스도의 교훈을 우리 생활중심에 두어야 함을 말한다.

제2권, 내면생활에 대한 반성 : 자기를 극복하는 일에 다소 체험도 가지고 진보한 사람들이 하나님께 관한 지식에서 오는 거룩한 광채로 말미암아 점점 빛된 생활을 하게 됨을 말한다.

제3권, 내적 위안 : 가장 긴 내용의 장으로 그리스도가 그의 제자들에게 자기만 찾을 것을 요구하시며 연합과 참평화의 길을 가르쳐 주는 말씀이다.

"제4권, 성례전에 대하여 : 성찬식이 경건생활에 차지하는 중요성을 말한다.
실제 삶으로 "예수님을 따르라."는 그의 말씀에서 몇 구절을 인용한다.

"나를 따르는 자는 어두움에 다니지 아니하리라."고 주께서 말씀하셨다. 우리는 이 말씀을 통하여, 우리들이 진정으로 빛을 원하며 마음의 모든 눈 멈에서 벗어나려 하면 주님의 삶과 주님의 방식들을 본받아야 한다는 권면을 받는다. 그러므로 예수 그리스도의 삶을 묵상하는 일을 우리의 최상의 일로 삼는다.

그리스도의 교훈은 거룩한 사람들의 모든 교훈들을 능가한다. 성령을 모시고 있는 사람은 그리스도의 교훈 속에서 감추인 만나를 찾아내게 될 것이다. 그러나 그리스도의 복음을 자주 듣기는 하지만 거의 감동을 받지 못하는 사람이 많은데, 그것은 그들이 그리스도의 영의 인도함을 회피하기 때문이다. 그리스도의 말씀을 온전하게 감동적으로 이해하고 싶은 사람은 누구든지 자기의 삶을 그리스도의 삶과 일치시키는 일에 온 힘을 쏟아야 한다.

3. 로욜라의 성 이그나티우스의 '영성훈련'에 대한 이해와 적용이 필요하다.

'하나님의 더 큰 영광을 위하여'라는 말씀을 평생 간직하며 영성훈련에 새로운 장을 열어 놓았던 성 이냐시오는 한 달간의 수련기간 중 특히 예수 그리스도의 삶과 교훈을 묵상하도록 그의 책에서 제시해 주고 있다. 6세까지 그는 궁정의 수습기사로 훈련을 받았고, 군사적 원정에 참여했다가 부상을 입고 회복 중이던 1521년 '그리스도의 생애'와 성인들의 일대기인 '아름다운 전설'을 읽고 감화를 받아 그리스도께 헌신하는 기사로 살겠다는 결심을 하게 된다. 그후 만레사(Manresa)에서 한 해를 보내며 그곳에서 예수 그리스도에 관한 신비한 체험을 하게 되었다. 이 경험들이 '영성훈련'의 바탕이 되었으며, 그가 설립한 예수회가 선교와 교육의 중요한 사명을 여러 나라에서 수행하는데 그 훈련이 크나큰 힘이 되었다.

그는 책에서 먼저 '영성훈련'을 다음과 같이 정의한다.

산책하고 걷고 뛰는 것이 육체적 수련이 되는 것과 마찬가지로, 산만해진 모든 감정을 멀리 쫓아내기 위해 자기의 영혼을 준비하고 정리하는 것, 그리고 이 산만해진 감정을 일단 떨쳐 버린 다음 영혼의 구원을 위하여 나의 생활 속에서 하나님의 뜻을 찾고 발견하는 것, 이런 것을 곧 영성훈련이라 한다.

4주간의 수련기간에 해야 할 묵상의 자료는 다음과 같다.
1) 첫째 주간 : 인간을 위한 하나님의 사랑에 대한 고찰과 우리 자신의 죄, 그 사랑에 응답하지 못한 잘못에 대한 반성으로 시작한다.
2) 둘째 주간 : 죄에 대해 회개하고 '영원하신 왕'이신 예수 그리스도의 부르심에 따르기 위해 묵상한다.

특히 인간본성의 치명적인 약점을 악마가 이용하는 것으로 부귀, 명예, 교만을 예수의 군사가 가져야 하는 가난, 모욕, 겸손을 묵상한다.
3) 셋째 주간 : 이 주간은 완전히 최후 한 주간의 예수의 삶과 교훈을 묵상한다. 겟세마네 동산의 주님을 묵상할 때에 지녀야 할 태도로 "아픔으로 가득 차신 그리스도와 함께 아파하고, 근심하시는 그리스도와 함께 근심하고, 그리스도께서 나 때문에 받으신 그렇게 많은 고난에 대하여 눈물과 슬픔을 간구할 것이다."라고 말해 주고 있다.
4) 넷째 주간 : 부활하신 그리스도를 묵상한다. 하나님의 사랑을 깊이 체험하고 모든 이들이 예수 그리스도를 본받도록 권유를 받는 주간이다.

매일의 묵상순서는 하나님의 도우심을 구하는 준비기도, 오관을 사용한 고찰과 대화, 그리고 주의 기도로 끝맺게 된다. 특히 이냐시오는 이 책에서 오관을 사용하여 그리스도의 생애의 신비 속으로 들어갈 수 있음을 우리에게 제시해 주고 있다. 이는 현재의 자기 자신에서 벗어나 복음의 장면 속으로 들어가 오관으로 주님과 가까이 대하게 되는 것이다.

우리는 디베랴 해변가를 때리는 파도소리를 듣는다. 그리고 베드로의 그물에 걸린 신선한 물고기의 냄새를 맡는다. 사도들과 우리는 예수님이 조반 준비를 하고 계시는 모닥불 가까이로 간다. "와서 조반을 먹으라."하고 그분은 우리에게 말씀하신다. 다른 사람들처럼 우리는 "당신이 누구냐?"하고 물으려 하지 않는다. 우리는 정말 부활하신 주님이시라는 것을 마음속으로 느낀다. 그리하여 우리는 물고기와 빵을 먹기 위해서, 우래에게 봉사하고 계시는 주님을 바라보면서 자리에 앉는다(요 21 : 1 - 14 참조).

이그나티우스의 권고를 따름으로 우리는 복음 안에서 그리스도와의 생생한 일치의 관계 안으로 더 깊이 들어갈 수 있게 된다. 우리는 예수님께서 움직이시고, 가르치시고, 인도하시고, 치유하시고, 꾸짖으시고, 사랑하시고, 먹을 것을 주시는 그 분위기를 체험하게 되는 것이다.

3. 프로그램

이상의 자료들이 기초가 되는 2박 3일의 수련회 일정과 프로그램을 다음과 같이 제시한다.

일 정 표			
	첫 째 날	둘 째 날	셋 째 날
05:00-06:00		기도와 명상의 시간	
06:00-08:30		아침식사, 세면, 운동	
08:30-12:00		찬양과 성경연구	
			폐 회 예 배
12:00-13:30	점 심 식 사		
13:30-17:00	개 회 예 배 만남의 시간	영 성 훈 련	
17:00-18:30	저 녁 식 사		
18:30-19:00 19:00-22:00	찬양과 성경연구		

1. 개회 및 폐회예배 : 개회예배시 실교본문은 누가복음 2 : 41~52, 제목 '기독 청소년의 자아의식'(참고 "자아의식". 교육교회. 90.3.)으로 하고, 폐

회예배시 본문은 요한복음 13 : 12~17, 제목 '섬김의 길'로 설교한 후 성찬식과 세족식을 거행한다(성찬식 때 세례받지 않은 학생은 경건하게 참관케 한다.).

2. 아침 기도와 묵상의 시간 : 첫째날은 본문 마가복음 1 : 21~39, 제목 '하루의 시작을 주님과 함께'로 하되 아래의 토마스 아 켐피스의 글을 명상하게 한다.

> 날마다 우리는 우리의 목표를 거듭 확인하고 스스로 커다란 열정으로 일어나야 한다. 우리는 하루하루를 그날이 바로 회심한 첫날이듯이 그렇게 새로운 자세로 임해야 한다. 또한 우리는 "나의 이 선한 목적을 이루고 당신을 거룩하게 섬길 수 있도록 나의 하나님 나를 도와 주시고, 또한 내가 지금까지 해 온 것이 아무것도 아니라는 생각으로 이 날을 완전히 새롭게 시작할 수 있게 해주소서."라고 말해야 한다(Kempis, *The Imitation of Christ*, p. 21.).

둘째 날은 본문 마가복음 4 : 1~11, 제목 '기독 청소년의 삶의 우선순위'를 다루면서 명예, 물질에서 오는 만족보다 하나님의 뜻 행함에서 오는 기쁨을 추구하며 살도록 인도한다.

3. 만남의 시간 : 자신의 노출과 더불어 공동체훈련을 통해 하나됨의 경험을 말하도록 계획한다.

4. 성경연구의 시간 : 수련회 기간 중 가장 많은 시간이 성경연구의 시간이다. 먼저 교사가 수련회 전 함께 마가복음을 연구하라. 어빙 젠슨의 「마가복음」, 「예수 그리스도의 생애」(*The Life of Jesus Jesus Christ*)가 큰 도움이 될 것이다. 이 기간 학생들이 수십 회 마가복음을 통독할 수 있도록 지도하라. 그리하여 학생들로 하여금 섬김의 예수 그리스도를 발견하여 자신의 삶이 그렇게 되기를 원하는 결단을 하도록 한다.

성경연구가 그들의 삶, 즉 바른 삶을 살도록 지도하는 데 관심을 갖고 교사는 인도하여야 할 것이다. 마가복음 본문에는 없지만 어린 예수와 부모와의 관계에서 바른 삶을 지도할 때 누가복음 2 : 41~52을 공부한다고 하자. 그때 청소년들이 가정에서 부모님을 실망시키지 않고 할 수 있는 일에 대해 의견을 나눌 때 다음의 자료가 도움이 될 것이다.

1) 청소년 자녀 스스로 책임질 문제
　　(1) 자기방 청소 및 정리　　(2) 목욕 및 이발
　　(3) 기상, 취침시간　　　　(4) 용돈 쓰는 법
2) 부모와 같이 해결할 문제
　　(1) 가사 돕기
　　(2) 가정의 문제를 함께 걱정하고 협조하기 등

그 외 청소년 자녀와 부모가 서로를 얼마나 잘 알고 있느냐를 점검하는 아래의 설문도 도움이 될 것이다(How Well Do You Know Your Parents?, God's Gift of Sexuality, pp. 98-99. 인용). 청소년의 부모에 대한 관심, 이해도를 측정하는 설문을 싣는다.

청소년 설문

1) 부모님은 어떻게 만나게 되었나요?
2) 부모님의 신발 사이즈는?
3) 가정의 즐거운 기념일에 부모님이 하시는 일은?
　　① 함께 대화를 즐기심　② 혼자 책을 보심
　　③ 기념일을 잊고 친구와 외식하심
4) 부모님 차의 기름탱크가 절반 내려갔을 때, 바닥까지 갔을 때 어느 때 차의 기름을 채우는가?
5) 부모님께서 우리의 사진을 책상 위, 화장대 위, 또는 지갑 속에 갖고 다니시는가?
6) 부모님의 가장 친한 친구분들은?
7) 부모님이 받기를 원하는 선물은?
8) 부모님이 유럽으로 여행하신다고 할 때, 그들이 먼저 방문할 곳은 어디라고 생각하는가?
　　① 유적지　② 박물관　③ 쇼핑센터　④ 카페(Cafe)
9) 부모님이 첫 데이트를 하신 때의 연령과 대상은?
10) 3시간 이상의 자유시간이 있을 때 부모님은 무엇을 하시기를 좋아하는가?

이상의 설문에 답해서 8~10가지 알아 맞출 수 있다면 부모와 많은 대화를 나누고 좋은 관계 속에서 지내고 있다고 볼 수 있으나, 그 이하라면 더욱 노력해야 할 경우이다라고 분석해 볼 수 있다.

보다 인상 깊은 성경연구가 되기 위해 야외에서 '십자가의 길'을 극화하는 것도 큰 도움이 된다(참고, 「피정지도의 실제」 pp. 28-32, '십자가의 길'). 시간과 여건이 허락되면 예수의 생애에 대한 영화, 또는 비디오 상영도 큰 도움이 될 것이다.

무엇보다 중요한 것은 청소년들이 가정, 학교 앞으로의 사회생활에서 예수 그리스도께서 가졌던 삶의 양식을 성경연구를 통해 형성하도록 지도하는 일이다.

5. 영성훈련

이냐시오가 제시한 영성훈련의 자료를 이용하여 예수의 삶과 교훈을 깊이 체험해 보는 작업이 필요하다. 또 한 가지는 필자가 90년 2월부터 교육교회에 연재해 오고 있는 영성훈련 중 '자아의식', '삶의 목적과 생애 계발' '삶의 목표와 시간관리', '사랑의 실천'을 적용할 수 있을 것이다.

4. 맺는 말

심리학에서는 청소년기에 정체감(자아의식, identity)이 바로 형성되지 않으면 그 이후의 삶이 무의미하게 된다고 하며 정체감의 형성에는 존경하는 인물의 영향이 지대하다고 한다. 교회학교 청·소년들이 일찍이 예수 그리스도에 대해 깊이 이해하고 인격적인 교제를 통해 그리스도를 닮은 인격인이 되도록 도와 주어야 할 것이다.

이 일을 위해 가장 중요한 여름수련회가 성경연구 중심, 묵상, 그리고 영성훈련이 각각 되도록 계획되어져야 하리라 본다. 그리고 그들이 수련회 후에도 복음서와 「그리스도를 본받아」를 계속 연구하면서 그 자신의 삶을 그리스도화한다면 그보다 더 큰 교육의 성과가 어디 있겠는가?

땀 흘리며 기도하는 가운데 청소년들이 영적으로 성숙해지는 계기가, 그들이 이 사회의 빛과 소금의 역할을 감당할 수 있게 되기를 기도하는

7. 바른 삶을 위한 청소년 프로그램 245

마음으로 이 글을 쓴다.

자료 : 마가복음 개관

1:1-3	1:14-45	2:1-3:6	3:7-19	3:20-35	4:1-34	4:35-5:43	6:1-32	6:33-56	7:1-8:26	8:27-30	8:31-9:1	9:2-50	10:1-52	11:1-33	12:1-44	13:1-37	14:1-42	14:43-15:47	16:1-20
나타내심	인기와 반대	가르치심과 병 고치신 사역		더 많은 반대세력						전환기 예수는 누구인가?	예루살렘으로 가는 길			고난주간					부활하신 예수
		섬기려 하고									자기 목숨을 많은 사람의 대속물로 주려 함(막 10:45).								
		봉　　사									희　　생								
		행위를 통하여 자기가 누구인지 나타내시고									자기가 그리스도이심을 확실히 가르치셨다.								

제8장

영·심성 계발 프로그램

아래 프로그램은 1박 2일 동안 소그룹에서 그룹 회원들이 서로의 마음을 열고, 영성에 대한 이해를 할 수 있는 기초적인 활동이다.

1. 모델

1. 주제 : 한남 가족의 영·심성 계발을 위한 훈련
2. 일정 : 1박 2일
3. 대상 : 12~15명 (매회)
4. 일정표

금 요 일		토 요 일	
시 간	Program	시 간	Program
2:00	수련회장으로	6:00	취 침
	Orientation		
2:30	I. 마음을 여는 장		V. 초보자를 위한 기도

시간	내용	시간	내용
4:00	휴 식	7:00	(묵상, 관상)
4:30	Ⅱ. 영·심성 계발의 원리 (성숙한 인간상)		아침식사
6:00		9:00	Ⅵ. 공동체에서의 성숙
7:00	저녁식사	10:30	
	Ⅲ. 자아성숙	11:00	Tea Time
8:30			Ⅶ. 성숙을 위한 나의 설계 (feedback 참조)
9:00	Tea Time	12:30	
	Ⅳ. 너와 나와의 관계성숙	13:30	점심식사
10:30	명상의 시간		기념촬영 후 출발
11:00	취 침		

5. 각 프로그램에 대한 소개

1) 오리엔테이션

(1) 훈련의 목표

영성(spirituality)과 심성(sensitivity) 훈련을 통해 하나님과의 관계에서
① 자아성찰 및 내면적 성숙
② 타인에 대한 이해 및 관계의 개선
③ 공동체 속에서의 나의 역할과 일의 의미를 깨닫게 해준다.

(2) 기대되는 효과

① 자아존중심과 창의력 계발
② 상대에 대한 이해, 용납, 자기 표현의 효율성 계발
③ 공동체 속에서 함께 성숙해 가며, 주어진 일과에서 지도력을 계발할 수 있다.

(3) 참가자가 지킬 규약

① 훈련에 임하는 자세는 부담 없는 자연스런 태도를 갖는다.
② 훈련기간 중에 반드시 이름표(별칭)를 단다.
③ 훈련기간 중에 회원늘의 장·단점이 발견되는 대로 기록한다.
④ 우리 모두는 완전한 사람이 아님을 의식하고, 자신의 부족과

타인의 실수에 대해 용납하는 태도를 갖는다.

2) 마음을 여는 장

아래의 '조·헤리 창문이론'을 소개한 후 각자의 별칭을 쓰고, 이름표에 쓴 후 소개하게 한다. 자신을 개방하는 일을 통해 많은 이들이 보다 친근감을 느끼는 것 같았다. 이 별칭은 훈련이 끝날 때까지 계속 사용되어진다.

※ Jo-Harys Window Theory

	자신에게 알려짐	자신에게 알려지지 않음
타인에게 알려짐	I 나와 너에게 개방된 자유 영역	II 너에게는 보여지나 나 자신은 알지 못하는 영역
타인에게 알려지지 않음	III 나는 알고 있으나 너에게는 숨기고 있는 영역	IV 나와 너에게 전혀 알려져 있지 않는 영역

* I 의 공동자기를 넓히는 방법은
  1) 자기 개방
  2) 피드백 등
  이 있다.

3) 영·심성 계발의 원리

네 가지 수준(intra, inter, supra, meta)에 걸친 인간의 영성을 소개한 후 각자의 성장에 대해 평가하는 훈련이다.

아래의 '성숙한 인간 측정표'에 자신의 성숙도가 어느 정도인가를 표시한다. 이 측정표는 3개월 단위로 자신이 계속 평가하여 스스로의 성숙을 점검해 보는 자료로 사용케 한다.

성숙한 인간 측정표

(해당되는 곳에 V표시)

		완전한 성취	비교적 성취	전혀 성취

		6	5	4	3	2	1	하지 못함 0
기본	영성의 존재							
내면적 수준	1. 자아정체 의식							
	2. 자아의 능력인식 계발							
	3. 삶의 목표							
	4. 일과 휴식의 균형							
대인 관계 수준	1. 건전한 관계							
	2. 용 납							
	3. 감정이입(동감)							
	4. 감정의 건설적 표현							
	5. 사랑의 균형							
	6. 성(性)의 인식							
	7. 의사소통							
대사회적 관계	1. 봉사적인 지도력							
	2. 책 임 감							
대자연과의 관계	청지기 직분							

4) 자아성숙

나의 은사 확인하기, 자아 존중감 확인하기(아래 참조), 나는 누구인가의 순서를 통해 자아를 발견하고 성숙하려는 뜻을 갖게 하는 훈련

자아존중감 확인하기

아래의 문장들은 우리가 항상 자신에 관하여 생각하고 있는 것들을 나타낸 것입니다.

자신이 항상 느끼고 생각하고 있는 것을 나타내고 있으면 '예'에 ○표 하고, 그렇지 않으면 '아니오'에 ○표 하십시오. 여기에는 맞고 틀린 답이 없습니다. 자신이 느끼고 생각한 그대로를 대답해 주십시오.

질 문 사 항	예	아니오
1. 지금의 내 자신은 다른 사람이 되었으면 좋겠다.		
2. 나는 많은 사람 앞에서 말하는 것이 두렵다.		
3. 만약 가능하다면 나 자신에 대하여 바꾸고 싶은 것이 많다.		
4. 나는 어떤 일이든지 쉽게 결정할 수가 있다.		
5. 나는 가만히 생각해 보면 재미있는 사람이다.		
6. 나는 집에서 자주 화를 낸다.		
7. 나는 새로운 것에 적응하는데 오랜 시간이 걸린다.		
8. 나는 내 또래의 친구들에게 인기가 있다.		
9. 나는 다른 사람들이 하자는 대로 잘 이끌린다.		
10. 나의 부모님은 나에 대하여 지나친 기대를 하신다.		
11. 때때로 나 자신이 싫어질 때가 있다.		
12. 나는 나 자신을 신뢰하고 있다.		
13. 나는 직장에서 어떻게 하면 좋을지 몰라 당황할 때가 자주 있다.		
14. 친구들에 비해 내 얼굴은 너무 못생겼다.		
15. 말하고 싶은 것이 있으면 곧 그것을 말한다.		
16. 나는 다른 사람들에게 호감을 주지 못한다.		
17. 나는 직장에 갈 의욕을 자주 잃어버린다.		
18. 나는 무슨 일이든지 힘들어 하거나 괴로워하지 않는다.		
19. 나는 믿을 만한 가치가 없는 사람이다.		

5) 너와 나와의 관계의 성숙

하리스(T. A. Harris)의 대인관계 4유형을 설명하고 자신을 점검하며, 주는 것과 받는 것과의 균형에 대해 평가하자(다음 페이지 참조).

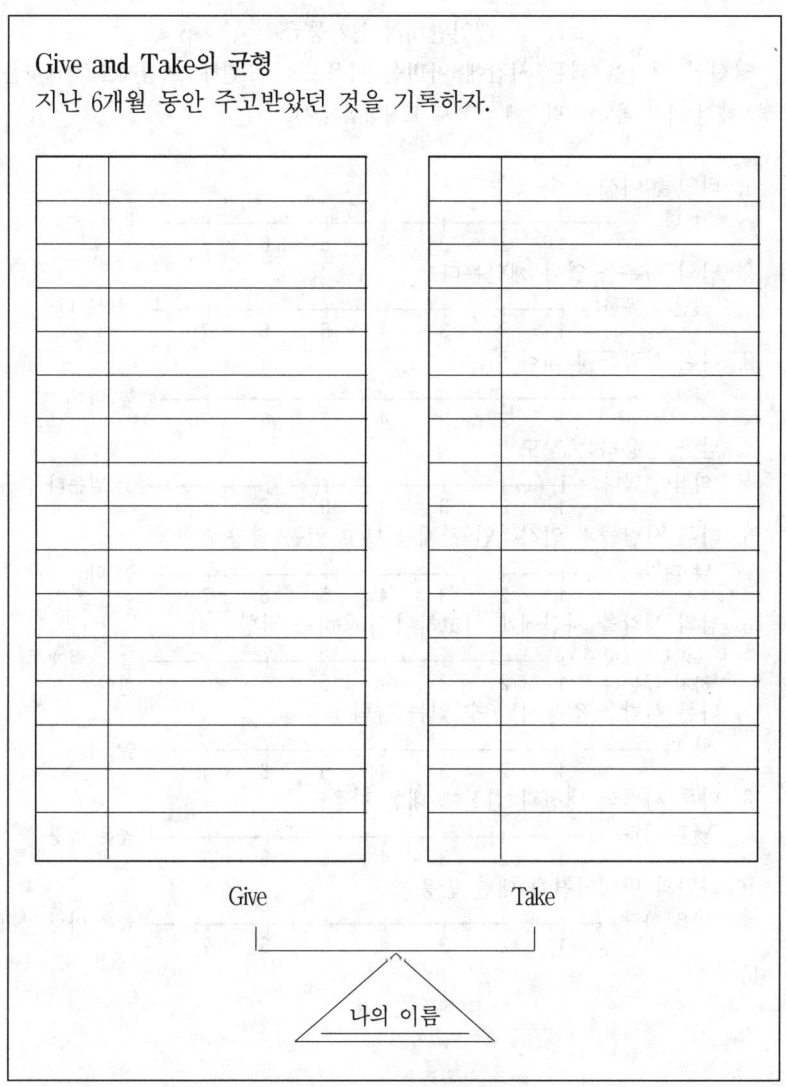

대인관계 측성표(아래 참조)를 상호 기록하여 자신이 보는 자기, 남이 보는 자기에서 자신을 발견함으로 이상적인 관계형성을 위한 훈련을 한다.

대인관계의 평가등급

당신의 생각을 빠른 시간에 가벼운 마음으로 표현해 보십시오(상대방을 평가해서 가장 적당한 번호에 ○표로 표시하십시오).

1. 타인을 이해할 수 있는 능력
   낮 다 ├─┼─┼─┼─┼─┼─┤ 높 다
         1 2 3 4 5 6 7
2. 남의 기분을 알아 깨닫는다.
   깨닫지 못한다 ├─┼─┼─┼─┼─┼─┤ 깨닫는다
              1 2 3 4 5 6 7
3. 다른 사람들에 대한 아량
   낮 다 ├─┼─┼─┼─┼─┼─┤ 높 다
         1 2 3 4 5 6 7
4. 남을 신용하는 정도
   의심이 많다 ├─┼─┼─┼─┼─┼─┤ 잘 믿는다
            1 2 3 4 5 6 7
5. 다른 사람들과 인격적인 관계를 맺고 있는 경향
   낮 다 ├─┼─┼─┼─┼─┼─┤ 높 다
         1 2 3 4 5 6 7
6. 남의 생각을 자신에게 참고하여 수용하는 경향
   좀처럼 그렇게
   하지 않는다 ├─┼─┼─┼─┼─┼─┤ 늘 그렇게 한다
            1 2 3 4 5 6 7
7. 다른 사람을 감동시킬 수 있는 능력
   낮 다 ├─┼─┼─┼─┼─┼─┤ 높 다
         1 2 3 4 5 6 7
8. 다른 사람의 애정과 친절에 대한 반응
   낮은 아량 ├─┼─┼─┼─┼─┼─┤ 높은 아량
          1 2 3 4 5 6 7
9. 타인의 반대의견에 대한 반응
   낮은 아량 ├─┼─┼─┼─┼─┼─┤ 높은 아량
          1 2 3 4 5 6 7
10
⋮

6) 초보자를 위한 기도

우리의 이해력을 사용하여 하나님과 그 뜻을 찾는 과학자의 눈으로 보는 묵상과, 우리의 상상력을 사용하여 하나님의 계시를 이해하는 예술가의 마음으로 느끼는 관상훈련을 실시하자(자료 : 초보자를 위한 기도법).

초보자를 위한 기도법

1. 기도의 대상
   우리를 사랑으로 만나시려는 인격적인 하나님
2. 기도의 정의
   정신과 마음(영혼)을 하나님께로 '여는 것'이다. '열다'는 수용성과 응답을 강조하는 말이다.
   곧 기도는 인격적인 만남과 대화로서 생각하고, 듣고, 말함으로 하나님을 신뢰하며, 하나님과의 사랑을 증진시키는 것이다.
3. 왜 기도하는 법을 배워야 하나?
   식　별 : 우리를 향하신 하나님의 말씀과 뜻을 해석할 수 있는 기술
   1) 하나님 체험
      하나님을 사랑할 때 우리는 그의 '기대와 뜻'을 알게 된다.
   2) 체험의 세 단계
      (1) getting to know → insight
      (2) knowing to loving → experience
      (3) loving to truly loving → transformation
   3) 식별의 방법
      (1) 기준은 성경이다.
      (2) 하나님은 그를 사랑하는 사람에게 평화 안에서 '서서히' 일하신다.
4. 어떻게 기도할 것인가?
   1) 고요에 이름
      일정한 장소, 시간, 특히 마음의 고요를 찾아야 한다.
   2) 영혼의 정화를 위한 시간을 갖는다 : 자아인식, 양심의 예민한 감성
      (1) 능동적 정화 : 하나님과 만남을 위한 우리 스스로의 노력
      (2) 수동적 정화 : 하나님이 우리 자신을 정화하시도록 맡기는 상태
   3) 초보자를 위한 기도방법 : 묵상, 관상(본문 요 4 · 3 - 39) ─ 오판을 사용하는 방법

> (1) 묵　상 : 우리의 이해력을 사용하여 하나님이 누구이신가를 아는 방법으로 추리력이 요구된다(논리적, 추상적 원인을 주의깊게 생각하고 결론을 끌어 내는 것). 즉 과학자의 눈이 필요하다.
> (2) 관　상 : 우리의 상상력을 사용하여 하나님의 계시를 이해하는 방법이다. 우리가 사건현장에 존재하고 그 사건에 우리 자신이 참여하고 있는 것 같은 예술가의 마음을 갖는 것이 필요하다.
> (3) 이 둘은 지난 과거에 대한 명상이 아니라 그분이 살아온 구체적인 상황을 그분과 함께 체험하면서 그분이 우리 생활 안에서 어떻게 현존하시며 활동하시는가를 알아가는 것이다.
> (4) 묵상, 관상은 말이 아닌 행동으로 하나님을 사랑하기 위해 하나님을 알게 되는 것이 목적이며, 현실에서 그의 뜻을 찾는 방법이 된다. 이것은 하나의 예술이기에 가르쳐 주는 것이 아니라 스스로의 체험에 의해 배우게 되는 것이다.
>
> 5. 맺는 말
> 중요한 것은 많이 생각하는 일이 아니고 많이 사랑하는 일이다. 매사에 하나님을 기쁘시게 해드리려는 결심과 행동을 통해 하나님의 뜻이 이 땅 위에 이루어지도록 하는 것이다. 이것이 기도생활을 하는 우리 삶의 참된 목표이다.

7) 공동체에서의 성숙

　공동체(학원)에서의 지난 1년간의 보람된 일들 나누기, 일에 대한 태도 알아보기, 지도력 평가를 통해 소명의식과 자신의 능력을 공동체에서 어떻게 활용할까에 대한 훈련

8) 성숙을 위한 나의 설계

　각 회원에게서 받은 피드백과 자신의 평가를 통해 성숙을 위한 구체적인 계획을 세우는 작업

	가능성 있는 목표	있을 수 있는 장애물	가능성 있는 다양한 방법들
기 본			
내면적 수 준	1.		
	2.		
	3.		
	4.		
대 인 관 계 수 준	1.		
	2.		
	3.		
	4.		
	5.		
	6.		
	7.		
대 사회적 관계	1.		
	2.		
대 자연과의 관계	1.		
	2.		

9) 기타 프로그램

마음을 여는 장(場)에서는 가족도표(genogram)를 통한 3대 가족의 소개, 특기할 만한 가족의 종교 및 자신에게 끼친 영향, 그리고 12세 이전의 가정에서 가졌던 잊지 못할 추억을 소개하는 활동과 기타 자아성숙, 너와 나와의 관계의 성숙에서 사진말(photo-language)을 통하여 자신을 소개하고 상대에 대해 평소 느꼈던 바를 표현하는 활동도 가졌다. 휴식시간을 이용하여 간단한 경기(두 조로 편성하여 족구 등)와 대화, 복음성가를 함께 부르기, 생각하고 기록하는 활동시간에는 배경음악을 들려주었다.

그리고 '성숙을 위한 나의 설계'를 작성한 후 몇 개월간 성숙을 위해 노력하고 다시 모임을 가져 자신의 경험들을 나누도록 지도했다.

2. 평 가

256 Ⅲ. 훈련 프로그램

위 프로그램을 6차에 걸쳐 교직원, 학생들을 대상으로 실시했다. 그때 나온 평가는 다음과 같다. 수치로 평가하지 못함이 제한점이다.

1. 감명 깊었던 프로그램과 그 이유
1) 마음을 여는 장
   (1) 동료에 대해 미처 몰랐던 부분을 발견할 수 있어서
   (2) 나를 바라보는 것 같은 느낌 때문에
2) 영·심성 계발의 원리
   (1) 자기 자신을 파악할 수 있었기에
   (2) 주위의 모든 사물을 통해 하나님의 은혜를 깨달을 수 있었으므로
3) 자아성숙
   그룹을 통해 자신을 발견하고 계발, 성숙할 수 있는 지표를 주었기에
4) 너와 나의 관계성숙
   (1) 동료들의 평가를 통해 자신을 알게 되었기에
   (2) 동료의 새로운 면을 발견해 이해하게 되었기에
5) 초보자를 위한 기도(묵상, 관상의 훈련)
   (1) 머리, 마음에 변화를 주었기에
   (2) 성령의 뜨거운 체험을 느낄 수 있어서
6) 성숙을 위한 나의 설계
   (1) 자신을 객관적으로 볼 수 있었기에(자신의 장단점을 알게 됨.)
   (2) 공동체 생활에서의 삶의 방향설정에 도움이 되어서
   (3) 지적된 단점들을 수용하려는 동료들의 태도를 볼 수 있어서
   (4) 동료들의 평가가 많은 도움이 되기 때문에

2. 느낌이나 얻은 점
1) 자신과 동료에 대해 더 잘 알게 됨.
2) 모든 일에 마음을 여는 것이 중요하다는 것을 느낌
3) 서로를 바로 알기 위해 그리스도 안에서 특별한 노력을 해야 한다는 것을 느낌

4) 깊은 곳의 자아의식은 하나님만이 고칠 수 있다는 것을 느낌
5) 부족한 점과 단점을 고쳐 좋은 방향으로 이끌겠다는 결심이 생김
6) 서로의 감정과 느낌은 상대방을 이해할 수 있게 하고, 자신을 성숙시킨다는 것을 깨달음

3. 어렵거나 불편했던 점
1) 시간이 짧다(2박 3일이면 좋겠다).
2) 일정이 너무 꽉 짜여져 피곤하였다.

4. 건의하고 싶은 말
1) 이와 같은 교육의 활성화
2) 수련회 기간을 충분히 잡아 각 순서마다 시간을 확충했으면
3) 감정의 흐름을 자연스럽게 소화시키는 프로그램으로 진행되었으면
4) 이 교육 후에도 연계되는 프로그램이 계속 되었으면

대체로 감명 깊었던 프로그램에서는 1) 성숙을 위한 나의 설계 2) 마음을 여는 장, 묵상·관상의 훈련을 들고 있다. 참가자들은 공동생활에서 마음이 열려지지 못함을 깨닫고, 자신의 여러 부분의 미성숙한 점을 개선하려는 뜻을 보여 주고 있다. 특히 묵상, 관상의 훈련에 대해 보다 깊은 관심을 갖고 있음은 분주함 속에서 자신과 이웃, 공동체 속에서 자아를 찾고 바른 태도를 가지려는 관심으로 본다.

많은 참가자들이 한결같이 일정이 짧음에 대해 지적하고 있는데, 2박 3일의 프로그램으로 진행해 주기를 바라고 있다.

또한 이 프로그램의 후속 프로그램을 요구하고 있다. 각 프로그램의 심화를 위한 작업이나 M. E. (Marriage Encounter) 훈련, 정의와 평화를 위한 기독교적 양육(Christian Parenting for Peace and Justice) 같은 훈련이 연계되어져야 할 것이다.

제 9 장

제자화 훈련

1. 들어가는 말

예수님은 이 땅 위에서 그의 사명을 수행하는 데 두 대상을 상대로 하셨다. 하나는 무리(crowed)였는데 그들을 기독교인화하려고 하셨고, 또 한 대상은 제자들이었는데 그들을 제자화하려고 하셨다. 예수님의 주된 관심과 노력은 '제자들의 제자화'에 두셨고, 제자화를 위해 그들만을 따로 자주 가르치셨고, 또한 그들을 훈련하셨다.

사람을 낚는 어부가 되게 하시려고(마 4:19) 하나님을 떠난 백성이 하나님께로 돌아오는 일의 중요성을 가르치셨을 뿐 아니라, 제자들에게 직접적인 전도훈련을 시키심(눅 9:1-6)으로 제자화를 이루셨다.

우리 교회가 제자화 사역을 이루는 데 있어 가장 문제되는 점은, 하나님께서 인간의 영적 생활에 훈련을 통하여 이룩해 주시려는 것은 고려하지 않고, 가르치는 데만 너무 많은 관심을 기울여 온 점이라고 생각한다. 그래서 세속(개인주의, 물질주의, 향락주의)의 물결이 엄습해 올 때, 우리의 많은 젊은이들은 갈피를 못잡게 된다. 어떻게 훈련해야 세속에 물들지 않고, 보다 하나님의 의와 평화가 임하는 사회건설에 공헌하는 젊은이가 되게 할 수 있을까?

장로교의 창시자 칼빈(John Calvin)은 "경건의 훈련장소라는 내용을 떠나선 교회는 무의미하다."라고 말하며, 신앙성장에 있어 교회가 양육만 할 뿐 아니라 훈련해야 할 것을 강조한다. 훈련이 가해질 때 우리의 젊은이들은 능력 있는 제자로 살아갈 수 있을 것이다. 필자는 수련회를 통하여 진행할 수 있는 제자화훈련을 모색해 보고자 한다.

2. 경건의 시간을 갖기 위한 훈련

성경의 증언이나 교회사의 기록을 통해 볼 때, 하나님을 위하여 세상을 움직인 위대한 인물들은 모두가 한결같이 하나님과의 끊임없는 교제의 시간을 가졌다는 것을 알 수 있다. 마가복음 1장에 나타난 가버나움에서의 예수님의 하루생활을 볼 때 대중들을 가르치시고 병자들을 고치는 피곤한 일과이지만, 새벽의 시간을 기도하는 시간으로 가지셨다(막 1 : 35).

젊은이들이 하루의 시작을 하나님과 교제하는 규칙적인 시간을 갖는게 필요하다. 그것이 훈련되어 삶의 한 일과가 될 때 그는 능력 있는 제자로 살아갈 수 있을 것이다.

1. 교사가 젊은이들과 함께 경건한 시간의 필요성에 대해 성경을 공부하며 관계된 책을 읽고 대화를 나눈다.
   1) 본문 : 마가복음 1 : 21~39에서
      (1) 안식일의 예수님의 일과는?
      (2) 새벽기도의 시간을 통해 예수님이 얻을 수 있었던 유익은?
   2) 참고자료
      (1) 프랭크 호튼. 홍성철 역. 「조용한 시간」. 생명의 말씀사, 1974.
      (2) 로버트 D. 포스터. 「하나님과 함께 7분간」, 「경건의 시간을 위한 계획」. 네비게이토선교회.

2. 개인의 경건의 시간을 갖기 위한 계획을 세운다.
 1) 시간 : 가능하면 일어나서 바로 갖는게 좋다(20-30분).
 2) 장소 : 조용한 곳(서재, 또는 교회당)
 3) 순서 : ① 인도를 위한 기도 ② 성경말씀 읽기 ③ 기도 : 찬양, 자백, 감사, 간구의 순으로 한다. ④ 명상 및 오늘의 할 일 계획하기
  매일 경건일기를 쓰도록 한다. 노트를 따로 준비해서 날짜, 읽은 성경 본문 및 감명 깊은 말씀, 내게 준 도전, 기도, 할 일들을 기록한다. 경건 일기를 위한 자료도 출판되어 있으니 구입하여 사용할 수 있다.

  위의 소개된 것을 수련회 프로그램 중에 넣어 훈련을 시키고, 끝난 후 교회에서 교사가 가끔 점검하고, 격려하여 젊은이들의 하루 중의 습관이 되도록 지도하면 좋을 것이다.

3. 공동체에서 영향을 주고받기 훈련

  젊은이에게 가장 중요한 것은 '정체의식'(self-identity)이다. "내가 누구이며, 어떤 가치관을 가져야 하는가?" 하는 것은 사회적 환경에서 다른 사람과 상호작용을 함으로써 이루어지는 것이다.
  기독교 교육학자인 토마스 그룸(Thomas Groome)은 22세 때 국제학생대회의 자신의 경험을 다음과 같이 말해 준다. 대회기간 중 그와 한 방을 쓰게 된 친구는 모스크바에서 온 대학생으로 공산주의 청년운동에 헌신적인 학생이었다. 반면 자신은 서품을 받고자 하는 가톨릭 신학생이었다. 둘은 처음 각기 다른 이념에 대해 이야기를 나누며, 서로가 과오를 지적하기도 하고, 논쟁하기도 했으나 인간적으로는 친해지게 되었다. 대회가 끝나 작별인사를 나눌 때 소련에서 온 대학생이 "네가 모스크바에 있는 나의 집에서 성장했다면, 너는 우리 운동에서 좋은 동지가 되었을텐데……." 하며 서운한 표정을 지었다. 이때 그룸은 "네가 나의 가족과 우리 마을에서 성장하기만 했다면 이제는 서품을 받기 위해 준비하는 젊은 신학도가 되었을텐데……."라고 대답했다는 이야기이다.

우리의 젊은이들은 기독교 신앙공동체 가운데서 사회화 과정을 이루도록 지도할 필요가 있다. 특히 젊은이들이 좋지 않은 그룹 활동을 하고 있다면 그 활동에 대해 스스로 생각해 보고, 보다 의미 있는 공동체에 열심히 참여함으로 자신의 삶을 올바로 가꾸어 나가도록 지도해야 한다.

1. 내가 속한 공동체에서 내가 회원들에게 주고받는 영향을 조사하기

공 동 체	줄 수 있는 것	얻을 수 있는 것
예) 교회 성가대	1) 파트장으로 대원 격려	1) 음악적 소질 계발 2) 친 교
학교 ○○써클	1)	1)

2. 공동체 의식에 대한 토의

공제민 엮음. 「현대인의 의식개선을 위한 참여」, 「그룹 활동 길잡이」. 분도출판사, 1981, pp. 87-89. "공동체란 무엇인가? 당신은 공동체 의식을 갖고 있는가?"를 참조하라.

3. 영적 성장과 크리스천 활동을 위해 내가 힘써야 할 공동체 훈련의 계획을 세우고 실천하자.

4. 전도훈련

교회학교에서 5~7년의 신앙훈련을 받은 자들 중에 친구에게, 또는 다른 연령층의 믿지 않는 자에게 복음을 소개하라고 했을 때 몇 명이나 자신 있게 전할 수 있을까? 많지 못할 것이다. 그 이유는 복음을 전해야 한다고 강조만 했지 구체적으로 복음을 전하는 훈련이 없었기 때문이다.

오늘날 보다 자신 있게 개인전도할 수 있는 능력을 배양하는 훈련 프로그램이 많이 계발되는 것은 참으로 바람직한 일이라 생각한다.

필자는 1984년 가을, 일 주일간 '전도폭발 제자훈련 프로그램' (Evangelism Explosion Discipleship Training Program)에 참석한 것은 평생 잊을 수 없는 경험이며, 목사로서 나의 사역을 감당하는 데 큰 도움이 되는 것을 지금도 느낀다. 이 프로그램은 플로리다 주 코럴 릿찌 장로교회(Coral Ridge Presbyterian Church)의 제임스 D. 케네디 목사가 계발한 것으로 그 원리는 '훈련에 의해 전도자를 양성'하는 것이다. 이 훈련은 세 가지 방식을 취한다.

1. 교실강의 : 주로 증거할 복음의 내용과 증거 때 복음을 받는 사람들의 태도에 따른 대응책 등
2. 숙제 : 매번 주어진 과제를 통해 전도자가 갖출 요소를 확실히 갖추게 한다.
3. 실습훈련 : 이 프로그램에서 가장 중요하게 강조하는 과제이다. 훈련받은 전도인과 함께 실습훈련 요원들은 거리, 집을 방문하여 전도인들이 잃어버린 영혼을 그리스도께 인도하는 것을 주의 깊게 관찰한다. 그후 몇 차례에 걸쳐 직접 실습에 임하게 한다.

목사이지만 훈련요원이 되어 평신도가 자신 있게 복음을 증거하는 모습, 복음을 받는 이들이 바로 결신하기도 하고, 때로 반대하기도 하는 이들에게 지혜롭게 대처하는 모습을 보고 많은 것을 느꼈다.

성령이 함께 하심으로 자신 있게 증거할 수 있으나 그 보다 전도자로서 갖출 훈련은 절대 필요하다고 생각된다.

교회내 젊은이들을 위해 일정기간 전도훈련을 시킬 수 있다고 본다.

참고교재
- 제임스 케네디. 이동원 역.「현대전도」. 생명의 말씀사, 1983(12판).
- 「전도폭발 훈련」. 생명의 말씀사.
- 그 외 전도훈련에 관한 자료는 많이 있다. 네비게이토.「제자삼는 사역의 기술」,「훈련으로 되는 제자」등

5. 현실참여 의식 계발의 훈련

크리스천이 그들 앞에 전개되는 온갖 사회적인 문제 앞에서 올바른 의식을 갖고 행동할 수 있도록 훈련되어져야 한다. 문제는 복음이 정치이론, 경제이론이 아니기 때문에 세상의 사회문제들을 취급할 방법에 대해서는 상세한 정보를 제공하지는 않는다는 점이다.

그러나 복음은 크리스천이 어떻게 살아야 할 것이냐에 대해서는 분명히 말해 준다. 그러므로 우리의 젊은이들로 하여금 비판적 사고(critical thinking), 적절한 선택(effective choice), 그리고 책임적인 행동(responsible activity)의 능력을 가질 수 있도록 훈련시켜야 할 것이다.

이러한 능력은 계속적인 훈련에 의해 가능하다. 그것을 가능케 하는 방법의 예로 시드니 B. 사이몬의 '가치의 차원에서의 교육'을 요약해서 소개한다.

그는 성경과 과거 역사적인 사건을 다룰 때 사실적 차원에서 의미, 가치의 차원을 함께 다룸으로 학습자가 현실문제에 대한 자신의 비판적인 사고를 가질 수 있을 뿐 아니라 책임적인 행동까지도 행할 수 있게 됨을 우리에게 제안해 준다.

실례 I. 승리의 예루살렘 입성(막 11 : 1-19, 눅 19 : 28-40)
1. 사실적 차원
    - 예수가 두 제자에게 지시한 것은 무엇이었나?
    - 어떠한 일들이 벌어졌나?
    - 바리새인들에게 하신 예수의 대답은 무엇이었나?
2. 의미의 차원
    - 예수가 나귀를 타고 예루살렘에 들어간다는 것은 무엇을 의미하나?
    - 예수 앞에 종려나무 가지를 던진 사람들은 무엇이 일어나기를 기대하였는가?
    - 바리새인의 생각과 제자들의 생각 사이의 중요한 차이점은 무엇인가?
3. 가치의 차원

- 당신이 거기 있었다면 예수처럼 환전상의 탁자를 뒤집어엎을 수 있었을까? 이것은 사유재산의 파괴이며 폭행이 아닌가?
- 제자들이 군중 앞에서 자기의 신앙을 나타내는 일에 대해 어떻게 생각하나? 인기도 얻을 수 없고, 그 일을 함으로써 처벌을 당할 것을 뻔히 알면서도 타인 앞에서 그렇게 할 수밖에 없는 우리의 경우는?

실례 Ⅱ. 성 프란체스코
모두가 그의 전기를 읽고 토의한다.
1. 사실적 차원
   - 그를 옛 생활에서 돌이키게 한 사건은?
   - 그의 삶의 특징을 말해 보라.
2. 의미의 차원
   - 가난한 자들을 위한 그의 관심과 행동이 그리스도의 사랑의 교훈을 어떻게 성취했다고 생각하나?
3. 가치의 차원
   - 가난한 사람이 당신에게서 얼마나 가까이 사는가? 그들의 가난에 대하여 당신은 얼마나 관심을 가져야만 하는가? 그들을 위하여 어떤 일을 해보았는가? 가능한 일은 무엇인가? 그 가능한 일은 당신이 할 수 있는 일인가, 아니면 누가 할 수 있는 일인가?

(존 H. 웨스터호프, 김재은 역, 「기독교교육 논총」, 기독교서회, 1978, pp. 185-188.의 인용임)

지도자가 젊은이들의 그룹에서 그들이 관심을 둘 여러 가지 사회적인 문제들을 위와 같은 방법으로 연구하고 토의함으로 크리스천 젊은이의 사회적인 의식을 일깨워 나갈 수 있다.

6. 맺는 말

학습원리 중에 "행함으로 배운다."(learning by doing)란 말이 있다. 이 말은 젊은이들의 제자화에 관심을 가진 분들이 다시 생각해야 한다고 본다.
　젊은이들이 이 시대의 하나님의 제자로서 살아야 하는 일들에 대해 너무나 우리는 말만으로 가르쳐 왔다. 실제 그들이 훈련을 통해 자신감을 얻어, 능동적인 제자로 살아가도록 지도해야 할 것이 오늘날 우리의 당면 과제이다.

각장에 대한 주

총 론 / 기독교 영성과 성숙한 인간상

1. Perry LeFevre, *Man : Six Modern Interpretations* 인간학 탐구에 대해 저자는 철학적 인간학으로 죄렌 키에르케고르의 실존인 인간을, 마틴 부버의 대화 속에 인간을, 심리학적 인간학으로 지그문트 프로이트의 이론을, 생물학적 인간학으로 줄리안 헉슬리의 진화 속의 인간을, 사회학적 인간학으로 칼 마르크스의 경제적 인간을, 그리고 신학적 인간학의 한 대표자로 라인홀드 니버의 이론들을 소개한다. 근래에 와서 기독교적 인간이해에는 몰트만과 본회퍼의 영향도 크다.
2. R. M. Tanseco, "Man fully Alive", *Marriage : Life and Sacrament* (Manila : Ateneo de Manila University Press, 1982), p. 73에서 재인용
3. 칼빈은 성경을 가리켜 "인간의 죄로 인해 야기된 근시안을 교정시켜 주고, 그로 하여금 자신과 이웃과 세계를 모두 하나님의 현존에 비추어 있는 그대로 정확히 보게 해주는 안경"이라 불렀다. J. D. Smart, 김득중 역, 「왜 성서가 교회 안에서 침묵을 지키는가?」(서울 : 컨콜디아사, 1982), p. 33.
4. 이종성, 「신학적인 인간학」(서울 : 대한기독교출판사, 1979), pp. 51 - 63을 참

조하라.
5. R. Niebuhr, E. Brunner 등의 신학자의 견해.
6. 이종성, "바르트의 analogia entis, analogia fidei, analogia relationis의 이해", 「신학논단」(연세대학교 연합신학대학원 제Ⅷ호, 1964).
7. Dietrich Bonhoeffer, *Creation & Fall*(N.Y. : McMillan Publishing Co., 1959), pp. 38 - 39.
8. 이종성, 「신학적 인간학」, p. 57.
9. D. Bonhoeffer, *op. cit.*
10. J. Moltman, 전경연 역, 「인간」(서울 : 복음주의 신학총서, 1983), p. 23. 에서 재인용.
11. R. M, Tanseco, *op. cit.* 에서 그는 the person-in-relationship에서 3차원 intra, inter, meta로 분류하나 연구자는 META를 supra와 meta로 세분했다. intra '안의', inter '사이', supra '위의, 초월한', meta '함께'의 뜻을 갖고 있다. 이와 비슷한 이론으로 Head는 ① 나-나와의 관계성 ② 나-너와의 관계성 ③ 나-그것과의 관계성 ④ 나-자연과의 관계성 ⑤ 나-자신과의 관계성에 대해 논한다. 김여옥 저, 「심성계발 프로그램」(서울 : 배영사), p. 24.
12. A. H, Maslow는 성숙된 성격으로 정평이 있는 인물 링컨, 베에토벤 등을 통해 14가지 특징들을 제시한다. 김성태, 「발달심리학」(서울 : 법문사, 1973), p. 296. 기독교 교육학자 M. M, Leypoldt는 기독교적 성숙에 대해 16가지로 분류한다. 그의 책 *Learning is Change*(Judson Press, 1971), pp. 10 - 13. 연구자는 그의 견해와 영성학자 U. T, Holmes의 견해를 참고하여 제시한다(그의 책 *Spirituality for Ministry*)
13. Kahl Rahner, 김대식 역, 「영성신학논총」(서울 : 카톨릭출판사, 1983), p. 17.
14. J. F, Engel & H. W, Norton, *What's Gone Wrong With the Harvest*, (Michigan : The Zondervan Co., 1976), p. 45.
15. Urban T. Holmes, 김외식 역, 「목회와 영성」(서울 : 대한기독교서회, 1988), p. 29.
16. P. Tillich, *The Courage to Be*(Yale Uni., Press, 1952), ch. II.
17. 예수께서 베드로의 발을 씻기실 때 베드로가 사양한다. 그때 예수께서 하신 말씀 "내가 너를 씻기지 아니하면 네가 나와 상관이 없느니라."(요 13 : 8)에서 상관, 관계는 헬라어 meros로 "나의 요소가 네게 없다."는 뜻이 있다. 관계는 사랑, 용납, 고백, 용서 등의 구체적인 활동에서 가능하다.
18. T. A. Harris, 이형득, 이성태 공역, 「인간관계의 개선과 치료」(서울 : 중앙적 성연구소, 1982), p. 57.
19. K. R. Colins, 허영자 역, 「마음탐구」(서울 : 두란노서원, 1988), pp. 94 - 95.

20. E. H. Erikson, *Childhood & Society*, (N.Y. : W.W. Norton & Co., 1963). p. 263.
21. R. L. Howe, 김관석 역, 「대화의 기적」(서울 : 대한기독교교육협회, 1975) p. 9.
22. 오성춘, 「영성과 목회」(서울 : 장로회신학대학출판부, 1989), p. 78.
23. *Ibid*. 그는 미국 정신의학자 E. Mansell. Pattison의 이론을 인용했다.
24. 力中正雄, "間의 倫理", 「기독교사상」(서울 : 대한기독교서회, 1986, 9), p. 183.
25. Iris V. Cully, 오성춘 외 공역, 「영적성장을 위한 교육」(서울 : 대한예수교장로회총회출판국, 1986), p. 75.
26. *Ibid.*, p. 38.
27. Louis J. Puhl, *The Spiritual Exercises of St. Ignatius*(Manila : Paul Publications) p. 15.
28. Richard J, Foster, 「영적 성장을 위한 제자훈련」(서울 : 보이스사, 1982). 그의 *Study Guide for Celebration of Discipline*에는 위의 내용을 구체화시킬 수 있는 지침으로 해설 및 그 주체에 따른 주간 성경읽기가 나와 있다.

제1부 / 성숙한 자아계발

제1장 / 자아의식

1. J. T. McNeill ed., *Calvin : Institutes of Christian Religion I* (Philadelphia : The Westerminster Press), p. 35.
2. 어거스틴은 인간존재 문제에 대한 깊은 탐구에서 "하나님과 영혼을 알고 싶다. 그 이상 아무것도 알고 싶지 않다."고 했고, 결국 자신의 존재를 하나님과의 관계에서 발견하고, "오 주님, 당신을 위하여 나를 창조하셨사오매 우리의 마음은 당신 안에서 쉼을 누릴 때까지 참된 안식을 누릴 수 없나이다." 라고 그의 고백록에서 고백하고 있다.
3. 유대 남아의 성인식(Bar Mizwah) : 율법의 아들로서 히브리 공동체의 한 성원이 되어 모든 의무와 책임을 지는 의식이며, 예루살렘 반경 30km 이내에 거주하는 성인식을 치른 남아들에게 이때 처음 그의 부모들과 함께 유월절 의식에 참여할 특권과 의무가 주어졌다. 예수님 당시에는 성전의식에 참여하는 것이 한두 해 당겨지기도 했다. 그래서 예수님도 참여하셨다.
4. J. Calvin, 이형기 역, 「칼빈의 경건」(서울 : 크리스챤 다이제스트, 1989), p. 27.
5. 개역성서 각수란에 보면 '혹 일로' 라고 했고, 영어 다른 변역에는 "my Father's business"로 기록하고 있다.

6. John Calvin, *op. cit.*, p. 26.
7. *Ibid.*, p. 27.
8. 전천혜, "쉐마를 통한 이스라엘의 종교교육"(서울 : 장신대출판부 모노그라피 ⑤, 1980)을 참조하라.
9. Judith Mckay, "Building Self-Esteem in Children", ed., Kirk Johnson, *Self-Esteem*(Oakland : New Harbinger Publications, 1987). pp. 309-356 참조하라.
10. L. J. Shirrill, 정웅섭 역, 「만남의 종교심리」(서울 : 전망사, 1985) 저자는 인간 삶의 유형을 세 가지로 나눈다.
    ① 밟음수레로서의 삶 : 온갖 권태와 절망을 동반하면서 그날이 그날 같은 무의미가 반복되는 삶
    ② 영웅, 무용담으로서의 삶 : 자신을 위협하는 불공평, 모순, 고난에 항거하여 싸워 감으로 영웅적 자기 충실을 추구하는 삶
    ③ 순례자로서의 삶 : 인간 실존의 모든 경험과 사건들을 하나님과의 관계에서 의미를 찾아 나가는 삶
11. 전도서에 나타난 청년(전 12 : 1), 히브리어 '사할롯'은 '생의 새벽' '노년의 백발에 비해 흑발'이라는 뜻이 된다. 청소년기는 정신적인 출생을 통해 제2의 인생이 시작되는 시기로, 특히 기독청소년에게는 예수 그리스도가 가졌던 '자아의식'이 필요한 때이다.

제 2 장 / 삶의 목적과 생애계발

1. 여기서의 묵시는 하나님이 그의 사자를 통해 계시하시는 하나님의 뜻이다. 다른 영어번역은 비전(vision)으로 말하여 "비전 없는 자는 자제력과 규율이 없이 살게 된다."고 말한다(cast off restraint, without order). 이는 확실한 목적, 목표가 없으면 삶의 질서가 없고, 그의 노력이 균형을 잃는다는 뜻이다.
2. I. L. Jensen, *Life of Christ*, pp. 26, 43을 참조하여 작성함.
3. R. C. Leslie, 도병일 역, 「예수와 의미요법」(서울 : 혜선문화사, 1974), pp. 9-20.
4. 석호인 엮음, 「신앙의 위인상」(서울 : 보이스사, 1975), pp. 34-41을 참조하여 작성함.
5. 알버트 슈바이처, 김은목 역, 「나의 사랑과 생명을 다하여」(서울 : 미문출판사, 1967. 9판), pp. 102—"원시림의 의사가 되려는 결심" 부분
6. H. R. Niebuhr, *Radical Monotheism and Western Culture*. p. 118, 박원호, "제임스 파울러의 신앙발달이론에 나타난 인간론 연구", 「교육교회」(1990, 2). p. 62에서 재인용
7. 월간 「조선」(1984, 9), p. 314.

8. 그는 결핍욕구로 생리적 욕구, 심리안정의 욕구, 애정과 소속감의 욕구, 자기 존중의 성취욕구를 존재욕구로 자기 실현의 욕구를 제시한다.
9. 장기목표는 적어도 5년 이상의 단위이며 단기목표는 1년이내의 것이다. 에베레스트 산 정복을 위해서는 베이스 캠프, 제1, 제2, 제3캠프가 필요하듯 일생의 목적을 성취하기 위해서는 장기목표들이 설정되어야 한다.
10. 송길원, 김향숙 편저, 「영성계발과 공동체훈련」(서울 : 한국문서선교회, 1988) 4판, pp. 129-133을 참고하여 작성함.

제3장 / 삶의 목표와 시간관리

1. 유성은, "목회자의 시간관리", 「교육교회」(89.11), p. 140.
2. 나태(Sloth)는 헬라어 '아케도스'(akedos)에서 나온 말이다. 원뜻은 "자신이 근본적으로 또는 진정으로 무엇이 될 것인지를 바라지도 않고, 노력하지도 않는 것을 의미한다." 즉 해야 할 일을 하지 않는 것이다.
3. *The New Encyclopaedia*, Vol. 11. p. 643.
4. *Time* (89. 12. 4), pp. 48-49.
5. 유성은 저, 「시간관리와 자아실현」(서울 : 중문출판사, 1989) 9편, p. 46에서 재인용.
6. *Ibid.*, pp. 47-48.
7. 조선일보(84. 2. 28), 11면.
8. 유성은, *op. cit.*, p. 65에서 변형.

제4장 / 일과 휴식의 균형

1. 안식일(sabbath)은 히브리어로 '중지, 휴식하다'의 동사에서 나온 말이다.
2. 피정이라는 단어는 가톨릭에서 사용하는 단어이다. 피정이란 말은 한문에서 온 말로 비소정념(避騷情念), 혹은 비세정수(避世靜修)의 줄임말이다. '소란함'(혹은 세상)을 피해서 조용히 묵상(혹은 자신을 닦음)에 잠긴다는 뜻으로 영어로 retreat이며, 평상시의 생활에서 물러나와 하나님의 뜻을 찾는 시간이다. 서울대교구 주일학교교사연합회 편, 「피정지도의 실제」, 1988. p. 9.
3. 가이사랴 빌립보는 팔레스타인에서 아름답기로 유명한 곳이며, 예수님은 갈릴리 제3차 전도사역의 고달픈 몸과 마음을 풀고 계셨다. 조용한 시간을 이용하여 예수님 자신에 대한 제자들의 대답을 듣고 싶으셨다. 이것을 '예수님의 레저 세미나'라고 말할 수 있다. 고향규, "레저와 노동자와 경영인", 「기독교사상」, 31호, pp. 16-17.
4. 다음의 글은 Abraham Joshua Heschel, 오만규 역, 「안식일—시간 속의 지성소」(서울 : 성광문화사, 1981), pp. 22-23 인용.

5. 성경에 나타난 거룩은 먼저 안식일의 시간이며, 다음 사람(출 19 : 16) 그후 가 공간(성막, 민 7 : 1)의 순서이다. 영적인 삶의 차원 높은 경험은 거룩한 순간들을 직면하는 데에 있는데, 이것은 안식일에 하나님께 예배드림과 그 뜻을 순종함에서 가능하다.
6. Ibid., pp. 9 - 21을 필자의 의도에 다라 재구성함.
7. 인간은 물질이라는 수단을 갖고 자기의 정신을 구상화하는데 그런 창조적 활동에서 문화를 낳는다. 물질문화에만 치우치지 않게 하려는 것이 안식일의 휴식 — 하나님께 예배, 하나님 뜻을 참음 — 에서 더욱 가능하다.
8. W. Barclay, 이희숙 역, 「오늘을 위한 십계명」(서울 : 컨콜디아사, 1988), pp. 39 - 40.
9. 서울대교구 주일학교교사연합회 편, 「피정지도의 실제」, pp. 9 - 10를 참고하여 필자가 정리함.

제 5 장 / 바람직한 인간관계

1. M. Buber는 "태초에 관계가 있었다."고 하면서 그 관계의 두 유형을 I and it 와 I and you로 본다. 후자가 인격적인 만남의 관계이다. E. Erikson은 한 인간의 인격은 태어나서 죽을 때까지 한 개인이 만나는 대상(주로 인간, 그외 자신의 과업)과의 관계의 질에 따른다고 말한다.
2. 인간관계는 대인관계의 다른 표현으로 인간과 인간 사이에 관계를 갖는 것을 말한다.
3. 교류분석(Transaction Analysis) 이론은 Eric Berne 박사가 창시한 것으로, T. A. Harris는 25년간 정신분석의로 일해 오면서 이 연구에 힘입어 사람의 마음이 어떻게 작용하며, 행동이 어떠한 이유로 시작이 되는가를 연구하여 *I'm O. K, You're O. K*라는 책을 통해 그의 이론을 발표했다. 이 이론은 부부, 교사와 학생의 상담활동에 사용되어 두 사람의 인간관계를 창조적으로 발전시켜 나아가는 데 기여했다.
4. 김형태, "교류분석 상담이론의 이해", 「학생지도 연구」(제4집, 1989, 12), 한남대학교 학생생활연구소, p. 50.과 김형태 편저, 「인간관계 개선훈련」(대전 : 한남대학교 학생생활연구소, 1984), p. 3.
5. T. A. Harris, 이형득, 이성태 공역, 「인간관계의 개선과 치료」(서울 중앙적성연구소, 1982), pp. 51 - 69.
6. R. C. Leslie, 도병일 역, 「예수와 의미요법」(서울 : 혜선문화사, 1974), p. 34 에서 재인용.
7. 참고, M. M. Leypoldt, *Learning is Change*, (Vally Forge : Judson Press, 1971), pp. 41 - 43.

제 8 장 / 사랑의 실천

1. Erich Fromm, 박영준 역, 「사랑의 기술」, 우암출판사, 1982, p. 42.
2. 신명기 6 : 5에는 마음, 성품, 힘으로, 마태복음 22 : 37에는 마음, 목숨, 뜻, 힘으로, 마가복음 12 : 30에는 마음, 목숨, 뜻으로 기록되어 있다.
3. 이 이론에 대해서는 R. H. Schuller 「자애 — 자기 사랑의 비결」, 보이스사, 1978년 (6판)을 참고하라.
4. C. K. Barrett, 「국제성서주석 : 고린도 전서」, 한국신학연구소, 1985. pp. 344 - 345.

제 9 장 / 크리스천 리더쉽

1. 박영기, "상황적 리더쉽 이론과 예수의 리더쉽 스타일", 한남대학교 기독교 문화연구소 연구발표 논문 (1990. 10. 18).
2. Paul Hersey and Kenneth H. Blanchard, *Management of Organizational Behavior* (Prentice - Hall, 1988.)
3. Michael Youssef, 박영기 역 *The Leadership Style of Jesus*, 보이스사, 1990. p. 171.
4. 참고할 수 있는 자료로 황위섭, 「크리스챤 리더쉽」, 한국로고스 연구원, 1989를 소개한다. 이 책에서 저자는 성경 여러 인물들의 지도력을 소개하고 있다.
5. 이 글은 유영익, "애국자와 매국노", 중앙일보 1986. 3. 29, 3면 기사와 석호인, "민족의 지도자 이상재", 「신앙의 위인상」, 보이스사, 1975, pp. 18 - 86 을 자료로 한 글이다.

제 2 부 / 영성훈련의 실제

제 1 장 / 말씀 묵상훈련

1. 그는 내면의 훈련들 - 묵상, 기도, 금식, 공부훈련 ; 외면의 훈련들 - 단순화, 고독, 순종, 섬김훈련 ; 공동훈련들 - 고백, 예배, 인도, 경숙훈련으로 구분한다.
2. T. H. Green, 이정숙 역, 「마음을 열어 하느님께로」, 성바오로출판사, 1987, pp. 89 - 95. 그는 이 글에서 초보자의 기도생활에 대해 말한다. 특히 그는 기도가 '말하기' 보다는 먼저 '듣기' 라는 면을 강조한다. 필자는 '듣기' 의 첫 과제는 말씀을 듣는 일이라고 볼 수 있기에 그것을 인용한 것이니라.
3. 전통적으로 유대인들은 말씀을 연구할 때 네 가지를 차례로 생각했다. Link. S. Mark, "The Teacher as Interpreter of the Bible" *Religious Education* Vol, 77

(September-October, 1982) pp. 509-510. 더 자세한 것은 졸고 "성서 해석자 로서의 교사" 한남대학 논문집(제14집) 참고.
4. 오성춘, 「영성과 목회」, 장로회신학대학출판부, 1989, pp. 238-240.
5. 윤양석 역, 「성 이냐시오의 영신수련」. 한국천주교 중앙협의회 1988년, 중판.
6. 알렝 기엘무, 김정옥 역, 「로욜라의 성 이냐시오와 예수회」, 분도출판사, 1981. p. 77 참조.
7. 오성춘, op. cit. pp. 241-242.
8. 마태오 맥게트릭, 이선비 역, 「묵상」, 성요셉출판사, 1989, p. 19.

제2장 / 제자들을 위한 예수님의 기도훈련
1. 오성춘, "기도훈련의 실제", 「영성과 목회」(장신대 출판부, 1989), pp. 379-381 ; 로렌스 리쳐즈 저, 지상우 역, "마음기도", 「신앙성숙과 영성훈련」(여수룬, 1989), pp. 188-189 ; 함석헌 외, 「현대의 禪과 퀘이커 신앙」(삼민사, 1985), pp. 234-235.
2. 이 셋에 대한 특별한 관심을 기울이신 것에 대해 H. Latham은 모든 사도들에게 '자기 부정'의 필요성을 알려 주기 위함이라고 해석한다. "그리스도는 그가 원하시는 자에게 그가 원하시는 임무를 주셨으며, 하나님의 일에서 사용 받는 것 자체가 영광이며, 누구도 다른 사람이 자기보다 더 귀해 보이는 분야에서 일하게 되어도 실망해서는 안 된다." 로버트 콜먼, 홍성철 역, 「주님의 전도계획」(생명의 말씀사, 1980), p. 26에서 재인용.

제7장 / 고백과 용서훈련
1. D. Bonhoeffer, Life Together(N.Y. : Harper & Row, Pub, 954) p. 11.
2. D. Bonhoeffer, op. cit., pp. 110-121.

제8장 / 경축훈련
1. 경축(慶祝, celebration)은 '기쁘고 즐거운 일을 축하함'을 말하는데, 어거스틴은 "크리스챤은 머리부터 발끝까지 하나님을 찬양하는 것이 되어야 한다." (A Christian should be an alleluja from head to foot.)고 했다.
2. 홍해 건넘의 찬양(출 15:1-18), 앉은뱅이가 일어나 하나님을 찬양함(행 3:2-10) 등.
3. G. M. Martin, 김문환 역, 「축제와 일상」, 한국신학연구소, 1985, p. 41에서 재인용.
4. 전천혜, "쉐마를 통한 이스라엘의 종교교육" 기독교교육학 모노그라피 ⑤,

장로회신학대학출판부, 1980, pp. 48-49에서 인용.
5. J. H. Westerhoff Ⅲ, 김재은 역, "축하의 잔치들", 「기독교교육 논총」(대한기독교출판사, 1978), p. 10.

제 3 부 / 훈련 프로그램

제4장 / 정의·평화를 위한 가정교육 프로그램

1. D. Dorr, "A Balanced Spirituality", *Spirituality and Justice*. Oribis Books, 1984, p. 8.
2. C. P. P. J는 Christian Parenting for Peace and Justice의 약자로 가정 영성훈련 프로그램의 하나이다.

※ **저자소개/김광률**
- 계명대학교 사범대학 교육학과 졸업
- 장로회신학대학 신학과 졸업
- 장로회신학대학원 기독교교육학과 졸업
- 로욜라(Loyola) 신학대학원에서 영성신학 수학
- 현재 한남대학교 문과대학 기독교학과 교수
- 현재 한남대학교 교목실장
- 현재 총회교육부 커리큘럼위원

- 「성서개설」 공저
- 「교사훈련을 위한 지침서」 역서
- 「40가지 교수학습 방법」 공역
- 「영성훈련의 실제」 저서

영성훈련의 실제　　　　　　값 8,000원

초판인쇄·1992년 3월 20일
3쇄발행·2002년 7월 30일
지은이·김 광 률
펴낸이·박 노 원
펴낸곳·**한국장로교출판사**
주소·110-470 / 서울 종로구 연지동 135
한국교회100주년기념관(별관)
전화·(02)741-4381~2/팩스·(02)741-7886
등록 No. 1-84(1951. 8. 3.)
홈페이지·www.pckbook.com
E-mail·center@pckbook.com
ISBN·89-398-0751-0 / Printed in Korea